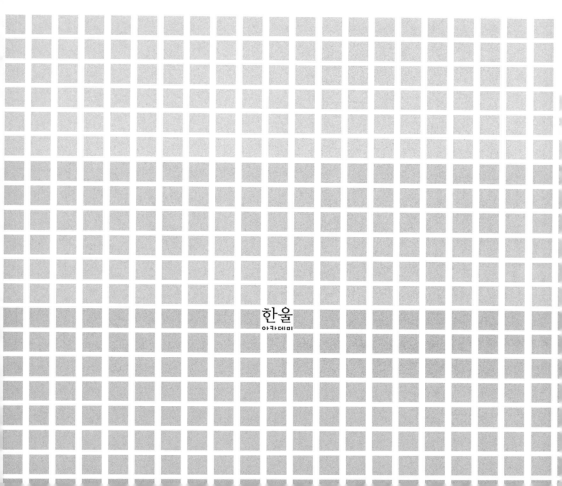

세계를 만드는 커뮤니케이션

세계사회와 네트워크의 사회적 영향

노르베르트 볼츠 지음 / 윤종석 옮김

한울
아카데미

이 도서의 국립중앙도서관 출판시도서목록(CIP)은 e-CIP 홈페이지(http://www.nl.go.kr/ecip)에서 이용하실 수 있습니다.(CIP제어번호: CIP2009002851)

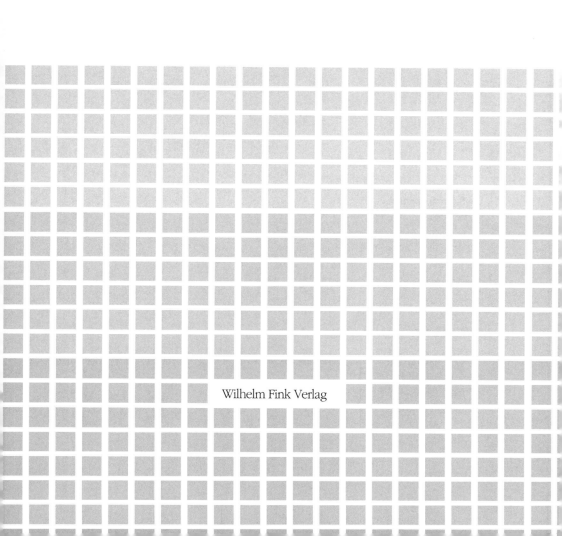

Weltkommunikation

Norbert Bolz

Wilhelm Fink Verlag

Weltkommunikation
Norbert Bolz

Weltkommunikation
차례

일러두기

1. 이 책에서 『 』는 단행본, 「 」는 논문이나 보고서 또는 노래 제목, 《 》는 신문이나 잡지 등 정기간행물을 뜻한다.
2. 본문 내용과 관련한 옮긴이의 짧은 설명을 본문 중의 [ ] 표기 안에 실었다.
3. 이 책의 이론적 배경인 '사회적 체계이론'에 대한 사전 이해가 필요한 독자는 마지막에 실은 옮긴이의 글 '독자의 이해를 위하여'를 먼저 읽기를 권한다.
4. 원문에 나오는 용어 중 'Kommunikation'은 '커뮤니케이션'으로, 'soziale Systeme'는 '사회적 체계들'로, 'Gesellschaftssysteme'은 '사회체계들'로 각각 번역했다.

서문
이론적 배경과 주요 테제

신이시여, 모든 반(反)직관적인 관념을 구제하소서!
— 제롬 브루너[1]

사회에 대한 비판이론은 자신의 전제인 사회에 대한 비판이 어떻게 이루어질 수 있었고 또 어떻게 이루어지느냐에 대해 묻는 것을 정작 도외시했다. 나는 이미 비판의 종말에 관한 다른 저서[2]에서 적어도 그 문제를 명확하게 물으려고 했으며, 그 물음에 대해 대답하려고 했다. 그런데 비판이 [다름을 내세우는 또 다른 형태의] 타협이라고 하는 진단에 동의하는 사람이라면 곧바로 다음과 같이 물을 것이다. 만약 비판이 더 이상 가능하지 않다면, 도대체 무엇이 가능할까? 혹은 철학적으로 묻는다면, 무엇이 이성을 대체할까? 이성이라는 하나의 마법이 다른 마법으로 단순히 대체되기만 하는 것은 아닐까? 이 하나의 유

---

1 Jerome Brunner, *On Knowing*, S.188.
2 N. Bolz, *Die Konformisten des Andersseins*, 1999.

일 이성(Eine Vernunft) 대신에 가령 유일 세계사회(Eine Weltgesellschaft)와 같은 것이 등장하지 않을까?

세계사회라는 개념의 의미에 대해 한번쯤 회의해보는 것은 상당히 일리가 있다.[3] 그러나 경제의 세계화, 정치의 초국가화 그리고 세계커뮤니케이션이 일상으로 된 현재 상태를 회의하는 것은 무의미하다. 이 책에서 내가 제시하려는 테제는 다음과 같다. 포스트모던에서 자기 스스로를 반성하고 또 확인했던 '모던(Moderne, 현대)'이 바로 세계커뮤니케이션의 시대이며, 현대는 더 이상 프로메테우스(생산)의 기호가 아니라 헤르메스(커뮤니케이션)의 기호에서 표시된다.

세계커뮤니케이션 시대의 성격은 특히 커뮤니케이션 지각이 세계 지각을 대신한다는 사실로 규정된다. 세계커뮤니케이션에 의하면, 세계는 커뮤니케이션이 되는 모든 것이라 할 수 있다. 이것은 결코 현상학의 (생활)세계 개념, 즉 후설(E. Husserl)이 말한 "경험적으로 주어지는 방식의 세계"[4]가 아니다. 이것은 (우리가 앞으로 그 기초에서 논지를 전개해나갈) 체계이론의 세계 개념 — 즉 아직 표시되지 않아 구별되지 않은 상태를 가리키는 표현, 그리고 관찰의 맹점인 관찰 불가능성의 표현 — 도 아니다. 그 대신에 우리는 세계라는 것을 커뮤니케이션적으로 도달[연결] 가능한 테두리로 이해할 것이다.

만약 현대사회에 대한 어떤 이론이 커뮤니케이션에 비중을 둔다면, 이것은

---

3 저자는 니클라스 루만(Niklas Luhmann)의 사회적 체계이론에서 논지를 펼치고 있다. 루만에 의하면 사회는 '이론적으로' 세계사회이다. 오직 하나의 유일한 세계사회만이 존재한다. 그에 따르면 사회는 지구적으로 영향력을 행사하는 각 부분체계의 기능적 코드가 전문화됨에 따라 분화되어 있기 때문에 근본적으로는 영토적·국지적으로 한정될 수 없다. 따라서 오늘날의 사회가 지역국가들의 경계를 통해 관찰되는 것은 일차적으로 정치적 의미에서만 제한적으로 이야기될 수 있다. — 옮긴이.

4 E. Husserl, *GW*[전집] VII, S.232.

그 이론이 '행위'에 현혹당하지 않았음을 의미한다. 오늘날 인터넷 문화의 '인터랙티비티'[interactivity, 쌍방 행위]라는 홍보성 구호에서 분명히 확인할 수 있는 것은, 사회와 관련된 체계의 형성이 실제로는 점점 더 이 '인터랙션'이라는 것과는 관계가 없어지고 있다는 것이다. 그리고 그 때문에 인터랙션이라는 개념은 사회에 접근하는 출입구가 더 이상 아니며, 특히 적어도 특권을 지닌 출입구는 아니라는 사실이다. 이것은 [사회를 인간의 상징적 상호 행동으로 기술한] 어빙 고프먼(Erving Goffman)과 같은 천재적 사회학자들의 한계이기도 하다. **공적 장소(공간!)에서의 행위와 일상생활(현전!) 속에서 자아의 표현(presentation)** 이 물론 예나 지금이나 사회학의 핵심 테마이기는 하지만, 이 개념으로는 사회 이론에서 요구하는 추상성 수준에 이를 수 없다.

세계커뮤니케이션이라고 하는 것은, 서로 다른 시간대를 연결하기 위해 공간을 포기하는 것을 말한다. 공간의 의미 상실은 특히 커뮤니케이션 망이 점점 더 교통의 망에서부터 자유로워지고 있다는 바로 그 점에서 분명히 나타난다. 세계사회는 더 이상 공간화될 수 없다. 오로지 중요한 것은 시간이고, 그것은 언제나 희소한 자원이다. 모든 문제가 속도라는 시간화를 통해서 해결된다. 신속성, 긴급, 가속도 그리고 기한 내 처리 등은 우리 시대의 중요한 테마이다.

세계커뮤니케이션은 물론 이미 뉴스 통신사들이 매스미디어를 매개로 가능케 한 것으로, 다른 장소에 있어도 같은 시간에 있도록 하는 그런 상태이다. 매스미디어에 대한 비판이 저널리즘적 문예비평의 고정 코너로 정착된 이후 비로소 미디어의 기능이 시야에 들어왔다. 사회에 대한 근본 신뢰를 창출하는 것이 아마도 매스미디어의 가장 중요한 사회적 기능 중 하나일 것이다. 텔레비전과 라디오, 인쇄미디어는 세계의 사건들에 수용자가 다 같이 무차별적으로 동참하도록 한다. 그것은, 비록 기술적으로는 그 수용자를 수동적인 상태로 고정시키지만, 모든 것에 대해 원칙적으로 접근 가능토록 하는 것이 특징이다. 센세이션 즐기기와 호기심, 폭로에 대한 즐거움이 매스미디어에 의해 지속적으로 제공된다. 매스미디어는 주지하다시피 새로운 뉴미디어가 아니다. 세계커뮤니케이션의 망은, 말 그대로 그 자신의 이름대로 부르고 있는 바로 그곳 —즉 인터넷— 에서 가장 괄목할 만하고 조밀하게 짜여 있다. 이러한 커뮤니케이션 문화는 이제 선택사항이 아니라 필수적인 의무사항이다. 바로 이러한 커뮤니케이션 테크놀로지에 대한 접속이 사회적 강제이며, 이제 그 강제에서 어느 누구도 벗어날 수 없는 지경이 되었다. 네트워크 주소가 없다면 오늘날 미디어 혁명에서 길 잃은 양으로 간주되기 십상이다.

경제는 오늘날 신경제(New Economy)에 매혹되고 있다. 이 신경제에서는 정상적인 국민경제학 연구로 이룩한 기존의 모든 법칙이 효력을 상실하는 것처럼 보인다. 정치 역시 사이버 스페이스와 그 커뮤니티에 열광하고 있는데, 이런 것들이 기존의 부르주아적 여론기구를 대신해서 등장하고 있다. 프로그래머들이 선거전에서 중요한 의제가 되었고, 오늘날 한 나라의 장래 입지를 염려하는 사람들은 책에 의존하는 교양교육 대신에 컴퓨터라는 미디어 사용능력(Media Literacy)의 학습을 요구하고 있다. 신문과 같은 올드미디어도 뉴미디어를 자신의 주요한 논제로 삼고 있는 듯하다. 심지어 라이프스타일 잡지들조차도 컴퓨터 시대가 기약하는 것이 섹스나 자아실현보다 더 구속력이 있다는 것을 서서히 알아차리고 있다. 다시 말해서 오늘날 모든 미디어가 인터넷에 기생하고 있다는 인상이 들 정도이다.

미디어는 인간의 의식을 매혹시킨다. 그 때문에 많은 사람이 미디어의 테크닉(기술)에 대해 거의 물신적인 관심을 가지고 있다. 그들이 해커라면 악몽이지만, 만약 '프로슈머'(Prosumer, 생산적 소비재)라면 미디어산업이 낳은 사랑스러운 후예들이다. 사회와 자연 사이의 경계로서의 기술은 인공품의 세계이다. 테크닉을 디자이너가 아니라 엔지니어가 주도하는 한에서는, 어떤 사태가 기술적이면 기술적일수록 그 사태의 문맥(context)이 가지는 의미는 점점 더 사소해진다. 테크닉은 복잡한 것이 아니라 기껏해야 까다로울 뿐이고 세심한 사람은 낙원처럼 편안하게 느낀다. 프로그램으로 구성된 공학적 세계에서는 문제 설정과 완전한 지식에 관한 일치된 합의가 지배한다. 이에 반해서 리스크로 가득 찬 사회적 세계에는 인간의 지식 상태가 충분치 않고 그 결과들에 대해 합의도 이루어져 있지 않다는 것이 특징이다.

기술의 물신주의는 사회적인 것을 은폐한다. 훔볼트 대학의 미학자 프리드리히 키틀러(Friedrich Kittler)는 이러한 의미에서 매우 단호하게 '물질주의적 미디어학'이라는 것을 구상하여, 미디어학을 한편으로는 '문화철학'에 대해, 그리고 다른 한편으로는 '응용적 관심'(파슨스, T. Parsons)에 대해 차별화했다.[5] 물론 여기서부터 사회이론으로 이르는 길이 바로 열리지는 않는다(키틀러는 그 길을 찾으려고도 하지 않았다). 왜냐하면 사회학적으로 커뮤니케이션이라는 요소는 더 이상 회로판, 프로그램, 전파 그리고 광선으로 용해되지 않기 때문이다. 커뮤니케이션 행위의 작동(Operation)은 커뮤니케이션의 물질적 성질과는 아무 관계가 없다. 더 정확히 말해서, 커뮤니케이션이 산출하는 창발적 질서는 커뮤니케이션이 사용하는 물질성을 그 자신으로부터 배제한다.

세계커뮤니케이션 이론은 미디어에 다른 식으로 열광한다. 그 이론은 커뮤

---

5 그의 연구는 미지의 영역을 개척하는 새로운 것이지만 아직은 이에 도달하지 못했다. 프리드리히 키틀러의 역저 *Grammophon Film Typewriter*와 *Aufschreibesysteme 1800·1900* 참조. 미디어 물질주의의 이러한 너무 휴머니즘적으로 교육받은 지적인 극단의 대표자는 역사상의 담론 체계와 그것을 전달하는 미디어에서 나의 스승인 야콥 타우베스(Jacob Taubes)가 "마법적 의례와 기술적 노하우의 형태론적 일치"(*Vom Kult zur Kultur*, S.274)라고 언급했던 것을 발견했다.

니케이션에 대한 지각의 우위를 관찰한다. 그 때문에 사회학자들은 디자인에 대해 관심을 가지고 있는 듯하다. 왜냐하면 디자인이 커뮤니케이션을 지각 가능하게 하기 때문이다. 디자인은 커뮤니케이션(사회적 차원)과 지각(심리적 차원)을 중개한다. 디자인의 인공물은 인터페이스이고, 사실상 두 개의 블랙박스를 동시에 은닉하고 있는 양면적 차원 — 즉 심리적 체계와 복잡한 기술 — 이다. 다른 말로 하면, 우리 세계의 커뮤니케이션 디자인을 묘사하기 위해 굳이 인간 영혼[가령 철학과 인문과학의 '주체']이나 테크닉을 이해할 필요는 없다.

뉴미디어는 우리가 오늘날 현대를 추구함으로써 빚어진 결과의 고통을 가장 분명하게 감지할 수 있는 영역이다. 미디어와 컴퓨터 테크놀로지의 진화는 다시 말해서 인간의 처리 능력을 고려하지 않고 진행되고 있다. 그 때문에 인간은 그의 감각을 지탱하기 위해 과중한 부담을 덜어내는 테크닉을 필요로 한다. 우리는 인간의 척도로는 도저히 감당할 수 없는 세계의 데이터를 인간적 형태의 도식에 따라 선택하면서 생활할 수 있다. 미디어 테크놀로지적으로 연출된 원 월드(One-World)에 반발해서 라이프스타일의 다양성을 추구하는 포스트모던에 특유한 세계가 그 보상책으로 나란히 병존하는 것이다. 다른 말로 하면, 오늘날 자아정체성과 관련된 담론이 유행하고 있는 것은, 그것이 세계커뮤니케이션의 보편주의에 대한 보상물이기 때문이다.

— 왜냐하면 모든 기호가 세계화와 세계커뮤니케이션의 기호를 달고 있기 때문에, 사람은 다양성을 보존하는 문화적 무기고를 필요로 한다. 다양한 새로운 부족주의는 세계사회의 요구와 균형을 이루고 있다.

— 왜냐하면 가상적 실재가 우리 포스트산업적 일상의 미디어 기술적 인프라구조로 되었기 때문에, — 이러한 비물질화에 대항하는 해독제로서 작용하도록 — 육체에 대한 숭배, 안락함을 추구하는 생활철학, 실존의 새로운 미학 등이 나타나고 있다.

— 왜냐하면 이미지를 연출해내는 미디어가 점점 더 깊이 현실 속으로 침투하고 있다는 것을 각자가 느끼기 때문에, '현실적으로 현실적인 것'[진짜로 리얼한 것]에 대한 동경이 증가한다. 시뮬레이션의 세계에서는 정반대로 리얼리티를 희구하는 강박증이 나타나고 있다.

현대에서는 복잡성과 우연성, 인공성이 서로 분리될 수 없을 정도로 연관을 이루었다. 부작용이 따르지 않는 작용이 없고, 역기능이 없는 기능도 없으며, 반대 테마가 없는 테마, 편리해서 쓰기는 하지만 리스크가 잠복되어 있지 않은 인공품은 없다. 확실한 것은 단지 불확실성뿐이다. 또한 확실한 것은 다른 사람 역시 결코 확신하지 않고 있다는 것이다. 현대의 인간들은 여러 가지 옵션들로 과부하에 걸려 있으며, 현대의 입장에서는 현실성이라는 것이 항상 선택에의 강제를 의미했다. 현실성은 더 이상 현실 그 자체에서 이해되지 않는다. 그리고 이러한 자명성의 상실이 그 자체 이미 자명하게 되었다. 기투[Entwurf, 도안]하면서 세계를 해명하는 디자이너가 그 때문에 존재한다. 디자인이 생기는 것은 더 이상 유효한 형식이 존재하지 않을 때이다. 디자인은 인간을 의미 있게 실존할 수 있게 해주는 인공의 환경을 창조한다.

세계커뮤니케이션은 다양한 옵션을 열어놓고 있으며, 우리가 가진 제한된 시간 자원을 전혀 배려하지 않는다. 각 개인이 개인과 커뮤니케이션할 수 있기 때문에, 개개인의 제한된 주의력(Aufmerksamkeit)에 과부하가 걸린다. 다양한 가능성이 존립하는 세계에서는, 거의 일상으로 되어버린 시간의 희소성 때문에, 인간의 삶은 타인의 주의력을 쟁취하기 위한 경쟁의 장으로 변모된다. 이것은 더 정확히, 다시 말해서 수학적으로 표현할 수 있다. 세계커뮤니케이션의 네트워크에서 구성단위의 숫자가 산술적으로 증가하는 것은 결국 그 구성단위 사이에서 가능한 관계의 숫자가 기하급수적으로 증가하는 것으로 귀결된다. 그 때문에 바로 인터넷 문화도 조직체를 필요로 한다. 다시 말해서 모든 사람이 모든 것에 관해 말하면서 과부하가 발생할 수 있는 가능성을 제한하는 것으로서의 조직체 말이다.

이 때문에 우리는 흥미 있는 패러독스에 이른다. 즉 멀티미디어 사회의 데이터 흐름에서는 '더 많은 가치[잉여가치]'란 '더 적은 정보'를 일컬을 뿐이라는 것이다. "당신의 손가락 끝에서 정보(information at your finger)를"이라는 구호는 더 이상 도움이 되지 않는다. 새로운 정보 테크놀로지의 압력 아래서는 모든 문제를 무지의 문제로 해석하는 경향이 있지만, 의미에 대한 물음과 방향설정의 문제에 대해서는 정보라는 것으로는 결코 해답을 찾을 수 없다. 문제는 무지가 아니라 혼란이다. 그리고 불투명한 상황에서는 더 많은 정보가 오히려 더 큰 불확실성을 초래하며, 그 때문에 더 적게 수용된다는 학설이 타당하다. 그래서 현대의 세계에서 우리는 증가하는 무지를 보충하기 위해 타인에 의해 매개된 것에 대한 신뢰에 더 의존해야 하는 상황이다.

지식사회는 따라서 그 정도가 심화될수록 더 무식한 무지 사회가 될 것이다. 그리고 지식의 신빙성을 지위나 권위가 점점 덜 보증하게 될수록, 사회는 점점 더 많은 신뢰를 필요로 해야 한다. 지금 인터넷에서 지식의 신빙성 문제가 첨예하게 제기되고 있다. 그래서 우리 문화는 이미 오래전에 진실을 포기한 것처럼 보인다. 진실보다는 신뢰가 정보 소스들의 경쟁력으로 되었다.

인터넷 문화의 정보 공간은 수학자들이 흔히 하는 표현을 쓰면 무한 차원적이다. 그것은 결코 3차원의 자연적인 지형학이 아니다. 사이버 스페이스는 지도제작술로 그릴 수 있는 그런 영토가 아니다. 현대사회의 서로 다른 사회적 체계들은 영토성의 원칙을 여러 가지 방식으로 잘 다루었다. 법과 정치는 영토성의 원칙에 가장 밀착되어 있다. 그러나 영토성이라는 개념은 총체적으로 움직이는 모바일(total mobile)과 세계커뮤니케이션의 시대에 아무 도움이 안 된다. 다시 말해서 우리는 오늘날 민족적 경계가 더 이상 사회의 경계는 아님을 인식해야 한다. 하나의 시스템이 복잡하면 복잡할수록 그 경계가 더 추상적이라는 것이 원칙적으로 타당하다. 한때는 영토적 경계가 우주의 무한성을 참을 수 있도록 했다. 그런데 이제는 무엇이 대신하는가?

우선 그 하나는 사회가 단지 추상적인 한계만 지니고 있다는 것이다. 다른 하나는 사회가 맹목적으로 진화한다는 것이다. 다시 말해서 사회는 그 커뮤니케이션에서 환경(Umwelt)과 접촉 없이 맹목적으로 작동한다. 그러면 우리는 사회를 어떻게 형성해야 하는가? 새로운 불투명성[6]은 이미 여러 해 전부터 이러한 상황을 지칭하기 위해 사용되어온 용어이다. 여기서는 원칙 없는 두루뭉술한 정책[7]이 장기적이고 예측력 있는 전략보다 더 성공적이다. 이것은 물론 도덕과 이성을 병들게 한다. 더 이상 가치의 높낮이를 나타내는 가치 위계라는 것이 존재하지 않으며, 대신 모든 가치는 단지 더 혹은 덜 선호되는 사이클로 순환하고 있다는 사실을 윤리학도 이제는 감수해야 한다. 그리고 이성도 인간이 복잡한 상황을 완전히 조망할 수는 없다는 점을 받아들여야 한다.

사회학은 인간에 관한 학문이었고(막스 베버를 상기하라!), 현재도 그렇다. 또한 사회학은 사회에 관한 학문으로서 존재한다. 그러나 그 대상의 통일성(Einheit)에 대한 물음은 두 경우 모두 곧바로 깊이 없는 피상성에 빠진다. 우리는 대신 차이(Differenz)를 방향설정적 '통일성'으로 이용한다. 다시 말해서 사회와 인간의 차이를 이용한다. 생활과 의식, 커뮤니케이션이 인간에게서 서로 교차한다. 인간은 체계 속에서 관계를 가지지만, 결코 그 자체 사회적 체계들(soziale Systeme)의 구성단위는 아니다. 인간은 기술 진화의 척도도 아니고, 인

6　J. Habermas, *Die Neue Unübersichtlichkeit* 참조.

7　Ch. Lindblom, "The Science of Muddling Through"와 "Still Muddling, Not Yet Through" 등 참조.

간 자신도 연루되어 있는 자기생산적(autopoietisch) 체계의 척도도 아니다. 다만 인간은 스스로를 흔히 개인이라고 부르는 응고된 우연성(Kontingenz)이라고 주장한다.

니클라스 루만(Niklas Luhmann)의 체계이론은 따라서 사회의 선험성으로서의 인간을 단지 아이러니하게 인용한다. 이러한 이론적 도발의 토대를 이루는 사고는 아주 간단하다. 사회는 '완전한 인간'을 자신으로부터 배제한다. 그럼으로써 인간이 신의 자리를 차지한다. 그는 선험적으로 되는 것이다. 인간 존재의 한계는 따라서 사회의 한계가 아니다. 사회적 체계들이 인간과 더불어는 아무것도 착수할 수 없다는 것이 자유의 조건이다. 어떤 개인에게는 다른 사람의 자유가 그 사람에 대한 계측불능(Unberechenbarkeit, uncomputability) 속에서 그리고 계측불능으로서 나타난다. 이 타인은 항상 다르게 될 수 있는 사람으로 기대된다. 그러므로 자유는 여기서 인간의 본질 규정이 아니라 엄밀히 따져보면 작동적(operativ)인 것이다. 즉 "대안의 가설적 구성으로서의 자유"[8] 말이다. 인간은 자유로써, 다시 말해서 '계측불능'으로써 사회를 놀라게 한다.

'인간'은 사회학의 입장에서는 너무 모호한 개념임이 증명되었다. 그래서 그것이 '행위'로 대체되었다.[9] 그러나 행위 개념 역시 오늘날 너무 모호한 것

---

8 N. Luhmann, *Organisation und Entscheidung*, S.109. 근본주의를 경멸하는 사람들 중에서 종교학적으로 교육받은 사람들은 여기서 예언적 역사 경험의 '세속화'를 진단할지도 모른다. 특히 인상적인 것은 "인간은 피조물 중에서 경악스러운 핵심이 되도록 창조되었다"(Jacob Taubes, *Vom Kult zur Kultur*, S.53)는 말이다. 실제로 이러한 (마르틴 부브너를 겨냥한) 표현에서는 단지 '창조'만 '진화'를 통해 대체(!)한다. 그렇다면 물론 그 '핵심' 역시 무너질지도 모른다.

9 마찬가지로 '간인간성(Zwischenmenschlichkeit)'이라는 개념은 공생적 메커니즘, 즉 지각, 의식, 섹스, 폭력 등의 영역으로서 탈마법화된다. 이에 관해서는 N. Luhmann,

임이 드러났다. 그래서 그것 역시 커뮤니케이션으로 대체되었다. 행위는 그런데 계산된 커뮤니케이션을 매개로 생성된다. 이러한 관점에서 행위는 어떤 **스크립트**(script)[10]의 **(행위)규정**(enactment)[11]으로서 나타난다. 즉 행위가 행위자를 창조한다는 것이다. 이제 행위를 아직도 사회학의 근본 개념이라고 말하는 사람은 주체를 구제하려는 사람일 뿐이다. 그리고 철학은 오늘날 실제로 단지 주체를 살리기 위한 트레이닝이고자 하는 것처럼 보인다.

세계커뮤니케이션 이론은 따라서 주체와 관계해야 하는 것이 아니라 체계와 관계해야 한다. 각각의 체계는 세계로부터 너무 과중한 요구를 받으며 그 존립 상태가 위협받고 있다. 그 때문에 체계는 스스로 선택적으로 환경을 구성해야 한다. 이러한 선택은 그러나 항상 이미 앞선 선택, 사전 검토를 전제로 한다. 따라서 환경은 항상 이미 사전에 그 타입이 정해져 있고, 그것이 바로 '행위 규정'의 결과물이다. 그렇기 때문에 환경에의 '적응'에 관해 말한다는 것은 아무 의미가 없다. 우리는 어느 경우라도 환경의 우연성에 적용할 수 있다. 이것을 '자기 정보활동(sich informieren)'이라고 부른다. 다시 말하자면, 체계는 환경에 의존적이지만 환경을 볼 수는 없는 맹목적인 상태에 있다. 체계는 세계로부터 아무것도 배울 수 없으며, 단지 자신의 예민성을 증가시킬 수 있을 뿐이다. 일종의 면역체계 덕분에 체계는 환경에 적응해야 하는 부담

Soziologische Aufklärung, Bd. III, S. 228ff. 참조.

10 "스크립트들은 일종의 무념무상의 정신구조인데, 이것은 어떤 사람이 너무 많이 생각해야 하지 않도록 한다"(Roger C. Schank, *Dynamic Memory Revisited*, S. 8). 이에 대한 좋은 예는 "우리가 성적 충동이라고 간주하는 것은 단순히 우리가 느끼는 방식과 우리가 욕망하는 것에 대한 사회적 스크립트의 학습에 지나지 않는다"(Charles Perrow, *Complex Organizations*, S. 117)는 것이다.

11 칼 웨이크의 조직이론의 근본개념. 가령 "사람들은 그들 자신의 환경을 창조하고 이 환경이 그다음 그들의 행위를 규정한다"(*Sensemaking in Organizations*, S. 31.).

을 덜어낸다. 그리고 실제로 체계는 복잡성 증대를 매개로 스스로 면역을 증가시킨다. 그런 다음에야 체계는 톨레랑스가 증대되든지, 아니면 그 반대가 된다.

따라서 중요한 것은 미지의 것과 교류하는 테크닉이다. 사이버네틱은 여기에서 역사적으로 세 가지 형식을 발전시켰다. 첫 번째 모델은 환경에 대한 체계의 관계를 **항상성**(Homöostase)으로 기술한다[항상성 또는 자기규제란 체계이론과 사이버네틱에서 특정 전체에서 피드백으로 특정 상태를 유지하는 체계의 능력 또는 작용을 의미함]. 이것은 일단 (체계의) 상태 유지로 대체된다. 결국 이 모델은 (체계/환경) **차이의 유지**로 대체된다. 헤겔(F. Hegel)이 '이화(異化)'라고 했고 마르크스(K. Marx)가 '소외'라고 불렀을 때, 이는 그들이 이미 19세기에 사회적 체계들을 통일체로서가 아니라 차이로서 파악할 수밖에 없었다는 것을 보여주는 징후이다.[12]

유일하게 가능한 통일성은 — 결코 풀 수 없는 — 문제의 통일성이다. 사회적 문제는 해결될 수 있는 것이 아니라 단지 감축될 수 있을 뿐이다. 모든 문제는 체계와 환경의 차이를 통해 생성된다. 따라서 피할 수 없는 것이다. 이런 풀릴 수 없는 문제는 문제해결을 위한 촉매제처럼 작용하나, 나중에 다른 곳에서 파생되는 문제를 야기한다. 어떤 문제의 해결은 따라서 그 문제를 새롭게 규정하는 데 그 본질이 있다. "우리는 문제를 '저 바깥에서' 발견하지 않는다. 어떤 문제점을 표현하려는 방식에 관해 우리는 어떤 선택을 한다."[13]

---

12 여기서 구성주의와 해체주의, 루만과 데리다가 수렴한다. 그(것)들은 정체성에 대해서가 아니라 차이에 대해 묻는다. 그리고 차이에 대한 대립은 통일성이 아니라 비(非)차이(Indifferenz)이다.

13 Ch. Lindblom/D. Cohen, *Usable Knowledge*, S.50. 그것은 따라서 주의력의 할당을 위해서 정치적으로 매우 유용하게 이용될 수 있다.

루만은 필생의 저작들에서 사회학의 자기반성을 통해 세계커뮤니케이션의 지각 이론을 낳았다. 그 이래로 우리에게 세계란 미디어 세계이다. 즉 돈, 권력, 법은 상징적으로 일반화된 가장 중요한 커뮤니케이션 미디어이다. 인쇄물, 텔레비전, 인터넷은 가장 중요한 기술적 확산 미디어이다. 세계커뮤니케이션 이론은 위계질서의 구조뿐 아니라 창발적(emergent) 현상에서 관찰될 수 있는 어떤 사태 — 즉 **탈조합 능력(decomposability)**[14] — 때문에 그 분석적 연구에서 부담을 상당히 덜었다. 다시 말해서 각각의 경우에 그 근저에 깔린 차원은 가령 무시되거나 간결하게(예컨대 통계적으로) 처리될 수 있다. 예를 들면 컴퓨터는 하드웨어에 대한 고려 없이도 기능적으로 묘사될 수 있고, 네트워크의 행태는 컴퓨터와의 관련이 없이도 그 특성을 묘사할 수 있다. 커뮤니케이션은 커뮤니케이션에 대해 반응하지, 커뮤니케이션이 이루어지는 회로에 대해 반응하지 않는다. 물론 이것이 결코 커뮤니케이션의 물질성이 중요하지 않을지도 모른다는 것은 아니다. 다만 물질성은 다른 차원의 분석에 해당될 뿐이다.

미디어이론은 따라서 미디어 테크놀로지와 거리를 두어야 한다. 이러한 요구사항에 부응하는 것이 체계이론이다. 돈이나 권력, 사랑과 같은 상징적으로 일반화된 커뮤니케이션 미디어 — 혹은 만약 하버마스(J. Habermas)와 같이 '비판적'으로 표현한다면 조정미디어 — 는 미래의 예측 불가능한 문제가 해결될 수 있다는 확실성을 이미 현재 속에서 제공한다. 그것은 확실성과 거의 등가를 이루고 있으며, 정보나 예측 등을 면제한다. 그것은 의식의 부담을 줄여주고, 그럼으로써 우연적인 것 그리고 놀라운 것에 관여하는 의식의 능력을 고양시킨다. 이러한 능력은 물론 매스미디어와 멀티미디어의 시대에 점점 더 중요해진다. 흔히 '정보의 홍수'라는 저널리즘적 문예비평의 개념이 제대로

---

14 H. Simon, *The Sciences of the Artificial*, S. 200.

지칭하고 있다기보다는 오히려 은폐하는 데 일조하는 우리의 고유한 문제점
은, 정보라고 파악되는 것과 작동적[조작적]으로 지배할 수 있는 것 사이의 차
이가 점점 더 커지고 있다는 것이다.

물론 아주 완전히 다른 이론 디자인도 기획할 수 있다. '다른 식으로도 될
수 있다'는 의식은 기능주의에 해당된다. 바로 그 때문에 '기능적 등가성
[funktionale Äquivalenz, 선택된 준거 문제를 탐구함에서 인과관계가 아니라 어떤 기
능적 등가물을 통해 문제해결이 가능함을 비교하는 방법]'은 체계이론의 핵심 개
념이다. 이 개념은 인간학적인 '보상' 개념에 적용시켜 해독할 수 있다. 그것
은 낭만주의의 유산이라고도 이해할 수 있다. 즉 기능적 등가성을 독일 낭만
주의의 의미에서는 '위트'라고 할 수 있다. 결론적으로 기능적 등가성은 수학
적 개념틀이다. '위상(Stelle)'[15]은 사물들의 현전을 통해서가 아니라 그것의 대
체 가능성에 의해 특징을 갖게 되는 장소이다. 이것은 무엇보다도 우선 현대
사회의 조직이 자유롭게 형성되는 것을 가능케 하고, 그 때문에 사회의 안정
성은 바로 그 대체 가능성으로 확보되기도 한다. 즉 어떤 사태의 본질은 그것
을 대체할 수 있는 가능성에 있다는 것이다. 철학은 따라서 놀랍게도 "존재하
는 것은 오늘날 대체된 존재다"[16]라고 선언하고 있다. 이러한 마취상태에서
벗어나 사회학도 존재를 다른 것으로도 될 가능성으로 대체하고 있다.

이것이 곧 "어떤 것이든 된다(anything goes)"는 뜻일까? 그렇다. 만약 우리

---

15 Hans Blumenberg의 '점유변환(Umbesetzung)' 개념 참조(*Wirklichkeiten in denen wir leben*, S.121).

16 M. Heidegger, *Vier Seminare*, S.107. [하이데거의 이 명제는 오늘날 실재와 허구, 현실
과 가상 세계에 대해 적용된다. 가령 시뮬레이션 기술은 오늘날 실재라는 우상에서 해
방시키고 있다. 그 때문에 우리는 오늘날 진정한 실재에 대한 낭만적인 향수를 가지고
있다.]

가 파이어아벤트(P. Feyerabend)의 이 구호를 임의성과 혼동하지만 않는다면 말이다. 이것은 세계와 관련해서는 우연성이고, 방법과 관련해서는 이론의 변주(Variation)이다. 이론적 모델은 파이어아벤트에 따르면 문학적 메타포와 마찬가지로 기능한다. 그 모델은 사실에서는 결코 간파될 수 없다. 오히려 정 반대이다. 즉 모든 사실은 이론에 감염되었다. 가령 데이터는 인성 진단 테스트지의 의미 없는 표시와 같은 것이며, 그 속에서는 모범 즉 관념만 관찰할 수 있다. 그 때문에 단지 감각에 주어진 것만 의미가 있다고 보는 경직된 경험론자들은 '관념'이라는 관념을 결코 인지할 수 없다. 핵심적 관념은 정보와는 전혀 아무런 관련이 없다. 그것들은 그 관념을 해명한다고 하는 복잡한 체계와 마찬가지로 반(反)직관적이다. 자신의 명증한 의식에 거슬러서 사유한다는 것, 그것은 현대사회가 그 자체를 파악하려는 바로 그 사람들에게 요구하는 '습관성 희생(sacrificium habitudinis)'[17]이다.

기능주의와 체계이론, 미디어이론은 전통적인 인식론을 단순히 무시하는 것이 아니라 그것을 정확한 위상에서 대체한다. 선험적 주체는 따라서 극단화된 관찰자로서 나타난다. 지금까지는 '선험적'이라고 토의되었던 것이 이제 네오사이버네틱에서는 '2차 등급의 관찰[서로가 서로에게 관찰되고 있다는 것을 관찰하는 것, 관찰의 관찰]'이라는 사태이다. 그리고 인식 가능성의 조건에 관한 질문은 그 문제가 표현되는 구별에 관한 질문으로 대체된다. 우리는 어

---

17 G. Günter, *Beiträge zur Grundlegung einer operationsfähigen Dialektik*, Bd. I, S. XI. 권터는 이에 대해 구체적으로 언급하고 있다. 즉 어떤 계산 과정을 위해 명증한 의식을 희생시키는 것. 우리가 사유할 수는 없지만 그러나 계산은 할 수 있는 그런 사태들이 있다. 우리가 계산할 수 있는 것은 사유할 수 있어서는 안 된다. 복잡한 체계들 속에서 결단을 내리려는 사람은 직관적인 판단들에 의존해서는 안 되며 알고리즘(algorithm)을 이용해야 한다고 한다. Jay W. Forrester, *Urban Dynamics*, S. 10도 참조.

떤 구별을 사용한다, 그것이 지루하게 여겨질 정도로. 그런 다음에 다른 구별로 넘어간다.

모든 발화된 것은 관찰자에 의해 발화된 것이라는 인지생물학자 마투라나(H. Maturana)의 단순한 관찰이 여기서 중요한 결론으로 이어진다. 즉 어떤 구별에 의한 경계 설정 전에는 그 어떤 것도 존재하지 않는다[18]는 말이다. 최초의 구별은 구별 불가능한 것을 철저히 구별한다. 맹점은 — 더 정확히, 즉 정확한 위상으로 대체되면 — 관찰의 '아프리오리'이다.[19] 맹점이 말하는 것은, 관찰이 구별된 것에서 **존재한다**는 것, 그리고 그 때문에 관찰이 사용하는 구별은 **망각한다**는 것이다. 이것은 피할 수 없는 일이다. 그러나 어쨌든 맹점이 없이는 안 된다는 것을 볼 수 있다.

맹점이 없으면 아무것도 안 된다는 말은 근거제시(Begründung, 논증) 혹은 심지어 '최종 근거'가 없어도 되어야만 한다는 것이다. 이루어질 수 있는 것은 오로지 잠재성의 순환만인데, 그것이 관찰의 진동 속에 고립되어 있든지[20] 아

---

18 H. Maturana, *Erkennen: Die Organisation und Verkörperung von Wirklichkeit*, S.34와 같은 저자의 *Was ist Erkennen?*, S.46 참조. 이에 대해서는 또한 C. Schmitt, *Glossarium*, S.169도 참조.

19 인지 생물학자 마투라나와 바렐라가 발견한 혁명적 사실에 따르면, 확실한 인지는 우리 눈의 '맹점'(사각지대, der blinde Fleck) 때문에 불가능하다고 한다. 즉 "우리는 우리가 볼 수 없는 것을 볼 수 없다. 또 볼 수 없는 것을 볼 수 없다는 점 또한 볼 수 없다"는 것이다. — 옮긴이 주.

20 니체에게서의 관점의 조절과 관련해서는 *S. W.*[전집], Bd.2, S.20 참조. 참고로 마루야마(Magoroh Maruyama)는 이것을 "자체 - 이형 생산(self-heterogenization): 많은 방식의 생활, 노동, 사고활동을 자아 속으로 통합하는 것"이라고 부른다(*Mindscapes in Management*, S.38). 독일 낭만주의를 알고 있는 사람에게는 이러한 개념이 이미 노발리스의 '자기 이형 생산(Selbstheterogenisierung)'이라는 표현(*Fragment*, Bd. II, S.55)에서도 발견된다는 것이 결코 놀라운 사실은 아닐 것이다.

니면 '네트워킹된 다수의 관찰자'[21]에 의해 협력적이든지 아무 상관이 없다. 여기서 루만의 구성주의가 또 다시 데리다(J. Derrida)의 해체주의와 만난다. 모든 발화된 것은 관찰자에 의해 발화된 것이지만(마투라나의 구성주의), 해체될 수 있는 것이다(데리다의 해체주의). 다시 말해서 양자의 근본에 깔린(!) 구별이 연기[지연]될 수 있다. 각각의 구별은 하나의 보충을 자극한다. 그리고 정반대로 각각의 탈분화의 배후에는—가령 그것이 반대개념을 교환함으로써(정반대의 교체)—다시 이미 분화된 것을 새롭게 분화하는 **반(反)분화**(counter-differentiation, Stephen Holmes의 개념)가 숨어 있다. 이것이 현대적인 '복수형 이성(raison multiple)'[22]의 유희—즉 차이를 보전하고 체계를 관찰하는 것(하인즈 폰 푀르스터, Heinz von Foerster)—이다. 이것은 목표도 없이 끝도 없이 이루어진다. 그것은 진행되는 동안 계속 이루어진다.

* * *

이 책에 서술한 내용은 대부분 다른 사람이 제기한 질문에 답변하는 형태로 기술되었다. 가령 로즈마리 바이어(Rosmarie Beier)의 질문에는 '역사의 행복한 종말'을, 뤼디거 부브너(Rüdiger Bubner)와 실비오 비에타(Silvio Vietta)의 질문에 '유토피아의 패러독스'를, 디르크 바에커(Dirk Baecker)와 라이마르 존스(Baimar Zons)의 질문에는 '애프터 뉴미디어'를, 슈테판 크라스(Stephan Krass)의 질문에는 '이론의 계기 비행'을, 지그프리트 슈미트(Siegfied J. Schmidt)의 질문에는 '우연에 방치된 존재'를, 에버하르트 쉬츠(Eberhard Schütz)와 홀거 판 덴

---

21 N. Luhmann, "Sthenographie und Euryalistik," S.62.

22 G. Bachelard, *La formation de l'esprit scientifique*, S.41.

붐(Holger van den Boom), 헤르만 스투름(Hermann Sturm), 피터 비퍼만(Peter Wippermann), 마티아스 괴르츠(Matthias Goertz)의 질문에는 '센스메이킹으로서의 디자인'을, 토마스 자운쉬름(Thomas Zaunschirm)의 질문에는 '뷰토피아(Beautopia)'를, 바존 브로크(Bazon Brock)와 디트마르 캄퍼(Dietmar Kamper)의 질문에는 '육체의 복귀?'를, 위르겐 스크리바(Jürgen Schriba)의 질문에는 '지식의 모험'을, 힐마르 호프만(Hilmar Hoffmann)의 질문에는 '차이들의 보전'을, 게르트 타일레(Gerd Theile)의 질문에는 '세계커뮤니케이션의 시대'를, 디르크 마테요프스키(Dirk Matejonski)의 질문에는 '지식의 미래 — 미래에 관한 지식'을, 마지막으로 펠릭스 그리가트(Felix Grigat)의 질문에 대해서는 '신과의 커뮤니케이션 문제들'을 나의 대답으로 기술했다. 이들 모두에게 진심으로 감사한다.

　이 책이 니클라스 루만의 사회이론(Gesellschaftstheorie)에 신세 지고 있다는 것은 참고문헌만 보아도 충분할 것이다. 이 책의 에세이적 특성을 감안할 때 다소 중복된 설명은 피할 수 없다. 오히려 그런 군더더기들이 이 책의 기조를 이루고 있다. "먼저 쓰십시오. 그러면 당신이 무엇에 관해 쓰고 있는지를 비로소 간파하게 될 것입니다."[23]

---

23 C. Geertz, *The Interpretation of Cultures*, S. V.

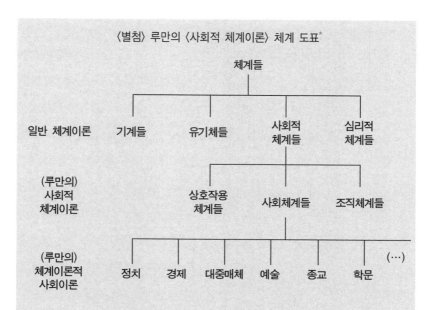

〈별첨〉 루만의 〈사회적 체계이론〉 체계 도표[*]

* 사회적 체계이론은 사회적 체계들(soziale Systeme)의 하위 층위인 상호작용/조직/사회 체계들을 비교하는 것이 과제이며, 사회이론(Gesellschaftstheorie)은 상호작용/조직들과 구별되는, 가장 포괄적인 사회적 체계인 사회(Gesellschaft)를 다룬다. 사회는 '더 높은 등급의 체계, 다른 유형의 체계'를 이룬다. 사회가 그 안에서 다시 체계/환경 구별을 반복할 때 관찰되는 체계가 정치, 경제, 대중매체, 예술, 종교, 학문 등 기능적으로 분화된 부분체계들이다. ── 옮긴이

애프터 뉴미디어?

비판이론 대신에 체계이론

> 먼저 쓰레기가 생긴다. 그런 다음 우리는 그것을 처리할 시스템을 건설한다.
> ─ 돈 드릴로[1]

이론의 계기 비행

   '세계커뮤니케이션'과 같이 그 경계를 획정하기 힘든 주제의 윤곽을 그리기 위해서는 하나의 확고한 이론 틀이 필요하다. 그리고 미디어의 정신현상학을 서술한다는 것이 탐탁지 못하면, 최근 몇 년 동안 논의되고 있는 여러 이론 디자인 중에서 선택하는 일만 남는다. 독일에서는 여전히 하버마스[1929~]의 '커뮤니케이션적 행위이론(Theorie des kommunikativen Handelns)'과 니클라스 루만[1927~1998]의 '사회의 체계이론(Systemtheorie der Gesellschaft)'이 경합하고 있다. 이 두 진영의 저명한 서술자들이 주장하는 바가 그들의 독자에게

---

1 D. DeLillo, *Underworld*, S. 288.

수년 동안 하나의 '논쟁'이라는 인상을 심어주었기 때문에, 현 시점에서 그 성과를 점검하는 것이 필요하다고 본다. 나는 다음에서 루만이 하버마스의 루만 해석을 어떻게 서술하고, 또 하버마스가 루만의 하버마스 해석을 어떻게 서술하는지를 서술하려 한다. 즉 어떤 서술에 관한 서술에 대한 서술의 서술이 여기서 관심사이다. 이 서술에서 어떤 입장을 취하면 무게는 있으나, 사실적 관련성을 잃기 쉽다. 두 저자가 지니는 비중이 지나쳐 자칫 그들의 문제의식이 주변으로 밀려날 수도 있다. 이것은 문제 지향적인 루만에게는 확실히 기분 나쁜 일이지만, 저자[인물과 그의 문헌] 지향적인 하버마스에게는 기분 좋은 일이 될 것이다. 이러한 불균형을 나는 하버마스의 이론이 '나이브(naiv)'하고, 반대로 루만의 이론은 '센티멘털(sentimentalisch)'하다고 소개함으로써 벌충하려고 한다. 그런데 결국에 가서는 루만이 이긴다. 그리고 실제로 루만의 사망(1998)과 더불어 결국 그렇게 되었다.

그러나 우리는 어느 한 사람이 다른 사람의 기분을 지속적으로 상하게 할지 확인하게 되지는 않을 것이다. 루만은 아마도 하버마스에게서는 체계적으로 아무것도 배울 수 없다고 생각했던 것 같다 — 이것은 사소한 일이다. 이에 반해 하버마스는 루만의 체계이론에서 아주 많은 것을 건져 올렸다 — 그러나 지적인 노이로제에 걸린 사람처럼 자신의 이론적 적수에 대항한 저항을 완벽하게 수행하기 위해 루만은 심리분석 이론도 사용한다. 이 두 사람의 논쟁이 마치 당사자가 부재한 가운데 이루어진 가상의 '유령 논쟁'이어서, 울타리 밖 구경꾼의 눈에는 비판이론과 체계이론 사이에 제3의 길은 열리지 않고, 대신 주어캄프(Suhrkamp) 출판사의 문화에서 다른 문화로의 교체 — 즉 프랑크푸르트(Frankfurt)에서 빌레펠트(Bielefeld)로의 교체 — 만 보일 수도 있다[하버마스 등 비판이론가들의 저작은 프랑크푸르트 소재 주어캄프 출판사에서 간행. 빌레펠트는 루만이 재직했던 대학 도시].

하버마스와 루만의 저서 맨 마지막 쪽을 펼쳐보면, 하나의 흥미 있는 사실을 확인할 수 있다. 하버마스의 책에는 '인명색인(Personenregister)'이 있고, 루만의 책에는 '항목색인(Sachregister)'이 있다. 이것은 결코 우연이 아니다. 현대사회를 관찰하는 사회학자라면 무엇을 보겠는가? 사람 즉 인명(Person)인가, 아니면 사실 즉 항목인가? 사회학자는 사람에 관한 학문에 몰두하는 사람인가, 아니면 사실의 차이에 관한 이론에 몰두하는 사람인가? 루만은 문제에 지향되어 있다. 그 때문에 그의 책에는 단지 항목색인만 발견된다. 반면 하버마스는 저자와 고전에 지향되어 있다. 그 때문에 그의 책에서는 단지 인명색인만 발견된다.

가령 루만은 아주 의도적으로, 자신이 사회학자 베버보다 낭만주의 작가 장 파울(Jean Paul)을 더 자주 언급했는지 아닌지를 알고 싶어 하는 그런 호기심 많은 사람들을 아주 힘들게 하고 있다. 그리고 그럼으로써 그가 하버마스에 대해 얼마나 자주 그리고 어디서 무엇을 얘기했는지를 서술하려는 것을 알려는 시도 역시 어렵게 만들고 있다. 이것은 일종의 자기 신비화 전략이지만, 그러나 자신을 아주 지능적으로 정당화시키는 전략이기도 하다. 그가 자신이 인용하는 저자의 인명에 대해 아무런 안내도 제공하지 않는 것은, 그 자신이 현대사회를 하나의 이름 없는 익명의 세계사회로 서술하고 있음을 말한다. 텍스트에 쓰여 있는 것은 저자에게로 환원시킬 수 없으며, 고전 숭배는 이제 그만![2]이라는 것이다.

하버마스는 루만과는 전혀 다르다. 그는 정신사학자이자 해석학자로서, 그

---

2 루만이 그러한 테제들과 서술 전략들을 그 자체 사회학의 우상적 저자들과 고전들에게로 적용시키는 것은, 패러독스로서는 매력적이지만, '고전 숭배는 이제 그만!'이라는 경구를 루만 스스로에게 적용시키면 과연 어떻게 보일 수 있을까 하는 물음에 대한 대답은 제공할 수 없다.

가 쌓은 사회학적 구성물은 대가의 문헌들로 둘러싸여 있다. 그가 가령 어떤 것을 서술할 때면, 마치 데리다가 하이데거(M. Heidegger)의 니체(F. Nietzsche) 해석을 해체하는 경우와 마찬가지로, 우리는 어떤 서술의 서술에 관한 서술의 서술과 관계하는 것이 된다. 하버마스는 이처럼 실제의 사회적 작동상태에서 크게 유리되어 문헌에 집착하는 것을 보상하기 위해, 사회적 직접성을 암시하는 개념인 '생활세계적 목가(Lebensweltidylle)'라는 나이브한 이상향에 매달리고 있다. 이에 관해 살펴보자.

하버마스의 커뮤니케이션적 행위이론과 마찬가지로 루만의 사회의 체계이론이 출판되어 대중적으로 매우 커다란 성공을 거두었고 현재도 그런 상태라는 점은 물론 마르크스주의의 몰락과 관계가 있다. 세계를 가장 긴밀하게 단결시켰던 것에 관한 이 최후의 거대담론(큰 이야기)이 단지 기만적 동화에 지나지 않는다는 것이 인식된 이후로, 사회이론에 일종의 공백기가 찾아왔다. 그 공백을 채우기 위해 오늘날까지 근본적으로 다음 세 가지 이론적 선택이 등장했다.

— 포스트모던 : 거대담론의 종말에 관한 하나의 또 다른 거대담론
— 현대의 철학적 프로젝트 : 상호이해(Verständigung)적 담화라는 구원적 힘을 통해 중부유럽을 개선하려는 작업
— 체계이론 : 현대사회의 생존술을 그것의 맹목적 기능 작용들 속에서 서술하는 작업

물론 사회이론의 텅 빈 탱크가 이론과는 무관하게 채워질 수도 있다(가령 쇼킹한 그림이나 전시적인 육체 퍼포먼스 혹은 역사주의적인 가면 행렬 등으로). 따라서 사회에 대한 각각의 사회학적 서술은 오늘날 (사회를 아이러니화하는) 포스트모던적 문화와, (사회를 도덕적 잣대로 관찰하는) 매스미디어, 그리고 (사회에 저항하는) 사회적 운동과 경쟁하고 있다.

이러한 배경에서 이제 우리가 다루려는 '유령의 논쟁'에서 결코 화해할 수 없는 차이가 언급될 수 있다.

－ 하버마스가 사회의 정당성 위기를 주목한 반면, 루만은 사회학의 이론적 위기를 주목했다.

－ 이에 따라 하버마스는 사회비판이론을 서술한 반면, 루만은 사회에 대한 비판이 어떻게 이루어지는지 물었다.

－ 루만이 사회에서 배우려고 한 반면, 하버마스는 사회를 가르치려고 했다.

　사회를 가르친다는 것, 이것은 아주 극단적으로 표현한 것은 아니다. 하버마스는 자신의 사회이론에 대해, 말하자면 그것이 어떤 도덕적 의무를 묘사하도록 그렇게 설정하고 있다. 따라서 그에게 중요한 것은 사회에 대한 기대(Zumutung)로서의 사회에 관한 지식이다. 그의 이론 디자인의 이러한 결정적인 특징을 또한 다음과 같은 성격이라 할 수 있다. 즉 하버마스가 끊임없이 밑바탕에 깐 것은, 합리성 이론과 사회이론이 각각 서로를 교차적으로 증명할 수 있다는 것이다. 즉 이성이 스스로 어느 정도 사회에 대해 자신의 기대를 피력한다는 것이다.

　이러한 구상은 얼핏 매우 그럴 듯하게 들린다. 그리고 이 구상은 철저히 계몽철학의 연장선에 있다. 그러나 오늘날 우리는 이 계몽철학을 더 이상 나이브하게 계속 관철시킬 수 없다. 대신에 우리는 반대 계몽, 즉 계몽의 정화를 염두에 두고 추구해왔기 때문에, 계몽주의가 이성과 비판에 대한 일종의 숭배 의식이었다는 점을 이제 우리는 냉철히 인정해야 할 시점이다. 베버가 이미 이성의 카리스마에 관해 언급했던 것은 이유가 없는 것이 아니었다. 루만은 다음과 같은 사실을 이끌어냈다. "스스로에게 책임이 있는 미성숙은, 계몽이 자신의 승리를 축하하기 위해서, 필요에 의해 단순히 연출되었을 뿐이다."[3] 다시 말해서 [인간이 자기 스스로 자초한 미성숙에서의 해방이라는 칸트(I. Kant)식의 계몽주의 정의에서처럼] 계몽의 이성은 인간에게 인간 자신에게서 해방될 것을 기대했으나, 계몽주의 이래로 현대사회는 이성으로부터 해방되려는 길을 걸어왔다는 것이다.

이성은 항상 **유일(Eine)** 이성이다. 혹은 헤겔의 유명한 표현에 의하면, 진리는 전체이다. 루만은 이 점을 패러독스하게 간파했다. 즉 문제는 전체가 단지하나의 패러독스라는 것이다.[4] 이것이 사회학자에게 의미하는 것은, 현대사회는 그 자체의 내부에서는 재현될 수 없다는 것이다. 그 때문에 이성은 현대사회 그 어디에서도 없었으며, 문자 그대로 유토피아적이다. 사회 전체는 더 이상 시야에 들어오지 않는다. 왜냐하면 사회는 전체적으로 그 자신을 기능적으로 분화시켰기 때문이다. 그리고 각각의 부분 체계는 스스로를 가장 중요한 것으로 간주한다. 모든 부분 체계는 따라서 저마다 사회의 통일성을 다르게 서술한다. 그 때문에 사회의 어떤 이성적인 정체성에 관해 토론하는 것은 별 의미가 없다. 따라서 현대를 비판하려는 것 역시 마찬가지로 더 이상 의미가 없다.

사물들을 다른 식으로 볼 수도 있을까? 만약 해야 한다고 믿는다면 할 수도 있다. 하버마스는 '사회의 자기 재현'[5] 가능성을 주장하고 있다. 사회가 스스로를 전체로서 그 자신 속에서 묘사하는 것은 일종의 더 높은 단계의 상호 주관성으로서의 공론장(Öffentlichkeit)을 통해서 가능하다고 한다. 그리고 이러한 공론장에서는 '전체 사회적 의식'과 집단적 정체성 형성과 같은 것들이 존재한다고 한다. 이것은 하버마스의 가장 오래된 모티프로서, 그의 유명한 초기 저작 『공론장의 구조 변환(Strukturwandel der Öffentlichkeit)』의 독특한 논점

---

3 N. Luhmann, *Die Wissenschaft der Gesellschaft*, S.548. 또한 *Gesellschaft der Gesellschaft*, S.32도 참조.

4 Luhmann, *Die Wissenschaft der Gesellschaft*, S.533 참조.

5 J. Habermas, *Der philosophische Diskurs der Moderne*, S.435 참조.

이기도 하다.

다시 한 번 분명히 말하자면, 이성과 이성적인 사회 정체성을 계속 고집하기 위해서는 사회가 전체로서의 그 자신에 대해 정확한 형상을 만들 수 있다는 것을 가정해야 한다. 그 때문에 하버마스는 기능적으로 분화된 사회라는 체계이론의 기본적 개념 틀에 저항한다. 거기서는 단지 자율적이고 서로 폐쇄된 부분 체계만이 서로 환경으로서 존재하기 때문이고, 따라서 서로 가르치고 배우기는커녕 상호 간에 커뮤니케이션하는 것조차도 불가능하다고 보기 때문이다. 하버마스에 의하면, 그것은 창문 없이 서로의 주변만을 맴도는 '체계 단자들(Systemmonaden)'[6]이다. 예를 들면 정의[법체계]가 다른 여러 체계 중 한 부분 체계일 뿐이어야 한다는 루만의 주장에 대해 하버마스는 '나르시시즘적 주변부화'[7]라고 비판한다.

나르시시즘, 단자적 캡슐화, 로빈슨 크루소적 방식, 이들은 하버마스가 체계이론에 대해 비판적 거리를 표시할 때 즐겨 사용하는 메타포들이다. 그가 특히 참을 수 없어 하는 것은 사회와 의식이 체계/환경 이분법을 통해 구분된다는 관념이다. 루만이 심리적 체계의 개념으로써 표상하는 의식은 — 로빈슨 크루소와 같이 — 단자적으로 캡슐화되어 있다고 한다. 이와 마찬가지로 루만의 사회적 체계 개념의 모델이 관료 출신인 루만이 직접 체험했던 '관청 간의 서류 흐름'[8]에 지나지 않는다고 한다.

그러나 과연 어떻게 사회와 의식의 관계를 다르게 볼 수 있을까? 하버마스에게서는 이 관계가 철학의 **언어학적 전환** 이후에 매우 자명한 것이었다. 언어는 이성의 집으로서, 이 집에서는 사회와 의식이 동거하고 있다. 루만에게

---

6 같은 책, S.415.

7 J. Habermas, *Faktizität und Geltung*, S.72 참조.

8 같은 책, S.417.

서는 분명히 주체에 선행하고 따라서 사회적인 것(Soziales)과 심리적인 것을 항상 포괄하는 언어에 대한 존중이 결핍되어 있다. 그 때문에 루만이 심리적 체계와 사회적 체계를 구별함으로써 언어적으로 파악된 생활형식에 잘못 접근하고 있다는 것이다.

하버마스는 좋은 사회화가 생활세계라는 전시장에서 언어적 상호이해를 미디어로 삼아 이루어진다고 생각한다. 상호이해는 여기에서 한스 게오르크 가다머(Hans-Georg Gadamer)가 의미한 해석학적 지평혼융(Horizontverschmelzung)의 의미에서 생각한 것이다. 그러나 언어 자체는 점점 더 많은 것을 제공한다. 언어의 구조에는 다른 것에 대한 인정(Anerkennung)의 상황이 장치되어 있다는 것이다. 부언하자면, 생활세계는 언어적 상호이해의 전시장이다. 언어적 상호이해는 좋은 사회화의 미디어인데, 왜냐하면 언어 자체에 타인에 대한 인정의 상황이 장치되어 있기 때문이다. 그리고 이 모든 것에서 귀결되는 것은, 현대사회 역시 생활세계적 커뮤니케이션에서 '자체 상호이해의 가상적 중심'[9]을 가지고 있다는 것이다. 그래서 현대사회가 상호이해에 지향된 담론에서 하나의 이성적인 정체성을 형성할 수 있다고 하버마스는 주장한다.

흔히 하는 말로, 진실이기에는 너무 멋지다는 말이 있다. 하버마스의 이러한 담론 개념에는 첫째 기술화된 혹은 전략적인 커뮤니케이션이 — 대화나 토론과 같은 직접적 커뮤니케이션과 비교해서 — 어떤 타락한 형태의 커뮤니케이션이라는 선입견이 숨어 있다. 그리고 하버마스의 경우처럼 이성적이며 상호이해에 지향된 커뮤니케이션을 특권화하면 다른 형태의 커뮤니케이션에 대해서는 평가절하가 불가피하다. 둘째, 사회를 모든 커뮤니케이션의 총체 개념으로 이해하는 사회학이라면 언어에 대한 과대평가를 경계해야 한다. 근본적으로

---

9 같은 책, S.417.

두 사람 모두 일상어가 복잡한 갈등을 해결하는 데에는 무능력하다는 것을 알고 있다. 가령 이혼과 관련된 분쟁을 한번 생각해보라. 언어는 사회적인 것을 구조화하기에는 너무나 자의적이다. 또한 의미의 축을 파악하는 데는 언어와의 관련만으로는 충분하지 않다. 루만은 언어를 그 때문에 단지(오로지!) 변주 메커니즘만이라고 이해한다. 즉 언어 속에서 사회가 변용된다는 것이다.

진리와 상관없는 단순한 변주 메커니즘으로서의 언어냐, 아니면 진리의 운반수단으로서의 언어냐, 이것이 논란의 쟁점이다. 하버마스는 콘센서스(합의)라는 마법의 단어로 이 논쟁을 이끌고 있다. 그는 이성적인 인간의 콘센서스가 이성적인 콘센서스라고 가정한다. 다시 말해서, 하버마스는 단지 비이성적인 지배만을 표상할 수 있었지, 결코 분명히 비이성적인 콘센서스는 표상할 수 없었다. 이에 대해 루만은 콘센서스를 '일종의 움직이는 대체 자연법'[10]이라고 냉소적으로 규정하고 있다.

콘센서스는 단지 가정법으로만, 결코 시작될 수 없는 미래형에서만 존재한다. 하버마스는 그 때문에 이러한 상호이해의 미래를 가능하게 할지도 모른다는 그런 조건만 초안을 잡을 수 있었다. 그러나 비록 이러한 조건이 오늘날 창출될 수 있을지라도, 대개의 경우 하버마스적인 담론을 위한 시간이 없다고 보면 된다. 가령 쿠르드족 테러리스트 오잘란(Ocalan)과 같은 범죄인을 다른 나라로 인도하느냐의 여부는 담론의 사안이 아니라 결단의 문제이다.

지금까지의 논의를 의미심장한 역설로 중간 결산한다면, 콘센서스는 단지 그것을 포기할 때만 도달할 수 있다는 것이다. 우리는 단지 차선의 어떤 것만을 얻으면서, 마치 **콘센서스인 것처럼** 행동해야 한다. 콘센서스는 불가능하기 때문에, 다음과 같이 용인하는 수준에서 만족해야 한다. 콘센서스가 너무 (언

---

10 N. Luhmann, *Ökologische Kommunikation*, S.134.

어)화용론적으로 편향되어 논의되고 있다고 생각하는 사람에게는, 콘센서스가 단지 의식 상태[가령 대한민국의 경우는 4,800만 국민]의 정체성으로서만 사고될 수 있을 정도이기 때문에, 아마도 콘센서스가 순전히 경험적으로는 존재할 수가 없다는 반박을 용인하게 될 것이다. 콘센서스 대신 이해행위(Verstehen)라는 것이 있는데, 이 이해행위에서는 이해하는 주체가 커뮤니케이션이지 결코 인간인 것은 아니다. 전체의 의식 상태를 똑같이 조율하는 것은 따라서 불가능할 뿐 아니라 불필요하기도 하다.

만약 커뮤니케이션이 콘센서스에 토대를 둔 것이라면, 커뮤니케이션은 단지 그 자체가 좌초됨으로써 생명력을 유지할 수 있을 것이다. 이미 헬무트 셸스키(Helmut Schelsky)가 물었지만, 콘센서스 다음에 나타나는 것이 도대체 무엇인가? 우리는 이 질문을 "왜 콘센서스는 의견 불일치(Dissens)보다 더 나아야 하는가?"라는 다른 질문과 연계할 수 있다. 사회적 통합의 근원을 추구하는 그런 사회학이라면 분쟁과 갈등에 관심을 두어야 할 것이다. 사람들은 대개 특별히 흥미롭지 않은 다른 근거에 대해서만 주시한다.

그러나 하버마스는 콘센서스와 더불어 두 번째 구원 개념인 '생활세계' 개념을 제시하고 있다. 생활세계는 후설에게서는 구체적인 아프리오리였으나, 하버마스에 의해 커뮤니케이션 이론적으로 새롭게 부활했다. 비판적 사회이론은 결코 생활세계의 직관적 지식에 대한 접속을 상실해서는 안 된다고 했다. 여기서 중요한 것은 사회비판의 직접적인 리얼리티를 보증하는 것이다. 생활세계는 하버마스가 그 자신에게 허용하고 있는 나이브함의 표식이다. 생활세계적 커뮤니케이션에서 특히 매력적인 것은 그것이 어떠한 기능체계에도 명확하게 분류되지 않는다는 사실이다. 그런 나이브한 커뮤니케이션 — 즉 예를 들면 지하철 안에서의 대화 — 이 존재한다는 것은 논란거리가 되기 힘들다. 확실히 그러한 생활세계적 커뮤니케이션은 중요하지 않거나, 혹은 그것은 도덕을 내세우거나 저항함으로써 기능체계에 대해 의식적으로 거리감을 표시하기도 한다.

그리고 이것은 하버마스에게서는 물론 굉장한 관심사이다. 도덕을 내세우고 저항을 하는 곳에서 하버마스는 사회비판의 생활세계적 싹을 발견한다. 그 때문에 그는 생활세계의 성격을 '위기 경험'[11]의 전시장이라 했다. 체계이론가는 기능하는 것이 기능하고 있는 것을 관찰만 할 수 있고 유사하게 기능하는 것을 이것과 비교하기만 하는 반면, 사회비판이론가는 "나는 불안하다! 우리는 분노하고 당황스럽다! 유전공학(Gentechnik) 기술을 우리는 원치 않는다"라는 등의 생활세계의 신호를 듣는다. 따라서 하버마스는 사회학이 사람들이 무엇으로 고통받는지 말할 수 있도록 생활세계적 위기 경험을 표현하도록 하는 수단을 제공한다는 것이다. 이때 정의, 이성, 민주주의, 연대 등과 같은 '완벽성의 표상들'이 핵심적인 역할을 수행한다. 그 표상들은 '위압적 단어'[12]로서, 그에 반대하는 논리를 제시하는 사람들이 자기 방어를 준비하지 않을 수 없도록 한다. 과연 누가 단순히 민주주의적 연대를 위한 일종의 '연대세금'을 더 이상 내지 않으려는 이유에서 민주주의자의 연대에 동참하지 않아 인류를 저버리는 사람으로 낙인찍히려는 그런 위험을 무릅쓰겠는가? 그리고 과연 누가 소득이 다소 많은 사람들(연방 총리는 제외하고)에게도 자녀양육비를 지급하는 것을 '목소리 큰 사람들이 저지르는 불법'이라고 지칭할 정도로 용감할 수 있을까?

여기서 볼 수 있는 것과 같이 철저히 논쟁적인 생활세계 개념을 하버마스는 이제 흥미 있는 방식으로 체계에 대한 반대개념으로 도입한다. 체계 — 이

---

11 J. Habermas, *Der philosophische Diskurs der Moderne*, S.411.

12 N. Luhmann, in: J. Habermas / N. Luhmann, *Theorie der Gesellschaft oder Sozialtechnologie*, S.335.

것은 미디어적인 것, 권력화된 것, 도구적인 것, 전략적인 것의 세계이다. 생활세계 — 이것은 직접적인 것, 상호 주관적인 것, 손상이 없이 온전한 것의 이상향이다. 상호이해의 우호성 대 조정의 냉혹함, 이 양자의 대립이 더 이상 분명할 수는 없다. 다만 하버마스가 설정한 이 대립은 체계이론과는 무관하다. 체계이론은 체계와 생활세계가 아니라, 체계와 환경을 구분하기 때문이다. 현대사회의 체계이론이 볼 때 생활세계는 법, 과학, 경제, 예술, 친밀성과 같이 기능적으로 독립 분화된 기능체계이다. 따라서 아직도 생활세계를 직접 마주치는 세계 정도로 간주하는 사람은 전(前) 현대적으로 논구하는 사람이다.

이미 말했듯이, 생활세계라는 사회학적 개념은 현대사회의 체계적인 것과 기술적인 것에 대항하는 방어적 마법과 같은 것을 발전시켰다. 이 마법에서는 생활세계가 기술화되는 절망적 상황이 — 현대적 실존을 비로소 가능케 하고 — 우리에게 부과된 부하를 기본적으로 덜어주는 메커니즘이라는 것이 전혀 고려되지 않고 있다. 부하 덜기는 물론 문제적인 키워드이다[부하 덜기(Entlastung). 이 개념은 원래 나치 패망 후 나치에 협력했던 아놀드 겔렌(Arnold Gehlen), 하이데거, 에른스트 윙거(Ernst Jünger) 등 보수철학자들이 나치 혐의를 벗기 위해 개발한 수사법이란 주장이 있음]. '복잡성의 감축'과 같은 루만의 체계이론적 기본 개념이 겔렌이 부하 덜기라고 지칭했던 것과 아주 정확히 일치한다는 주장이 종종 제기되었고, 이는 또 정당한 것이기도 하다. 예를 들면 권력이나 돈과 같은 조정 미디어가 있는데, 이것들은 의식에 걸린 부하를 덜어주고 그렇게 해서 우연적이고 놀라운 것에 자신을 내맡기는 의식의 능력을 고양시킨다. 이러한 능력은 물론 세계커뮤니케이션의 시대에 점점 더 중요해진다. 고유한 문제점은 다시 말해서 우리가 정보라고 파악하는 것과 작동적[조작적]으로 지배하는 것과의 차이가 점점 더 커지고 있다는 것이다.

이것은 특히 과학과 생활세계 사이의 증가하는 오해 속에서 나타난다. 커

먼센스의 직관적 지식과 과학적 지식 사이에 놓인 다리가 모두 차단되어 있다. 그리고 정확히 이것을 하버마스는 용인하지 않는다. 사회학적 분석과 생활세계적 방향설정 사이의 간극은 더 크게 벌어졌다. 그래서 사회가 과학에 대해 면역이 든 상태로 된다. 일상적 상호이해는 '당연하게 여겨지는 것'에 관해 진행된다. 이에 반해 과학이 그 자신을 일상적 방향설정을 위해 사용하기에는 치러야 하는 대가가 너무나 크다. 그런 점에서 과학은 이에 부적합하다. 즉 과학이 일상보다 더 많이 알지만, 그러나 별 역할은 수행하지 않는다고 말할 수도 있다. 루만의 저작을 읽은 사람들도 일단 책을 덮으면 "우리는 사람들을 관찰하지, 결코 '자기생산적(autopoietisch) 체계들의 구조적 접속'[13]을 보는 것은 아니다"[14]라고 생각할 것이다.

다시 확인해보자. 인간이 사회 속에서 환경을 조망할 때, 그들은 다른 사람을 본다. 반면 과학은 체계를 관찰한다. 그 때문에 인간이 세계의 중심에 서 있어야 한다는 휴머니즘적 요구보다 인간을 더 쉽게 매혹시킬 수 있는 것은 없으며, 그러한 휴머니즘적 요구보다 과학을 더 지속적으로 혼란에 빠지게 할 수 있는 것은 아무것도 없다. 루만의 방법론적 반휴머니즘은 바로 이러한 요구에 대해 반응한다. 그는 오래전부터 익숙했던 구분을 해소하고 그것을 새로운 것으로 대체한다. 우리가 인간이라고 부르고 통일체로 다루는 데 익숙했던 '경험적 과정과 의미론적 이상형이 혼합된 뭉치'[15]가 체계/환경 구분에 의해 절단된다. 그렇게 구분함으로써, 동시에 실천과 테크닉, 혹은 윤리와 포이

---

13 구조적 접속이란 서로 의존하지만 자율적으로 작동하는, 따라서 서로에 대해 각각 환경으로 머무는 두 체계 사이의 관계를 말한다. ─옮긴이

14 N. Luhmann, *Die Wissenschaft der Gesellschaft*, S.654.

15 N. Luhmann, *Soziologische Aufklärung*, Bd. V, S.7. 또한 Habermas/Luhmann, *Theorie der Gesellschaft oder Sozialtechnologie*, S.94 참조

에시스(poiesis) 등의 구분과 같은 친숙한 구분도 제거된다. 따라서 하버마스와 달리 루만은 커뮤니케이션적 행위와 전략적 행위를 구분하지 않는다. 사회적 체계 형성은 쌍방 행위(인터랙션)와 점점 덜 관계하며, 그 때문에 인터랙션은 더 이상 사회에 대한 특권적인 출입문이 아니다.

　이러한 고찰은 또 다시 다음과 같은 역설적인 표현에서 극단적으로 표출된다. 즉 체계이론의 휴머니티는 그것이 구사하는 방법론적인 반휴머니즘에서 보존된다. 왜냐하면 근본적으로 반휴머니즘적인 이론만이 구체적인 개인에 대해 진지하기 때문이다. 다른 말로 하면, 사회학으로부터 인간 일반을 추방함으로써 수많은 구체적인 개인이 들어설 수 있는 자리를 마련하고 있다. 이와는 정확히 반대되는 휴머니즘적 사회학의 이론 내용도 마찬가지로 의미 있게 성격을 규정할 수 있다. 즉 이제 인간이 사회로부터 작동[조작]적으로 배제되어 있다는 것 때문에 — 다시 말해서 주체 혹은 개인이라는 명예로운 이름 때문에 그리고 상호이해나 자기실현과 같은 프로그램 때문에 — 위안이 된다.

　그러나 이러한 휴머니즘적 요청은 하나의 위대한 '가상(Als ob)'이며, 하버마스도 이 점을 항상 분명히 강조해왔다는 점이 명확히 되어야 한다. 하버마스에 의하면, "여전히 인간인 그들 사이에서의 교류의 휴머니티는 '피할 수 없는 픽션'에 근거하고 있다."[16] 아마 이보다 명확한 표현은 불가능할 것이다. 하버마스적 사회이론에서 따뜻한 인간적 부분을 이루고 있는 이 허구의 본질은 과연 어디에 있는가? 한마디로 하면, 쌍방 행위와 상호 주관성은 우리가 다른 사람에 대해서 그가 행하는 것을 그가 논증도 할 수 있을 것이라고 가정할 경우에만 기능한다고 할 수 있다. 그리고 이것은 또한 우리가 다른 사람

---

16 J. Habermas, in: Habermas / Luhmann, *Theorie der Gesellschaft oder Sozialtechnologie*, S.120.

에게 그 어떤 무의식적 모티프도 부여하지 않는다는 것을 의미한다.

하버마스는 논증(Begründung)에 매력을 느끼며, 그 때문에 논증되지 않은 모든 커뮤니케이션을 평가절하한다. 논거(Argument)라는 개념에서는 인지와 동기가 서로 만난다. 즉 어떤 논거에 대해 긍정적이든 부정적이든 입장을 취하지 않고서는 그 논거를 이해할 수 없다는 식이다. 따라서 어떤 논증을 통찰하는 것은 하버마스에게서는 그것을 따라야 한다는 강요의 동기이다. 논거를 논증하기 위해서 전통적으로 원리에 의존해왔다. 이것은 오늘날 더 이상 가능하지 않으나, 논증하는 담론을 구원하기 위해서는 어떤 식으로든 해야 하므로, 하버마스는 모든 것을 절차적 원리를 토대로 기초를 설정한다. 그 원리가 고급 세미나와 해석학 학회를 연상케 한다는 것은 결코 우연이 아니다.

관료행정 전문가 루만의 냉철한 시각에서 볼 때, 하버마스는 '논증에 대한 일상적인 관심'[17]을 나이브하게 과대평가하고 곡해했다는 것이 분명하다. 왜냐하면 하버마스에게서는 다름 아닌 결단이 논증을 대개 정당화하기 때문이다(비록 그 반대도 가능한 것처럼 보이지만). 증거는 결코 결단이 자의적이지 않았다는 환상을 사후적으로 뒷받침하고 있다. 따라서 중요한 것은 사후적 합리화의 전형적인 경우이다. 왜냐하면 원칙적으로(!) 논거는 결코 논증되지 않기 때문이다. 다른 말로 하면, 오로지 논증에 대한 관심만이 논거를 논증한다. 이성은 따라서 단지 '논증을 추후에 장식하는 명예의 타이틀'[18]로 간주된다.

그리고 현대사회에 이르러서는 좋은 논거를 구분하는 이성적 기준이 존재하지 않는다. 어제는 고속도로에서 속도 제한으로 배기가스량을 줄여 숲을 지킬 수 있다는 논거가, 오늘은 속도 제한을 고집하면 자동차 기술의 발전을

---

17 N. Luhmann, in: Habermas / Luhmann, *Theorie der Gesellschaft oder Sozialtechnologie*, S. 320.

18 N. Luhmann, *Das Recht der Gesellschaft*, S. 377f.

위축시켜 결국 일자리를 위협한다는 논거가, 그리고 내일이면 이 모든 문제는 뒤로 물러나고, 유전자 조작에 의한 위협이 전면으로 등장한다. 때로는 이런 가치가, 때로는 저런 가치가 여론을 열광시킨다. 그 때문에 또 다시 진짜 중요한 것이 무엇인지, 가령 급여에서 지출하는 것에서 장래에 도움이 되는 것이 건강보험료인지 연금보험료인지 하는 논쟁이 연상된다. 가치 우선순위(즉 선호도)가 이처럼 순환한다는 이유에서, 논거의 위계에 대한 그리고 동시에 논쟁의 종식에 대한 상당한 근거가 있을지 모른다는 추측은 배제된다.

이러한 사태에 대해 체계 기능주의는 논증이라는 것을 복잡성으로 대체함으로써 정당하게 평가하고 있다. 다시 말해서 루만은 — 한스 블루멘베르크(Hans Blumenberg), 헤르만 뤼베(Hermann Lübbe), 오도 마르쿼드(Odo Marquard)와 같이 — 논증 불필요성을 주장하는 보수주의자가 아니라, 논증 불가능성을 용인하는 정화된 반대 계몽주의자이다. 만약 어떤 것이 논증될 수 없다면, 어쨌든 그것을 그 기능 속에서 투명하게 하려는 시도는 가능하기 때문이다.

이 가상의 유령 논쟁을 지금 이 문제 영역에까지 따라온 사람은 왜 법사회학이 점점 더 이론 관심의 중심으로 들어오는지 관찰하게 될 것이다. 다시 말해서 여기 법사회학에서 중요한 것은 휴머니티를 지탱하는 허구를 규범과 타당성의 형태로 가능한 한 구체화시키는 것이다. 현대사회에는 여전히 미리 주어진 타당성, 즉 그 사회를 위한 근거가 존재한다는 사실에 대해 반박할 수 있는 충분한 이유가 있다면, 그 타당성의 문제점이 존재한다는 주장을 반박할 수는 없을 것이다. 해결책 중 하나는 주지하다시피 홉스의 명제, 즉 법은 진리에 근거하지 않고 권위에 근거하는 것(autoritas, non veritas)이다. 그리고 다른 해결책은 계몽주의의 해결책인 이성이었다. 바로 이런 세계에 하버마스는 살고 있다.

루만은 이에 반해서 하나의 규범적이지 않은 타당성(Geltung)의 개념을 대변하고 있다. 이것은 그 본래 모습보다 더 복잡하게 들린다. 그러나 간단히 이것이 의미하는 것은, 타당한 그 무엇은 그것이 당연히 타당해야 하기(sollen, 당위) 때문이 아니라 그것이 어떤 식으로든 타당하다고 지칭되기 때문에 타당하다는 것이다. 다시 말해서 타당성은 용인(인정)을 위한 상징이다. 그것은 전혀 규범이 아니고 형식이다. 규범에 대한 불가능한 콘센서스 대신 몇몇 사람이 모든 사람을 위해 그 타당함을 구속력 있는 것으로 간주하는 데 만족해야 하며 그런 연후에 결단을 내려야 한다.[19] 이와 같이 루만은 타당성을 그것의 기능에 국한시키고, 다시 말해서 우연성과 차단시킨다. 이것은 결국 규범을 따르도록 하는 모티프가 아무 역할도 수행하지 못하기 때문에 규범들이 기능한다는 아주 놀라운 결과로 귀결된다.

만약 법체계가 루만에게서 배울 준비가 되어 있고 루만의 법사회학이 자기기술로 받아들여진다면, 하버마스의 생각으로는, "법률전문가들 사이에서 규범의식의 냉소적 해체가 그 결과로 나타날 것"[20]이라 한다. 이것은 냉소주의(Zynismus) 비판의 예의를 차린 변형이며, 루만은 자신의 거의 모든 저작이 이러한 비판에 봉착하고 있음을 알고 있었다. 이성을 형식으로 취급하고 그 한계를 우리가 넘어설 수 있다고 보는 것은 냉소주의라고 간주된다. 이것이 우리가 지금 전개시키는 가상적 논쟁에 어떻게 접목될까? 냉소주의라는 비판은 루만이 윤리학을 도덕에 대한 경고의 기능으로 축소시키는 사태에 대한 하버마스의 반응이라는 것이 내 생각이다. 하버마스처럼 도덕적 태도를 취하는 사람들은 그 때문에 루만에 대해 알레르기적 반응을 보인다.

우리는 이제 여기서 하버마스가 사회의 체계이론에 대한 그의 핵심적인 이

---

19 같은 책, S.104, 261 참조.

20 J. Habermas, *Faktizität und Geltung*, S.576.

견을 제기하는 지점에 이르렀다. 그가 루만을 비판하는 핵심은 '실천 이성의 제거'[21]이다. 그리고 실제로 루만은 도덕적 문제를 원칙적으로 허용/불용이 라는 선택적 문제라고 새롭게 표현했다. 이것은 물론 하버마스와 같은 실천 적 이성의 사회학자들에게서는 허용될 수 없는 태도이다. 그는 따라서 체계 이론이 그 만능성을 위해 치러야 하는 대가를 언급하려고 한다. 즉 하버마스 의 놀라운 메타포를 인용하자면, 루만이 "문화적 가치의 하늘을 공백상태로 만들어버렸다"[22]는 것이다. 그 문화적 가치를 대신해서 등장하는 것이 체계 고유의 가치들이다. 베버가 '관료제적 예속의 쇠창살'이라고 지칭했고, 조지 오웰이 '부정적 유토피아'로 압축했으며 아도르노(T. Adorno)가 '관리된 세계' 라는 개념으로 사용했던 것이 루만에 의해서는 관찰을 위한 출발점으로 허용 되고 있는 것처럼 보인다.

우리의 가상적 논쟁이 이 지점에서 여전히 사회학자 사이에서의 하나의 논 쟁으로 될 수 있을까? 하버마스는 어쨌든 루만을 '사회학적 양의 가죽'[23]을 쓴 철학자라고 부른다. 즉 루만이 '니체의 연장선에 있는'[24] 이성 비판가라는 것이 다. 그가 관념론의 자기 지시적 주체를 자기 지시적 체계로 대체했다는 것이 다. 혹은 더 극단적으로 표현하면, 루만은 형이상학을 메타생물학(Metabiologie) 으로 — 즉 너무 복잡한 환경에 대항하는 체계의 자기주장 이론으로 — 대체했다는 것이다. 환경에 대항한 체계의 자기주장은 환경의 복잡성을 감축시키고, 반 면 자신의 복잡성은 증가시킨다는 것이다.

---

21 같은 책, S.16.

22 J. Habermas, *Theorie des kommunikativen Handelns*, Bd. II, S.420f. 또한 J. Habermas, *Faktizität und Geltung*, S.462도 참조.

23 J. Habermas, *Die Einbeziehung des Anderen*, S.387.

24 J. Habermas, *Der philosophische Diskurs der Moderne*, S.409 및 S.431 참조.

이것은 비록 날카롭게 간파된 것이기는 하지만, 내 생각으로는, 체계의 합리성을 이성의 대용품 내지는 대체적 이성이라고 폭로하려는 하버마스의 의도는 무의미하다. 왜냐하면 합리성이 체계에 대해 의미하는 것은 단지 차이들의 보전(Schong der Differenzen, saving distinctions)[25]일 뿐이기 때문이다. 그 어떤 체계도 자기 스스로에게 투명할 수 없다. 사회적 아프리오리도 계보학도 여기서는 더 이상 도움이 되지 않는다. 만약 다시 말해서 재귀성(피드백) 즉 순환형적 인과성과 관계해야 한다면, 출발점에서의 조건은 별 역할을 수행하지 않는다. 체계는 자기 자신을 전제한다. 다시 말해서 그것은 자신을 받아들인다. "유명한 암탉에 대한 비유에 따르면, 암탉은 어쨌든 자기가 태어났던 알을 찾아 나서야 하는 것이 아니라 오히려 알을 하나 낳고 울어야 한다."[26]

체계 합리성은 따라서 차이들의 보전에 그 본질이 있다. 사회적 체계들이 이제 점점 더 독립 분화되고 복잡하게 될수록, 각각의 체계에서 도달 가능한 합리성은 가령 세계 합리성(즉 이성과 같은 것)에 부가된다는 것은 점점 더 비개연적인 것으로 된다. 그리고 이것은 현대사회가 이성 때문이 아니라 진화 때문에 원래 수명보다 더 오래 생존한다는 사고를 가능케 한다.

분명한 것은 체계 합리성에 대한 이러한 개념 구사가 거칠고 차가우며 추상적이며, 각각의 도덕적 가치를 거부하고 그 때문에 비사회학자에게는 '무감각'하고 '냉소적'으로 보이기 쉬운 유명론적 관찰자의 견해라는 것이다. 게다가 자신을 상징적으로 구조화된 세계의 해석학자로 이해하고 항상 그에 소속감을 느끼는 하버마스로서는 생활세계라는 휴머니티의 아우라(aura)를 분출하는 것이 물론 간편한 것이다. 그래서 비록 그의 이론이 결정적인 대목에서

---

25 하인즈 폰 푀르스터에게서 관찰하는 체계들(Observing Systems)을 위한 원칙은 따라서 "보전하는 차이들(saving distinctions)"을 말한다.

26 N. Luhmann, *Soziologische Aufklärung*, Bd. VI, S. 181.

는 유토피아적이고 반사실주의적이며 픽션적임에도 불구하고, 관심 있는 비전문가들에게는 여전히 그 경쟁자들의 이론보다 더 사실에 가깝고 정치력이 있다고 간주된다. 그래서 철학자 하버마스는 사회민주당 출신 슈뢰더(Schöder) 총리와 궁합이 맞았다. 그렇다면 루만은 어떤 당의 정치가에게 조언해야 할까?

건조한 것으로 평가되는 사회적 체계이론이 파토스(Pathos)라는 것을 지니고 있다면, 그것은 극단적 추상성의 파토스일 것이다. 비록 가끔은 현실에 대한 통찰력도 엿보이지만, 우리는 어떤 이론을 그런 통찰력에 맞추어 배열할 수는 없다. 이와 관련하여 은유적으로 설명하면, "비행은 구름 위에서 이루어져야 한다. 그리고 비행은 아주 두껍게 덮인 폐쇄된 구름층을 고려해야 한다. 이때 조종사는 자신이 사용하는 도구(계기판)를 신뢰해야 한다."[27] 이것이 루만의 파토스이다. 즉 조종사의 시각이 아니라 비행기 계기판의 눈금에 의존하는 비행[계기 비행, 맹목 비행]으로서의 사회학이 그것이다. 그래서 사회학의 테마인 사회는 계기 비행 중에 있으며, 사회는 환경과의 접촉이 없이도 자신의 커뮤니케이션에서 작동하고 있다.

그런 극단적인 추상성은 경악스러운 것이지 결코 매력적인 것은 아니다. 루만을 컬트적 저자의 반열로 올려놓은 것은 낯익은 것을 낯설게 하는 그의 이론 테크닉이다. 루만은 다음과 같은 경구를 늘 강조했다. "정상적인 것을 비개연적인 것으로 묘사하고, 자명한 것을 이해 불가능한 것으로 여기도록 하는 이론들을 추구하라!" 특히 역설(패러독스)로 표현하는 그의 서술 테크닉은 사회학자에게 기존에 친숙했던 것과는 다른 방식으로 문제가 표현되도록

---

27 N. Luhmann, *Soziale Systeme*, S.13. 또한 루만의 *Die Wissenschaft der Gesellschaft*, S.252도 참조.

한다. 그리고 바로 관찰하는 데 사용하는 구별의 통일성에 관한 질문이 제기되자마자 곧 역설에 부딪힌다. 이때 이제 결정적인 것은 다음과 같다. 어떤 사람에게 어떤 것을 보도록 제시하는 구별이 현실에서는 간파될 수 없다. 세계를 언어로 표현하기 위해서는 세계에 상처를 내야 한다. "각각의 차이는 스스로에게 허락하는 차이이다."[28] 따라서 시험적으로 개념과 구별에 집중하고, 그런 다음에 그 결과를 관찰해야 한다.

그러나 눈 먼 맹목이 없이는 안목도 없는 법이다. 소위 말하는 2차 등급의 사이버네틱은 우리가 볼 수 없는 그 무엇을 우리는 볼 수 없다는 것을 보도록 우리에게 가르치고 있다. 그런데 우리가 볼 수 없는 그 무엇을 볼 수 없다는 것을 볼 수 없다는 것이 바로 맹점의 정의이다. 이것은 철학자들이 '선험적'이라고 불렀던 것으로부터 생성된 것이다. 즉 어떤 관찰의 맹점이 곧 그 관찰 가능성의 조건이다. 바로 여기에 부딪혀 이성이 박살난다.

맹점을 결코 피할 수는 없지만, 그것을 명료하게 하려고 시도할 수는 있다. 자신이 분석하는 작업에서 개념 구별과 이론적 결단을 분명히 인식하도록 하고 그것을 어떤 식으로 전개함으로써 그렇게 하는 것이다. 그리고 문제는 다음과 같다. 어떤 이론 디자인이 자신의 맹목에 대해 안목을 갖는 것을 참을 수 있게 하는가? 자신의 지식과 맹점으로 인해 봉착상태에 빠지지 않는 하나의 이론이 과연 어떻게 만들어져 있어야 하는가? 여기서 루만은 자신이 고안한 계기 비행의 메타포를 사회과학의 새로운 절대적 메타포라고 비싸게 그 값을 매기고 있다. 즉 "과학자들도 미로 속에서 다른 쥐들을 관찰하는 쥐들에 지나지 않는다. 어떤 잘 선택된 구석에서."[29] 그러나 그 어떤 이론도 쥐들이 어떻게

28 N. Luhmann, *Soziale Systeme*, S. 285.

29 N. Luhmann, *Die Wissenschaft der Gesellschaft*, S. 607.

움직일지 예측할 수 없다. 단지 더 나은 관찰 가능성의 기회만 가질 뿐이다.

루만, 그는 사회학이라는 양의 가죽을 쓴 철학자인가? 이것은 하버마스가 자신의 논적 루만을 그의 눈높이에 맞추려고 사용했던 하나의 연상적 비유이다. 그 비유는 충분히 복잡하지 않다. 논리적 거대 기획이라는 측면에서 루만의 사회학이 종종 비견되는 헤겔이 철학을 위한 절대적 메타포를 찾았을 때, 그것은 황혼에야 비로소 날개를 펴는 미네르바의 올빼미라는 메타포였다. 그리고 많은 사람들은 이것을 마치 세계사회를 서술할 수 있기 위해서는 세계 - 철학을 우선 기다려야 하는 것처럼 이해했다. 즉 사람들은 그런 태도에 역사적으로 혹은 체념적으로 그냥 안주할 수 있었고, 그래서 헤겔 이후에는 모든 것의 기초가 되는 그런 철학은 불가능하다고 한탄하기만 했다. 그러나 루만은 헤겔의 메타포를 완전히 다르게 이해했다. 철학, 만약 그런 것이 여전히 존재한다고 한다면, 그것은 과학적 이론 형성의 출발점이 아니라 끝에 위치해 있다는 것이다. 루만의 사회적 체계들의 일반이론의 마지막 문장은 다음과 같다. "우리는 (……) 이제 미네르바의 올빼미에게 더 이상 좁은 둥지에서 훌쩍이지 말고 이제 야간비행을 시작하라고 용기를 북돋아줄 수 있다. 우리는 그 비행을 감시하는 장치를 가지고 있고, 우리는 현대사회에 대한 관찰 비행이 중요하다는 사실을 알고 있다."[30]

애프터 미디어

사회에 대한 각각의 사회학적 기술은 오늘날 아이러니화하는 포스트모던적 문화와, 도덕적 잣대로 관찰하는 매스미디어[저자는 루만과 마찬가지로 매스

---

30 N. Luhmann, *Soziale Systeme*, S.661.

미디어의 보도 기준을 도덕(모럴)이라고 보고 있음와, 그리고 저항하는 사회운동
과 경쟁하고 있다. 매스미디어에서는 정확히 사회운동에서와 마찬가지로 자
기반성이 배제되어 있다. 즉 다리가 많이 달린 다족류는 바로 그 다리들 때문
에 비틀거린다. 포스트모던의 자기반성은 포스트모던 자체를 현대의 '본질'
로 동일시하고 그럼으로써 그것을 지양했고, 사회학의 자기반성은 우리에게
세계커뮤니케이션의 미디어이론을 선물했다. 그리고 그 이래로 우리에게 세
계는 미디어의 세계 — 즉 돈, 권력, 정의 그리고 인쇄물, 텔레비전, 인터넷 — 로서
나타난다.

　뉴미디어의 세계는 따라서 그것에 대한 이론적 관심과 주목이 떨어진다고
불평할 수 없다. 도처에 〈XY와 미디어〉라는 식의 미디어 강좌들이나 연구소
들이 존재하고 있고, 신문도 저마다 미디어 지면을 확보하고 있다. 그리고 무
수한 책들이 미디어의 '권력'과 '현실', 심지어는 '시학'이라는 것에 관해 보고
하고 있다. 공중(公衆) 역시 미디어이론에 저항적이지 않은 상태이다. 정치가
도 저마다 오늘날 '미디어 사용 능력'을 주창하고 있다. 그러나 이러한 미디어
논의는 구체적으로 들어가면 너무 혼란스럽다. '단순한 이론'에만 머물 수 없
다는 욕구가 물론 이해는 된다. 문제는 단지, 오늘날 더 구체적으로 되려는
사람은 더 추상적으로 되어야 한다는 것이다. 컴퓨터를 대상으로만 여기는
데 안주하지 않는다면, 예를 들면 인간과 기계의 기능적 등가성을 한 번쯤 분
석해볼 수 있다.

　그러나 나는 하나의 구체적인 추상적 테마를 제안하기 전에, 미디어이론의
가장 중요한 변종들을 검토하고 싶다. 다양한 관점을 조절하여 '뉴미디어'의
전시장에서 거리를 유지하기 위해서이다. 물론 미디어이론 중에서 가장 요란
스러운 것이 낙관론의 수사학인데, 그 수사학에 따르면 세계는 다시 투명하
게 조망될 수 있다고 한다. 마셜 매클루언(Marshall McLuhan)은 수십 년 전에

전자화된 지구 즉 지구촌이라고 칭송되는 미디어의 전 세계적 확산에 아직 만족하고 있었다. 그리고 인터넷은 가령 앨 고어(Al Gore)와 같은 정치가에 의해서도 '새로운 아테네'라고 선포되었다. 의심의 여지 없이 이러한 낙관론의 수사학은 그 테크놀로지적 근본 실체를 가지고 있다. 상승이라는 의미에서의 진보는 인간에게서는 아니었지만 아마도 커뮤니케이션에서는 존재해왔다. 다시 말해서 먼 것과의 커뮤니케이션은 점점 더 발전해왔다. 그러나 그럴수록 가까운 것(사람)과의 커뮤니케이션은 점점 더 어려워지고 있다. 언어의 바빌론적 혼란과 성령의 기적에 대한 찬사가 이와 동시에 일어난다. 이제 이러한 비전은 저널리즘적 문예비평 코너나 인터넷 매거진의 특집 기사에 맡기도록 하자.

정반대의 비관주의적 극단은 비교적 최근의 연구물들인데, 그것들은 커뮤니케이션의 물질성에 주안을 둔 것이다. 특히 전쟁의 역사라는 연구 지형에 집착하여, 슬프게도 '마이크로소프트'와 '펜타곤'의 이름을 들먹이면서 음모이론과 같은 잣대로 보는 견해들이 있다. 미디어 과학의 이와 같은 기술적 지류의 뿌리는 그리 길지 않다. '튜링(A. Turing)의 생각하는 기계' 패러다임에서 '실리콘'의 새로운 공학적 파토스에 이르기까지, 미디어의 물질주의적 역사철학을 위한 모티프는 풍부하며, 오늘날의 지적 주류도 그런 방향으로 흐르는 것처럼 보인다.

이 이론은 물질주의적이다. 왜냐하면 '전쟁 & 미디어' 분과에서 중요한 것은 커뮤니케이션의 물질성, 그 기술적 기초이기 때문이다. 하드웨어 물신주의는 여기서 일종의 직업병이다. 그리고 역사철학이 문제가 되는데, 튜링의 선언 이후 권력을 장악하는 컴퓨터가 세계정신의 자리를 차지하기 때문이다. 컴퓨터에 기꺼이 안주하는 음모이론들은 튜링의 이름을 들먹인다. 하드웨어 팬들은 그저 단순히 환원론자들이다. 그래서 그들은 구성요소와 인과율을 동경한다. 그들은 창발성을 생각할 수 없다—그리고 그 때문에 체계도 생각할 수 없고—그리고 그 때문에 사회도 생각할 수 없다. 그들에게 알아듣도록 가르쳐야 하는 것이 있다면, 허버트 사이먼(Herbert A. Simon)이 의미한 탈조합 능력(Decomposibility)[31]이라는 개념이다. 이 개념은 '위계'나 '창발성'과 같이 그 근저에 깔려 있는 차원은 무시되거나 간단하게(예를 들면 통계적으로) 처리될 수 있다는 것을 말한다[노벨경제학상 수상자인 사이먼의 'empty world hypothesis'. 세계가 복잡하다 하더라도 우리 실생활을 규정하는 변수는 제한적임. 따라서 디테일에 빠지지 않고도 부분체계의 단기적인 행태는 서술 가능함].

이러한 개념의 추상성 때문에, 심지어 지식인도 전쟁사적 연구의 구체화하고 있는 듯한 연상과 수학적 용어를 구사하는 정교한 듯한 연상에 대해 저항할 엄두를 못 내고 있다. 정신과학자들마저도 전투 지휘부의 커뮤니케이션, 회로도, 주파수, 알고리즘 등과 같은 용어에서 저항할 수 없는 매력이 발산되는 것으로 간주하고 있다. 그 용어들은 한편으로는 기술적이고 심지어는 정치적인 구체성을 연상시키고, 다른 한편으로는 **하드 사이언스(Hard Science, 실용과학)**의 정교성과 실험 가능성을 연상시킨다. 낭만적—특히 전쟁 낭만적—인 척하기 위해 기술적·자연과학적 용어가 사용된다. 군사적·기술적 용어 물신주의의 이러한 태도는 제2세대와 제3세대 미디어 연구가에게서는 정말 고통스러운 인상이 든다.

더 온건하게 변형된 미디어 물질주의는 컴퓨터의 논리적 깊이가 사회적 커뮤니케이션을 '형성한다'고 주장한다. 마셜 매클루언이 "미디어가 메시지이다"라고 말했을 때, 그는 이미 포스트모던의 신경조직을 건드린 셈이었다. 이 멋진 표현의 문제점은 단지 '메시지'가 메타포적으로 사용된다는 것이다. 우

---

31 H. Simon, *The Sciences of the Artificial*, S.197ff.

리에게 이 메시지를 보내는 세계정신만이 존재할지도 모른다. 컴퓨터가 커뮤니케이션을 형성할지도 모른다는 생각이 지닌 논박할 수 없는 매력은 미디어 과학자 중에서 인문학적으로 교육받은 사람에게서는 '미디어'가 미셸 푸코 (Michel Foucault)가 말하는 '담론' 개념의 후속으로 나타났다는 점에서 유래하고 있다. 그런데 푸코가 뉴미디어에 관해 침묵했다는 바로 그 점 때문에 그들과 마찰이 없었을 뿐이다.

인간이 그 미디어의 '주체'라는 사고가 갖는 매력은 물론 이해가 된다. 그 사고는 예를 들면 미디어가 역사적 아프리오리들이라는 테제에 잠복되어 있다. 이러한 위대한 사고에서 작은 편린을 끄집어낸다면 훨씬 더 유용하게 독립 분화될 수 있다. 이 이론은 다음과 같은 테제에 만족하고 있다. 즉 미디어는 테두리와 도식을 제공하고, 커뮤니케이션적으로 가능한 것에 한계를 설정한다.[32] 그러나 미디어는 '형식'을 만들지 않는다. 컴퓨터가 하나의 미디어라면, 컴퓨터는 커뮤니케이션을 형식화할 수 없다. 오히려 정반대로, 커뮤니케이션이 형식을 컴퓨터라는 미디어로 만든다고 할 수 있다.

미디어 물질주의 철학에 정확히 부합하는 단초는 '미디어 미학(Medienästhetik)'[33] 이라 표현된다. 미디어 미학으로 의미하는 것은, 새로운 기술적 미디어 조건에서의 지각 이론이다. '미학적[감성적 인지]'이라는 것은 하나의 특권화되고 특별하게 취급되는 커뮤니케이션 형식인데, 그것은 오늘날 예술에서보다는

---

32 K. Kelly, *New Rules for the New Economy*, S.71 참조. 켈리는 소프트웨어의 기술적 전 문화가 그것이 이루어진 공동체를 어떻게 테두리지우고 있는지를 매우 멋지게 보여준다. 컴퓨터 세계는 행태의 '구속'을 규칙을 통해서가 아니라 코드를 통해서 행한다. 켈리는 바로 이러한 사태에 대해 하나의 긍정적인 의미를 부여하여 "규칙이 아니라 도구를 통한 평화"라는 해석에 도달하는데, 이것은 그의 책이 지니는 적지 않은 미덕 중 하나이다.

33 가령 N. Bolz, *Theorie der neuen Medien*, S.7 참조.

오히려 디자인과 모드, 광고와 팝 문화에서 분석할 수 있는 것이다. 실제로 이 중 몇몇은 미학이 겉 표면과 인터페이스의 세계에서 새로운 주도과학임을 증명하는 사례들이다.

미디어 과학의 인간학적 지류는 인간을 인공신([Prothesengott, 일종의 창조주 신을 대신하는 존재. 프로이트에서 유래한 개념]으로 간주하는 데에서 출발한다. 본질적인 것이 결여된 존재 본질은 기술에 의존하고, 그 때문에 '인간의 연장물'인 도구와 의미의 무기창고에 관해 말할 수 있는 것이다. 물론 인간학은 하이데거를 마지막으로 끝났다. 기술들은 '인간'이 '세계'에 대해 제기하는 물음에 대한 해답으로 파악될 수 없다. 그러나 그것들은 바로 자기 자신으로부터도 파악될 수 없다. 기술의 본질이 결코 기술적인 것은 아니라는 하이데거의 명제에 공감은 가지만, 그것은 대책 없는 발상이다.

어쨌든 하이데거의 말에서 하나의 결론을 이끌어낼 수 있다. 즉 미디어이론은 미디어 테크놀로지에서 거리를 두어야 한다. 이러한 요구에 부합하는 것이 체계이론이다. 체계이론은 군더더기 없이 깨끗하게 재단된 분명한 미디어 개념을 지니고 있는데, 그 개념은 일반적으로 미디어라고 이해되는 것보다 훨씬 더 포괄적이다. 그 개념을 기술적 미디어 개념과 관계 지운다면, 오해의 소지만 남길 뿐이다. 체계이론은 소위 말하는 '미디어 과학'의 미디어 개념과 단지 드물게만 겹치는 하나의 성공적인 미디어 개념을 계발해왔다.

맹목(blindness)이 없으면 **안목**(insight)도 없는 법이다. 루만 - 독자가 매번 발견하는 두 가지 맹점은 '무의식'과 '기술'이다. 루만 - 독자가 커뮤니케이션의 기술적 기초를 백안시하는 것은 창발적 체계 상태의 개념틀과 관련되어 있다. 커뮤니케이션은 커뮤니케이션에 대해 반응하지 결코 그 회로에 대해 반응하지 않기 때문이다. 이것은 결코 커뮤니케이션의 물질성이 중요하지 않다는 말은 아니다. 그것은 다만 분석의 다른 차원일 뿐이다. 루만은 무의식의 문제를 다른 체계준거(andere Systemreferenz, 다른 체계지시)라는 암시로써 해결한다. 그리고 그는 의식/무의식 구분을 덜 정보적인 것으로 간주하는 것처럼 보이며, 심지어 오류라고 간주하는 듯하다. 체계이론은 따라서 엔지니어링 기술도 아니고 심리분석도 아니다.

이제 모든 이론이 다 나열된 것처럼 보인다. 그러면 지적으로 호기심이 있는 사람들은 "뉴미디어 이후에는 무엇이 나타날까"라고 물을 것이다. 하나의 새로운 정치인가? 정치의 문제는 어디에 있는가? 문제는 통일성과 다양성이 다양하게 조합되는 관계 형성을 통해 모델화된다. 다원적 국가론의 분명한 경계선으로 각각 구획된 정치적 통일체의 구상에 정착하든가(이것은 알다시피 의식적으로 낡은 유럽적인 규범에 집착한 칼 슈미트의 구상이었다), 아니면 정치적인 것을 사회적 분화 ─ 그 분화의 유일무이한 지평이 바로 세계사회이다 ─ 의 부분 체계로 파악하는 것이다(이것은 루만의 견해이다). 후자의 경우 통일성을 보증하는 것은 신이나 불멸의 신국 혹은 관념론적으로 신격화된 유일 이성이 아니라, 세계커뮤니케이션의 유일 사회가 그것이다.

정치와 법은 여전히 영토적으로 즉 공간의 한계 안에서 작동한다. 지역적으로 구체화된 정치는 그러나 글로벌화된 기능체계의 문제와 점점 더 통약불가능(Inkommensurabel)하게 되고 있다. 정치가와 같이 '정치적 불쾌감'이라는 그들 자신을 정당화하는 무지의 표현으로써 자신을 공황 상태에 빠지지 않게 하는 사람이라면, 냉철하게 다음과 같은 사실을 확신할 수 있다. 즉 정치는 사회의 진화에서 그들의 지도적 역할을 상실했다. 다른 말로 하면, 세계사회에 관해 말할 때 이것이 세계의 정치적 통일성을 의미하는 것은 아니라는 것이다. 세계사회가 바로 세계국가인 것은 아니다. 여전히 민족국가의 주권과 지역주의의 자기 조직력과 관련된 뤼베의 구호적인 확신, 즉 "초국가는 생기지 않는다!"[34]라는 주장은 포스트정치적으로 매우 그럴 듯하게 들린다. 세계

사회는 집단 주체도 지니고 있지 않으며 역사철학적 프로젝트도 지니고 있지 않기 때문이다.

애프터 뉴미디어? 즉 뉴미디어 다음에는 무엇이 나타날까? 새로운 공간 사고일까? 또한 이 문제 제기에서도 칼 슈미트(Carl Schmitt)의 자의식적 시대착오로 이어지지는 않는다. 확실히 바로 알 수 있는 것은 '존재 = 공간 = 권력'이라는 칼 슈미트의 위대한 방정식이 이미 1927년 이래로는 단지 회고적 경향으로서 가능하다는 것이다. [칼 슈미트의 공간 사고는 나치의 민족생활공간, 즉 침략론으로 악용됨.] 하이데거의 『존재와 시간(Sein und Zeit)』(1927년 발간), 이것은 존재를 시간의 지평에서 사고하는 것을 말한다. 그 이래로 권력은 시간을 축으로 한다. 세계커뮤니케이션이라는 것은 공간을 포기하고 시간과 결합하는 것이다. 정치적 공간이 일단은 육상의 관점에서 그다음에는 해상의 관점에서 그리고 마지막으로는 공중의 관점에서 생각되었다. 이것은 칼 슈미트의 위대한 노모스 테마(Nomos-Thema)이다. 확실히 그를 따르는 '발광'(윙거)과 전자기적 파동이 공간을 '점령'하여, 그럼으로써 공간이 해소되어버렸다. 대지의 최신의 노모스에 대하여 사변하는 것이 비록 멋지기는 하지만, 우리는 오늘날 점점 더 공간과 영토성이 더 이상 사회의 경계를 상징하는 데는 쓸모없다는 것을 경험하고 있다.

영토성은 결코 의미가 풍부한 의미 한계가 아니다. "우리는 누구인가?"라는 질문에 대해 더 이상 대답할 수 없다. 보편주의와 특성화에 동시에 지향된 기능적 분화는 공간의 한계를 해체한다. 원칙적으로 말해서, 하나의 체계가 내부적으로 독립 분화되면 될수록 그 체계의 외적 한계의 정의는 점점 더 문제적이 된다. 공간의 의미 상실은 또한 커뮤니케이션 망이 점점 더 교통의 망

---

34 H. Lübbe, *Der Superstaat findet nicht statt* 참조.

에서 해방되고 있는 데에서도 분명히 나타난다. 여기 과거와 현재의 몇 가지 사례가 있다.

— 개인은 더 이상 민족적 정체성이 아니라 자아실현의 요구를 지향한다.

— 동독 주민도 서독 텔레비전을 시청했다.

— 독일의 교육과학부는 미국식의 대학을 독일 대학의 모델로 간주한다.

— 다른 나라의 로켓이 군비 경쟁을 강제한다.

— 민족 정치가 끊임없이 국제적으로 비교되는 압력을 받는다.

세계사회는 더 이상 공간화/장소화될 수 없다. 아직도 중요한 것이 있다면 그것은 항상 희소한 시간이다. 모든 문제가 시간화를 매개로 해결된다. 윌리엄 노케(William Knoke)가 전에 말했듯이, 우리는 '장소로부터 자유로운 사회(placeless society)'[35]에 살고 있다. 그러나 사정이 그러하고 또 그것이 참을 수 없을 정도이기 때문에, 그것을 보상하기 위해 재영토화가, 즉 새로운 부족주의와 지역주의가 요구된다. 인간이 인간 존재를 보존하는 자연보호구역을 차지하도록 한다. 체계에 대한 신뢰가 위축되면, 국지적 커뮤니티를 찾게 된다. 지그문트 바우만(Zygmunt Bauman)은 '커뮤니티의 뉴 소프트월드'[36]라고 아이러니하게 말했다. 오로지 영어로 표기했을 때에만 4C — 즉 커뮤니티(community), 커뮤니케이션(communication), 소비(consumption), 가치 연결(commitment) — 라는 포스트모던에 의미 있는 연관관계가 언어적으로도 분명해진다. 최근 다시 붐을 타고 있는 문화연구(Cultural Studies)를 개척한 레이먼드 윌리엄스(Raymond Williams)는 이에 대해 "커뮤니케이션의 과정은 실제로 커뮤니티의 과정이다"[37]라고 분명하게 언급했다. 이러한 커뮤니티 개념은 사회에 대한 친숙한

---

35 W. Knoke, *Bold New World* 참조.

36 Z. Bauman, *Postmodernity and its Discontents*, S.81.

37 R. Williams, *The Long Revolution*, S.55. 문화연구의 불명료성에 대한 좋은 본보기는

전망으로 귀결된다. 즉 우리는 여전히 국지적 척도를 갖다 대고 성스러운 게 토를 비춘다. 커뮤니티는 사회의 아편이다. 커뮤니티에 속하는 것은 특히 동류의식 즉 정서적 가치이다. 어떤 공동체 정서를 근거로 서로 방향을 잡는다. 커뮤니티는 보금자리의 따사로움, 인간애, 친밀한 관계, 전통, 귀속감을 암시한다.

포스트모던은 패러독스하게 표현하면 또 다시 부족, 다시 말해서 **취미 부족 (hobby tribe)**의 시대이다. 모든 기호가 지구화와 세계커뮤니케이션에 집중되기 때문에, 인간은 다양성이라는 문화적 저수지를 필요로 한다. 새로운 부족주의는 세계사회의 요구와 상쇄하는 것이다. 이러한 의미에서 테드 폴헤머스 (Ted Polhemus)는 대도시 거리의 유행을 '부족들의 회합(the gathering of tribes)' 이라고 정의했다. 이는 새로운 부족공동체가 세계커뮤니케이션의 추상성을 보충한다는 것이다. 따라서 도시의 디자인은, 만약 그것이 '부족과 관련된 일' 로 바뀐다면 문화적 각인력을 여전히 지닌다. 그와 같은 부족적 디자인([에슬링거(H. Esslinger)])은 생산의 세계에서 각각의 하위문화가 자기 자신의 역사와 상징을 발견하도록 고무하고 있다.

뉴미디어 다음에는 무엇이 나타날까? 하나의 새로운 윤리인가? 이것은 이론가들 사이에서 제기되는 하나의 수사학적인 물음이다. 왜냐하면 "만들 능력이 있으면 만들어라"/ "윤리적 규제"라는 반대명제는 우리를 사유와 실천의 막다른 골목으로 점점 더 깊이 몰아넣는 물음을 계속하게 하기 때문이다. 윤리는 사유하는 인간에게는 원칙적으로 문제가 되지 않는데, 왜냐하면 가치가 반성을 봉쇄하기 때문이다. 가치를 기반으로 논쟁하는 사람은 자신이 취

회르닝(Hörning)과 빈터(Winter)에 의해 집필된 『저항문화(Widerspenstige Kulturen)』에서 제시되고 있다.

하는 입장을 거부하는 쪽과는 전혀 커뮤니케이션하지 않으려고 한다. 가치는 불안에 따라다니는 기생물이다. 다행스럽게도 우리 사회는 가치와 관련된 문제를 물건을 선택하는 쇼윈도 앞에서의 대화에 위임해버리고, 윤리 대신에 리스크 연구를 실천하고 있다. 중요한 것은 현대사회가 배우려는 자세가 되어 있다는 것이고, 학문이 윤리에 대항하여 진보를 보호하는 데 매진할 수 있어야 한다는 것이다.[38]

뉴미디어 다음에는 무엇이 나타날까? 낙관주의의 새로운 정치적 수사학으로서 문화비교론일까? 오늘날 문화에 관해 말할 때 그것은 무엇을 의미할까? 저널리즘적 문예비평일까 아니면 사회학일까? 혹은 그것들이 다루는 멋진 대상에 대한 양심의 가책으로 괴로워하는 문예학을 말할까? 아마도 여기서 문화 개념의 이력서가 세계사회의 발현과 더불어 시작되었다는 기억이 폭넓게 도움이 될 것이다. 문화와 지역의 비교는 공통적인 세계 지평의 배경에서만 의미가 있다.[39] 문화연구는 따라서 세계커뮤니케이션을 전제로 한다. 그 개념은 분명히 — 우리가 비교하기를 잘했다는 식의 — 비교의 합리성을 보여주는 모든 실제 사례를 포괄하는 용어이다.

문화연구는 어떤 현실에 닻을 던지는가? 문화연구는 마치 짜 맞추기라도 하듯 정확히 다문화주의의 이데올로기에 끼워 맞추어지는데, 그 이데올로기는 다름 아닌 '인종(ethnicity)'을 정치적으로 정확하게 지각하는 것[정치적 공평성, political correctness]이다. 다시 말하면 오늘날 통합의 요구는 역설적으로 다름(Andessein)을 매개로 그 토대를 마련한다. 낯선 것 혹은 낯선 이방인은 하위문화적 경계 구분을 통해서 주류문화에 동화된다. 이방인의 하위문화에 대

---

38 이에 관해서는 이 책의 「휴머니즘에서 인조인간 호문쿨루스로」 장에서 상세히 다루려한다.

39 D. Baecker, *Wozu Kultur?* 참조.

한 주목과 장려와 진흥을 보장하기 위해 그들과의 문화적 차이가 상징으로 강력히 이용된다. 바로 이러한 다름이 자신의 정체성을 보증하는 것으로 된다. 이민자나 망명자가 구축하는 연대의 망은 특히 정보망으로서도 기능하여, 체류국의 체계에서 이용 가능한 허점이나 모순에 관해 설명해주는 역할을 담당한다.[40]

인종 — 경계 구분을 통한 동화 — 은 특히 대도시 메트로폴리스의 도시 이미지에 중대한 결과를 가져왔다. 인종별 커뮤니티 사이의 경쟁은 '작은 세계의 모자이크'[41]를 형성시켰다. 특별히 도시에서 적응하는 데 필요한 능력은 따라서 불안정성, 반대 가치 병존, 낯섦과 교류하는 방법을 터득하는 것이다. 그러나 오래전부터 정착해온 사람에게도 다름으로의 일탈을 통한 타협![42]과 같은 모순적인 처방이 적용된다. 도시는 만인이 만인의 주의력을 끌려고 투쟁하는 무대로 된다. 타인의 주의를 끄는 것이 희소한 자원으로 된다. 단지 마이너리티가 됨으로써만이 의미 있게 자신을 돋보이게 할 수 있다. 하위 문화적 경계 설정을 통해서만이 문화에 동화할 수 있다. 다름은 정체성을 확보하는 첨경이다. 이러한 것들은 문화과학에 의해 더 논증되어야 하는 커다란 역설들이다. 당분간 문화연구는 코즈모폴리턴적인 의미에서 좋은 인간을 길러내는 교육학으로서 주변부적인 것의 발언권을 확보하는 데 만족한다.

하이데거가 근세를 '세계 형상의 시대'[43]로 성격을 규정한 것은 현대사회의 특성 파악에 더 이상 충분치 않다. 1800년 경 비로소 형상으로서의 세계 지배만이 아니라 커뮤니케이션을 통해 세계를 상처 내는 것도 중요하다는 것을 인식하기 시작했다. 현대적으로 산다는 것은 우리가 세계커뮤니케이션의 시

---

40 H. Bude, *Die ironische Nation*, S.106f 참조.

41 R. E. Park, *The City*, S.40.

42 이에 관해서는 N. Bolz, *Die Konformisten des Andersseins* 참조.

43 M. Heidegger, *Holzwege*, S.75ff.

대에 산다는 것이다. 세계커뮤니케이션은 프로메테우스[생산]의 기호 속에서 가 아니라 헤르메스[커뮤니케이션]의 기호 속에서 이루어진다.

먼저 커뮤니케이션의 세계에서는 물질적·에너지적 원인이 아니라 차이를 통해서 작용이 초래된다는 점에서 출발해보자. 그레고리 베이트슨(Gregory Bateson)의 전설적인 정의에 따르면, 정보란 바로 "차이를 만드는 어떤 차이"[44]라는 것이다. 비트의 세계는 따라서 원자의 세계와는 완전히 다르다. 그러나 세계사회의 문제가 그렇게 미세하게 풀려져서는 안 된다. 다시 말해서 사회학적으로 논구하는 경우에는 '커뮤니케이션'이라는 요소가 더 이상은 계속 용해될 수 없다. 세계는 사이먼이 말한 대로 "거의 비어 있다."[45] 그리고 여기에서 도출되는 결론은, 복잡성은 해체되어 재조립될 수 있으며, 모든 것을 셀 필요가 없다는 것이다. 블랙박스 안에서 일어나고 있는 일에 대한 기술적 지식은 그것의 체계적 기능의 이해에 별로 중요하지 않다는 것이다.

마찬가지로 커뮤니케이션이 세계를 어떻게 분할하는가는 분명히 이야기될 수 있다. 그리고 우리는 이에 대해 이미 언급했다. 즉 구별을 통해서. 세계는 외부에서 관찰될 수 있는 것이 아니라 내부에서 '상처'를 받아야 한다. 이러한 시각을 가지고 이론은 가능한 많은 세계에서 많은 가능성의 세계로 향하는 특별히 현대적인 걸음을 걷는다. 세계는 이제 **가상적 실재**이며, 이것은 어떤 의미에서 관찰 작동과 정보처리과정을 기대하는 것이다. 즉 각각의 구별은 세계의 중심으로 된다. 리처드 애덤스(Richard N. Adams)의 표현에 의하면, 이것은 **세계를 다시 재단하는 것**인데, 그것도 항상 새롭게 재단하는 것이다.

세계의 근본적 분할은 분명히 체계로서의 사회적 커뮤니케이션이 외부 세

---

44 G. Bateson, *Steps to an Ecology of Mind*, S.271f. 또한 같은 책 S.315 참조.
45 H. Simon, *Reason in Human Affairs*, S.20.

계뿐 아니라 내부 세계에 대해서도 거리를 두고 있다는 데 그 본질이 있다. 커뮤니케이션하는 사회는 '자연'이라는 도식으로 외부 세계를 처리하고, '개인'이라는 도식으로 내면세계를 처리한다. 그 때문에 생태학과 개인주의는 세계사회의 '선험적' 환경 문제이다. 그러나 우리가 다루는 테마의 단면을 나누는 데 가장 중요한 구별은 정보와 커뮤니케이션의 구별이다. 외교적 협상, 토크쇼 그리고 '함께 대화해봅시다'라는 프로테스탄트적 요청에 공통된 것은 무엇일까? 정보보다 중요한 것이 커뮤니케이션에 참가하고 있다는 사실 그 자체이다.

지성은 이론의 몰락이 성스럽게 진척되면서 자신을 드러낸다. 네오마르크스주의, 구조주의, 담론 분석, (탈)구성주의 그리고 미디어이론, 이 모든 것은 이제 몇 년 후에는 역사가 될 것이다. 그리고 사유하는 즐거움 때문에 뉴미디어 다음에는 무엇이 출현할 것인가라는 질문이 나온다. **애프터 미디어**가 물론 미디어 부재(without media)를 의미하는 것은 아니다. 오히려 중요한 것은 위대한 테마에 관한 질문이다. 무엇이 우리가 풀 수 없는 문제인가? 나는 몇 가지 해답을 검토해봤으며, 나름대로 잠정적인 해답을 제시했다. 확실성 이상의 것은 아마 존재하지 않을 것이다. 물론 '무엇'에 관한 질문 대신 '어떻게'라는 질문이 제기될 수 있으며, 이 '어떻게'의 경우에는 우리의 (풀 수 없는) 문제가 무엇인지를 어떻게 발견할 수 있을까 라는 질문으로 규정될 수 있다.

만약 배우기에 관심이 있다면 그것을 발견할 수 있을 텐데. 그리고 이것은 바로 지식인에게서 결코 자명한 것으로 가정될 수 없다. 대부분의 지식인은 다시 말해서 사회를 가르치기 위해 이론을 사용한다. 그러나 우리의 (풀릴 수 없는) 문제에 돌진하기 위해서는 사회로부터 배울 준비가 되어 있어야 하고, 아니 더 정확하게 사회로부터 배우려는 욕망을 가지고 있어야 한다. 이러한 의미에서 지성적이라는 것은 따라서 기대했던 것에서의 일탈에 대한 관심일 것이다. 그러한 사고는 다양한 방향 — 즉 차이가 나는 특성을 보전하는 것(즉 관찰하는 체계 — 인공지능 이론가 하인즈 폰 푀르스터의 개념] — 을 개척할 것이다. 따라서 어떤 사람이 독특하게 구별되고 분명한 목소리로 일상적인 현상에서 대처하는 곳, 바로 거기에서 지성인이 인식될 수 있을지 모른다. 예를 들면 핸드폰 사용자, 나이키 신발 착용자 그리고 그린피스 행동대원에 관해 어떤 현명한 것을 말할 줄 아는 사람이 지성인이다.

그리고 실제로 독일에서는 여러 역기능에도 그 기능에 놀랍게도 충실한 사회적인 것의 메커니즘에 대해, 그리고 사회적 진화라고 부르는 파괴의 유예에 대한 근거에 대해, 하나의 새로운 지적인 관심이 환기되고 있다. 사람들이 더 이상 정치에 관심을 가지고 있지 않기 때문에, 사회학이 전성기를 구가하고 있다고 이미 1950년대 말 시모어 립셋(Seymour Lipset)이 지적한 바 있다. 사회학의 출발점에는 항상 사회의 기능에 관한 놀라움이 자리를 잡고 있다. 사건의 카오스에서 질서가 어떻게 가능한가? 비록 그것이 '그렇게' 되기에는 불가능한 것처럼 보이지만, 그런데도 어떻게 그것이 그렇게 진전될 수 있을까? 그리고 이 사회의 문제들이 전적으로 그리고 특별히 철저히 합리적인 문제해결의 결과로 생긴 문제라는 것은 놀라운 일이 아닌가? 그리고 사회와 — 그 사회를 해결될 수 없는 사회의 문제를 위한 무기창고로 이용하는 — 인간 사이에 얼마나 큰 차이가 있는지를 보면 놀라운 일이 아닌가? 그런데도, 어떤 식으로든지 모든 것이 흘러왔다.

독일 지식인들은 지난 30년 이상 '사회'에 대한 증오에 뿌리를 둔 인식의 계기에만 몰두해왔으며, 최근에는 비판적 미디어학과 — 그것이 무엇이든 간에 — 문화과학의 이름으로 그렇게 하고 있다. 이와 관련하여 셸스키는 — '영혼'이 심리분석에 대해, '정신'이 철학에 대해 그런 것처럼 — '사회' 역시 사회학의 지탱할 수 없는 메타포가 아닌가 하는 의혹을 제기했다. 그래서 결론적으로 사회 개념을 포기해야 할지도 모르게 되었다. 이것은 모든 개념을 거부하는 급진적 유명론의 입장과 공통점이 있다. 대안은 무엇인가? 어떤 경우든지 그 대안은 아마도 철학에서나 가능한 수준으로 더 강력한 추상성의 반열에서 논의될 것이다. 그리스인들은 코스모스에 대해 경이로워했다. 그런데 오늘날 우리는 세계사회에 대해 그렇게 한다. 그리고 그리스 철학자들과 마찬가지로 물론 미래의 철학자들 역시 — 그들을 철학자로서가 아니라 단순히 평범한 사람이라고 보는 — 그런 사람들에게 비웃음거리가 될 수 있다는 점을 고려해야 한다.

세계커뮤니케이션의 시대

루만은 이미 수십 년 전에 단지 하나의 사회 개념만이 가능하다고, 다시 말해서 **유일** 사회, 즉 세계사회의 개념만이 존재한다고 생각했다. 아리스토텔레스뿐 아니라 초기 낭만주의를 연상시키는 표현으로 그는 '세계사회의 공생체(Symphysis der Weltgesellschaft)'[46]라는 것에 관해 말했다. 그렇다면 여기서 하나의 새로운 집합적 단수의 덫에 걸리는 것일까? 더 상세히 살펴보자.

어떤 이론적 무기로 그 문제를 의미 있게 공략할 수 있을까? 체계이론적으로 추상화시키면 사회라는 이름 아래서는 단지 커뮤니케이션의 연관만이 시야에 들어온다. 이에 대해 전형적인 것은 가령 루만의 다음과 같은 주장이다. "사회는 세계사회이다. 사회는, 세계가 커뮤니케이션을 통해 상처를 입고 차이들 위에서 재구성되어야만 할 때, 생성되는 것이다. (……) 커뮤니케이션은 세계를 통지하지(mitteilen) 않는다. 그것은 세계를 통지하는 것과 세계를 통지하지 않는 것으로 세계를 구분한다(einteilen)."[47] 세계는 관찰이 불가능하고,

---

46 N. Luhmann, *Die Ausdifferenzierung des Rechts*, S.90.

따라서 변화하는 구별을 위한 점유 장소이다. 다시 말해서, 고유의 작동에 따라 임의적이지 않은 모든 것이 세계에 입력된다. 세계는 그것의 현 상태 그대로라는 인상이 생성된다. 관찰이 불가능한 세계는 독립된 세계로 여겨진다.[48]

세계사회의 세계라는 부분에 대해서는 이 정도로 마치고, 이제부터는 세계사회의 사회라는 부분에 대해 살펴보자. 또 다른 가능한 세계와 마찬가지로 오늘날 또 다른 리얼리티의 사회도 전혀 존재하지 않는다. 그리고 이로부터 논리적으로 귀결되는 것은, 세계사회의 환경(Umwelt)에서는 그 어떤 사회적인 것도 나타날 수 없다는 것이다. 우리는 따라서 더 넓은 차이에 이르기 위해 더 아래로 내려가야 한다. 바로 밑 단계에서 우리는 자율적이기는 하지만 결코 자급적이지는 않은 사회적 부분 체계와 만난다. 그다음에는 조직체(Organisation)을, 그리고 맨 아래 단계에서 쌍방 행위(인터랙션)를 만난다. 만약 그렇게 구분하면, 사회 개념에 집착하고 더 구체적으로 되는 것을 '구체주의적'이지 않게 시도할 때, 어떤 반사 이익을 실현할 수 있는지를 곧 보게 된다. 왜냐하면 쌍방 행위는 눈앞에서의 현전을 필요로 하기 때문이다. 그러나 금융과 법률로 얽힌 관계는 현대사회를 쌍방 행위에서 점점 더 멀어지게 한다. 그리고 조직은 회원인증(membership)을 필요로 한다. 그러나 시민사회는 오늘날 조직 기구가 없는 공론장을 원하고 있다. 이와는 반대로 사회의 입장에서는 세계란 커뮤니케이션적 도달[연결] 가능성으로 충분하다.[49]

---

47 N. Luhmann, *Die Wissenschaft der Gesellschaft*, S. 27 및 619.

48 N. Luhmann, *Die Gesellschaft der Gesellschaft*, S. 527 참조. "세계는 (……) 동시간적으로 — 그리고 바로 그 때문에 통제될 수 없게 — 일어나는 사건의 와일드 한 상태이다. (……) 동시간성은 카오스이다."

49 N. Luhmann, *Soziologische Aufklärung II*, S.33. "사회적 체계는 현전을 커뮤니케이션적 도달 가능성, 즉 인터랙션 가능성만으로도 대체한다."

개념적 테두리, 이론 디자인적 예비 결정은 이 정도로 한다. 이제 세계사회라는 개념을 — 그에 대해 분명한 이의를 제기하는 — 정치적 커뮤니케이션을 배경으로 전개해보자. 세계사회를 말하는 사람은 민족국가의 분할적 질서를 시대착오로 간주한다. 이와는 반대로, 바로 칼 슈미트처럼, 국가에 '교리주의적으로' 집착하는 사람이라면 어떤 공간 사유자(Raumdenker)라야 한다. "매번 세계사회의 문제적 상황은 정말로 정치적이지 않은 방식으로 — 또한 '민주주의'에 의거하지도 않은 채로 — 행해지는 정치의 무능력한 양상을 폭로하고 있다."[50] 여기서 문제가 되는 바로 그 문제점을 보여주는 아주 단순한 리트머스 시험지가 있는데, 정치가나 법률가와 인터넷의 미래에 대해 한번 토론해보면, 그들이 그 누구보다 시대착오적인 견해를 지닌 사람들이라는 것을 알 수 있기 때문이다.

확실히, 우리는 세계사회 개념의 의미를 — 사회 개념의 의미와 마찬가지로 — 충분한 근거를 토대로 의심해볼 수 있다. 그러나 정치가 초국가화하고 세계커뮤니케이션이 일상의 현상이 된 것에 대해 의심하는 것은 아무 의미가 없다. 돈, 정보, 교양, 에너지, 환경 파괴, 테러 등에는 더 이상 영토적 경계가 존재하지 않는다. 그리고 우리는 국민국가 차원의 정치가 다음과 같은 초국가적 문제들을 비켜갈 수 없음을 날마다 뉴스로 듣고 있다.

　— 생태론적 문제점
　— 인권의 범세계적 관철 문제
　— 타국에 대한 '박애적' 간섭 형태의 요구
　— 현대판 민족 대이동인 이민
　— 범세계적 투기 금융자본 등의 문제

---

50 N. Luhmann, *Rechtssoziologie*, S.340.

이제 이 모든 관찰에서 추론되는 것은, 우리가 정치인에게 기대해서는 안 되는 것이 무엇인지가 통찰될 수 있다는 것이다. 다시 말해서 세계커뮤니케이션에서 지배적인 것은 정치가 아니다. 세계사회는 배울 준비가 되어 있는 상태, 즉 인지적 기대 양식에 경의를 보낸다. 시장 지향성을 취하는 경제 그리고 반증 가능성을 원칙으로 삼는 학문은 배울 준비가 된 것들이다. 이에 반해 정치와 법은 규범성으로 경직되고 있다.[51]

세계커뮤니케이션은 물론 하나의 이전 역사를 가지고 있다. 그 역사는 유럽에서 시작되어 거기서부터 서양적 합리주의와 식민주의라는 이중의 역학으로 전 지구를 장악하고 있다. 세계사회의 발흥과 더불어 문화 개념의 경력도 시작한다. 문화와 지역의 비교는 공통의 세계 지평이라는 배경에서 단지 의미 있게 된다. 그리고 인류는 오늘날 똑같은 기대의 세계 지평을 지니고 있고 똑같은 사회에서 살고 있다.

범세계적 인터랙션의 차원에서 이것을 가장 명료하게 보여주는 것은 다음과 같다.

— 미국으로 유학을 가서 공부하는 것

— 타이 여성과 결혼하는 것

— 일본 자동차를 신뢰하는 것

— 러시아에 투자하거나 한국에서 만든 선박과 관련된 사업을 하는 것

— 네팔에서 휴가를 보내는 것

루만은 이것을 다음과 같이 요약하고 있다. "각자가 정상적인 학습 역량을 가지고 이방인 중의 이방인으로서 자신의 목적을 추구할 수 있다."[52] 그러나

---

51 배우려는 준비가 되어 있는 환경에서는 도덕을 내세우는 사람이 주변부로 밀려난다. 다시 말해서, 사실에 입각한 지식이 세계를 점점 더 많이 관철할수록 도덕은 효력 없는 행위의 영역으로 추방된다.

우리는 다음과 같이 유보해놓았다. 즉 인터랙션은 비록 사회를 기초로 하고 있지만, 더 이상 사회로 연결되지는 않는다. 고프먼과 같은 천재적인 사회학자는 이 점에서 옳았지만, 그는 사회 개념을 지니지 못했다. 그 때문에 사실상 인터랙션의 차원에서는 세계사회의 성립을 위한 증거를 발견할 수 없다.[53] 그것을 다지기 위해서는 그러나 더욱 고도의 추상화가 필요하다. 다시 말해서 경제적 세계화, 정치적 초국가화 그리고 매스미디어적 세계커뮤니케이션의 차원에서 가능하다.

왜 세계사회의 테제에 처음에는 반대하는 것 같은 인상이 드는 것일까? 이에 대해서는 본질적으로 두 가지 근거가 있다.

— 첫째, 세계화는 '전체'가 아니라 경제, 과학 그리고 매스미디어와 같은 개별 기능체계에서 발단한다. 이러한 부분 체계들로의 적극적인 피드백을 통해 이제 거대한 지역적 차이가 생성된다. 가령 소유하고 있는 자에게는 계속 주어진다. 편차의 강화가 이야기될 수도 있다. 즉 글로벌 차원의 상호 의존성 증가가 지역적 차이들로 귀결된다.[54]

— 둘째, 미디어 기술적으로 연출된 원 - 월드(One-World)는 라이프스타일의 다원화라는 포스트모던 특유의 보상을 요구하도록 한다. 다시 말해서, 정체성에 대한 담론이 세계커뮤니케이션의 보편주의에 대한 보상물로서 유통된다. 그리고 일상 정치적으로 볼 때도 글로벌화와 지역 자체의 조직체가 상호 보완적으로 된다. 생활 상태가 더 복잡해지고 그 반경이 더 넓어질

---

52 N. Luhmann, *Soziologische Aufklärung* 제2권, S.54.

53 N. Luhmann, *Soziale Systeme*, S.585. "사회는 비록 인터랙션들로 끊임없이 구성되어 있지만, 인터랙션으로는 접근 불가능하다."

54 M. Maruyama, *Mindscapes in Management*, S.75ff 중에서 "change-amplifying-casual loops" 참조.

수록 '선택 공동체(community of choice)'라는 지역마다의 자체 조직체가 더 불가피해진다.

세계커뮤니케이션의 망은 인터넷에서 구현되고 있다. 특히 이메일이라는 멋진 발명품으로. 세계커뮤니케이션은 그러나 또한 이미 뉴스 통신사들이 매스미디어를 통해서 가능케 했던 것, 즉 다른 곳에 있으면서도 같은 시간에 있는 것(Gleichzeitigkeit des Anderswo)이기도 하다. 그리고 여기에서 특별히 중요한 것은 우리가 텔레비전에서 보는 것이 무엇이든, 그리고 그 장소가 어디든지 하는 것은 아무 상관없다는 것이다. 여론의 테마들이 보이는 혼란상도 물론 이러한 문맥에서 비추어볼 수 있다. 그래서 오히려 세계커뮤니케이션의 공론장에 관해서는 차라리 말을 아끼는 것이 오히려 의미 있을지도 모른다는 나의 생각과도 일맥상통한다. 그리고 결론적으로 범세계적으로 접근 가능한 과학적 지식, 컴퓨터에 의해 지원되는 지식은 공간적으로 제약되지 않은 데이터들의 네트워크를 제공하고 있다.[55]

세계커뮤니케이션의 시대는 특히 커뮤니케이션 지각이 세계 지각을 대신한다는 것이 그 특징이다. 뉴스들에 고유한 메시지는 모든 곳에 임재한다는 것, 즉 일종의 세계시간동업조합(Weltzeitzunft)이다. 그래서 매스미디어는 세계사회의 인스턴트적 커뮤니케이션 통합을 주도하고 있다. 미디어는 이제 정

---

55 흔히 선호되는 네트워크 메타포로 우리는 기초(Fundament)를 미디어로 변환시킨다. 이것은 사물들을 불투명하게 한다. 왜냐하면 네트워크의 복잡성이 암시하는 것은 사건과 사건의 연결이기 때문이다. 그러나 그와 같은 비위계적 복잡성은 관찰 불가능하다. 그래서 고돈 파스크가 지적했던 가능성, 즉 네트워크들의 자연사적 기술만이 남는다. 이때 우리가 배워야 하는 것은, 전체는 부분들보다 더 신뢰할 수 있으며 부분들의 완성이 반드시 전체의 개선으로 귀결되지는 않는다는 것이다. 세계커뮤니케이션은 따라서 그에 의하면 'loosely coupled system'으로 간주될 수 있으며, 사건들이 서로 연결되는 방식은 논리적이 아니라 시간적 배열이라는 것이다.

보를 매개로 기능하기보다는 도덕적 기준을 통해서 기능한다. 매스미디어는 도덕적 관점의 사회적 조정에 관심을 가진다. 그래서 이제 도덕은 매스미디어와 떨어질 수 없는 근접기관(Nahorgan)으로 되어 범세계적으로 퍼지는 텔레커뮤니케이션 망과 지양될 수 없는 팽팽한 긴장을 유지하고 있다. 다시 말해서 세계커뮤니케이션은 윤리에 대해 멀리 보게 하는 망원기술(Fernoptik)을 강요하는데, 이로써 가까이 있는 인간이 눈에 보이지 않거나 사라져버리게 된다.[56] 만약 전 세계가 책임감의 대상으로 된다면, 그러한 책임감에는 더 이상 그 어떤 구체적인 행위도 부응하지 못할 것이다. 그래서 세계커뮤니케이션은 먼 곳과의 연대의식과 다른 사람은 대신할 수 없다는 의식을 연출한다. 특히 매스미디어는 사회에 대해 끊임없이 위험 경보를 울릴 준비가 되어 있다. 사회학자 어윈 쉬흐(Erwin K. Scheuch)가 '거대세계' 이미지는 매스미디어에 의해 관객 자신의 실재에 대해 안티테제적으로 구성된다고 지적한 것은 옳은 것이다. 즉 자신의 세계가 정상이라면, 미디어의 카오스적 세계의 이미지가 바로 그렇다.[57]

---

56 세계사회는 멀리 있는 사람들에게 관심을 가지는 원거리 윤리(Fernethik)를 발전시킬 수 있을까? 철학자들이 풀어야 할 문제이다. 그 근저에 깔린 사회학적 진단은 낡았다. 가령 짐멜은 "현대인이 자신의 주변 환경에 대해 취하는 관계들은 전체적으로 볼 때 다음과 같은 형태로 전개된다. 즉 인간은 자신으로부터 멀리 떨어진 권역에 더 가까이 다가가기 위해서는 자신에게 가장 가까운 권역들로부터는 더 멀리 물러선다"고 했다 (*Philosophie des Geldes*, S.541). '세계커뮤니케이션' 개념은 정확히 이러한 상태를 겨냥하고 있다.

57 매스미디어는 세계 지평으로서의 신화를 대체한다. 신화가 부족들에게 이야기될 때, 중요한 것은 정보가 아니라 그러한 이야기 서사에 참여한다는 것이다. 이제 그런데 매스커뮤니케이션은 모든 형태의 인터랙션을 배제한다. 새로운 신화론은 오락으로서 나타난다. 그것은 우리가 커뮤니케이션을 계속 이어나가는 연쇄커뮤니케이션을 하는 수고를 덜어준다. 더 극적으로 표현하면 뉴스, 오락, 광고의 구별이 붕괴된다.

정보가 세계커뮤니케이션의 체계 속에서 어떻게 기능하느냐는 매우 매력적인 문제로서, 하나의 완벽한 계단식 구별로 귀결된다. 나는 그것을 여기에서 몇 가지만 암시할 수밖에 없다.

— 기계적인 데이터 처리는 의미에 입각한 체험의 처리와는 아주 다른 논리로 이루어진다.

— 정보와 의도 사이에는 그 어떤 연속성도 존재하지 않는다.

— 기술적 미디어는 사회적 미디어와 다르게 기능한다.

— 정보는 지식이 아니다. 인터넷과 관련해서 볼 때 정보의 아나키 상태라고 말할 수 있다. 즉 정보의 통제 가능성은 존재하지 않는다.

— 확실한 것은 정보적이지 않다. 정보적인 것은 확실한 것이 아니다. 그리고 바로 그 때문에 정보가 많으면 많을수록 그 정보는 더 적게 수용된다.

키르케고르(S. Kierkegaard)에게서 다음과 같은 멋진 표현을 발견할 수 있다. "자유는 여전히 '커뮤니케이션하는 것'이다."[58] 이것은 오늘날의 문맥에서 다음과 같이 새롭게 표현할 수 있다. 세계커뮤니케이션의 시대에 자유는 커뮤니케이션 기회의 총체 개념이다. 만인이 함께 동참하고, 논리와 역사를 가르칠 수 있다. 배제가 없이는 포용도 없고, 반대 테마가 없는 테마도 없다. 그래서 세계사회가 어떤 가능성과 경계를 설정하는가라는 질문이 제기된다. 우리의 이론적 견해에 따르면 그 대답은 다음과 같다. 세계사회는 커뮤니케이션이 아닌 모든 것과 경계를 설정한다. 사회 경계의 저편에는 무언어성(Sprachlosigkeit)이 있다.[59] 그러나 사회 경계의 이편에도 구별되어야 한다. 세

---

58 S. Kierkegaard, *Der Begriff Angst*, S. 128.

59 N. Luhmann, *Die Gesellschaft der Gesellschaft*, S. 150. "세계사회는 커뮤니케이션 속에서 세계의 자발적 일어남이다." 단 하나의 세계 체계만이 존재하며, 그 체계는 "커뮤니케이션으로서 실현된 것에 따라 주기적으로 확장하거나 수축하는 것이다"(같은 책,

계커뮤니케이션으로의 포용이 의미하는 것은 모두가 다 디자이너일 수는 없으나 각자가 다 사용자(User)라야 한다는 것이다. 커뮤니케이션으로 접근하는 문제는 항상 그렇듯이 보충적 역할로 축소되며, 커뮤니케이션을 실행하는 역할로 접근하는 똑같은 출입문은 존재하지 않는다.

우리는 이제 도대체 세계커뮤니케이션의 개념에서 의미하는 '세계'라는 것이 무엇을 말하려는 것인지에 대해 대답해야 하는 리스크를 감행할 수 있다. 세계는 커뮤니케이션적 도달 가능성의 테두리이다. 만약 이를 위한 기술적 상징을 찾는다면, 흔히 핸드폰이라는 몰취미한 말로 표현하는 이동전화기일 것이다.[60]

S.78). 기술적 미디어를 통한 세계커뮤니케이션의 조밀한 망 때문에 사회는 점점 그 인구수에 덜 의존하게 된다.

60 최신형 핸드폰은 만능기계이다. 그것으로 전화하고 팩스를 보내고 온라인과 연결할 수 있을 뿐 아니라 또한 지불도 가능하다. 심지어 동영상이 전송되기도 한다. 기술적으로는 따라서 21세기의 성공하는 사람이라면 알아야만 하고 행해야만 하는 모든 것을 단 한 번의 손동작으로 처리하는 것이 가능하다. 소위 프로슈머라고 일컬어지는 기계광이나 기술 광신주의자는 전화가 멀티미디어적 커뮤니케이션 터미널로 변환되는 것에 대해 황홀해한다. 여기서 핸드폰은 어른들을 위한 일종의 다마고치와 같다는 인상이 들 정도이다. 다른 한편으로 하나의 큰 매력은 이와는 정반대되는 제품, 다시 말해서 완벽하게 조정이 가능한 미디어 — 즉 특별히 사용하기가 간단한 전화기, 네트워크에서 제공하는 프로그램을 실행시키는 것 이외에는 아무것도 할 수 없는 네트워크 컴퓨터 — 로부터 출발한다. 그리고 멀티미디어적 커뮤니케이션 터미널들은 평균적인 고객에게는 너무 복잡하다. 그것들은 너무 많은 기술적인 지식을 전제로 하며, 그런 장치가 지니는 수많은 옵션을 이용하려면 상당한 열의가 필요하다. 멀티미디어가 21세기의 휴대품으로 되면 될수록 멀티 기능적 장치에 대한 물신주의적 매력은 점점 덜 전제해도 될 것이다. 아마 더 개연성이 있는 것은 기술의 시장을 둘로 나누는 것이다. 즉 기계광이나 엔지니어, 다시 말해서 기술적 마력에 흥미를 느끼는 사람을 위한 시장이 있다. 그러나 다른 한편으로는 사용과 조정이 아주 간단한 매력적인 제품이 있을 수 있다. 아주 간단하게 조정하여 커뮤니케이션할 수 있다는 것은 훨씬 더 지능적이고 매력적이다. 요즘처럼

차이들의 보전

원래 모든 인간은 똑같은 언어를 사용했고 단일 민족이었다. 그런데 그들이 하늘에까지 이름을 날리려고 탑을 쌓을 생각을 하게 되자, 하느님이 이를 방해했다. 왜냐하면 하느님이 보기에는 이제 인간에게 불가능해 보이는 일이 아무것도 없었기 때문이다. 하느님은 단일 언어를 산란시켜놓아 개개인의 상호이해 가능성을 파괴했다. 그래서 단일 민족도 단일 언어와 마찬가지로 분해되었고, 탑은 파괴되어 폐허가 되었다. 그런 식으로 민족과 언어가 여러 개로 다원화되어 지구상으로 퍼져나갔다[바벨탑, 「창세기」 11장 1~9].

열두 사도가 오순절에 예루살렘에 모였는데, 그때 홀연히 하늘에서 강한 바람소리가 들리더니 온 집안을 채우고 불의 혀와 같은 것이 여러 갈래 그들에게 나타났다. 성령이 그들을 이와 같이 채우고 그들을 이제 서로 다른 이방의 언어로 말하게 했다. 그때 천하 각국으로부터 예루살렘에 운집한 경건한 유태인들은 그 사도들이 모두 똑같은 갈릴리 사람인데도 각자 자신이 홀린 상태에서 내용을 알 수 없는 방언(idia dialekto)으로 말하는 것을 듣고는 매우 놀랐다[부활절의 기적, 「사도행전」 2장 1~13].

이 두 이야기는 책 중의 책인 성서가 우리에게 보여주는 커뮤니케이션적 사건이다. 오늘날 기술적인 현실은 이와 같은 신학적인 상상력을 이미 추월한 것처럼 보인다. 서로 다르지만 두 이야기는 똑같다. 현재의 세계커뮤니케이션은 부활의 기적을 패러디한 것으로 일어나고 있으며, 하나의 새로운 바벨탑(The Tower of Babel)을, 즉 거품처럼 허망한 수다의 탑을 만들고 있다. [제임스 조이스(James Joyce)는 『피네간의 경야(Finnegans Wake)』에서 바벨탑을 'The Tower

---

바쁜 세상에 누가 사용설명서를 읽어보겠는가.

of Babble' 즉 '거품처럼 허망한 수다의 탑'이라고 묘사함.]

성서 속의 기적과 언어 혼란 사이의 세계커뮤니케이션, 이것은 횔더를린 (Hölderlin)이 "하나의 대화 이래로 우리는 존재한다"라는 마법적 표현으로 의도했던 것과 다른 것일까? 칼 슈미트가 낭만주의를 전적으로 커뮤니케이션 이론적으로 분석하여, 그것이 '끝없는 대화'의 이상에서 출발한다고 말했을 때, 슈미트는 낭만주의의 가장 심연에 놓인 비밀[끝없는 잡담]을 폭로한 것은 아니었을까? 그리고 이제 언어 분석가이든 심리 분석가이든, 아니면 존재 사유가이든지, 그들이 캐내는 정보는 항상 똑같다. 즉 내 언어의 한계는 곧 내 세계의 한계라는 것이다. 나의 모국어가 내가 그 속에서 하나의 사회적 존재로 변화되도록 하는 언어유희를 제공한다. 언어는 존재의 집이다. 그 때문에 시니피앙[signifiant, 기표]에 대한 주체의 관계를 교란하는 것은 그 존재의 '생명줄(Vertäuung)'[61]을 의문시한다는 것이다.

이것이 너무 추상적이고 철학적이라고 생각하는 사람은 최근 독일에서 일어났던 정서법 개혁(맞춤법 수정안)을 둘러싼 논쟁을 생각해보면 된다. 비록 그 논쟁이 원래 단지 신문 문예비평 코너에서만 이루어졌고 또 급속도로 퇴조해버렸는데도, 이것은 몇몇 사람에게는 — 어떤 문화의 언어로써 기로에 처해 있는 것이 무엇인지에 대해 — 여전히 의미를 지니고 있다는 점을 보여주는 흥미 있는 징후, 다시 말해서 우리 존재의 바로 그와 같은 생명줄이다. 어려운 맞춤법의 수정에 대한 저항은 문화보수주의가 아니라 문화적으로 세련된 것이다. 그러나 몇몇 잡지처럼 미리 앞서 수정안에 복종하는 것은 진보적인 것

---

61 J. Lacan, *Schriften*, Bd. II, S.53. 이 표현은 그의 유명한 논문 「프로이트 이후 무의식과 이성에서 문자의 소송」에서 따온 것이다(J. Lacan, *Ecrits*, S.527). "인간과 시니피앙의 관계는 아무 연관이 없다는 것이다. (······) 존재의 생명줄을 변형시키면서 역사의 진행을 변화시켰다."

이 아니라 단순히 개혁 타협주의일 뿐이다. 복잡한 독일의 조세법을 단순화하는 것은 확실히 소망스러운 일이다. 그런데 도대체 왜 독일어를 단순화하려 한다는 말인가?

프랑스의 몇몇 순수 불어론자가 국가적인 지원을 받아 세계커뮤니케이션의 영어화 경향에 대항한 전선을 펼쳤을 때, 곧바로 범세계적인 조롱이 그들을 기다리고 있었다. 그런데 그런 조롱은 굉장히 시급한 것처럼 보이는 어떤 논쟁을 질식시켜버렸다. 다시 말해서 도대체 무엇이 문화를 위협하여, 사람들이 더 이상 고도로 세련된 언어문화 속에서 사회화되려 하지 않는지 혹은 사회화될 수 없게 하는지, 오히려 그 대신 기성품으로 된 영어식 표현 형식으로 자신을 짜 맞추려고 하는지 등에 대한 논쟁 말이다. 문학에서는 언어의 고유한 그 자체 상태가 발견되지만, 도대체 누가 오늘날 문학을 읽고 있고 또 읽어낼 수 있는가? 철학자 하이데거가 철학을 이해하기 위해서는 고대 그리스어와 독일어를 이해해야 할 것이라고 선언했을 때, 그것이 단지 문화적 허무주의가 아니었을까?

여기서 몇몇 사람이 감지하고 있는 상실감은 세계커뮤니케이션의 관점에서 본다면 물론 단지 실체 없는 유령의 고통으로 해석될 수 있다. 문화적으로 세련된 이러한 언어에 대한 집착은 새로운 미디어 현실에서는 정당화될 수 없다. 세계커뮤니케이션은 언어를 더 이상 필요로 하지 않기 때문이다. 가령 다음과 같은 것을 한번 생각해보자.

— 감각적 지각에 의해 유도되는 육체들의 조정으로서의 스포츠
— 테크닉, 다시 말해서 알고리즘의 에스페란토어이자 '사용자'의 기능 쾌락
— 팝 뮤직과 레슬링이 자아내는 화음
— 현대의 청소년에게서 분명히 고대사회의 토템과 유사한 기능을 수행하는 상표 마크

— 그리고 신용카드만으로도 충분한 관광여행 등

미국식 생활 방식에 빠지기 위해서는 정말로 영어를 하지 않을 수가 없다. 맨해튼을 방문해보면 이것은 분명해진다. 맨해튼에서 만나는 사람들은 좋은 영어를 사용하는 사람들이 아니다. 거기서 원활하게 기능하는 것은 피진 잉글리시(pidgin english)이다. 마찬가지로 독일이 운영하는 괴테인스티튜트도 그 수강생은 괴테(Johann Wolfgang von Goethe) 시대의 독일어가 아니라 비즈니스 독일어에 관심이 있다는 사실을 고려해서 운영해야 한다.

문화적으로 세련된 사람이 자신이 느끼는 상실감을 구체화할 때마다, 그들은 '읽기', 작문하기, 계산하기 등과 같은 소위 근본적인 문화 테크닉의 몰락을 지적하고 있다. 여기서 교사나 대학 교수라면 오늘날 실제로 불쾌한 경험을 해야만 한다. 사고 능력과는 상관없이 대학입학 자격시험에 합격하는 것은 이미 과거에도 가능했다. 그런데 오늘날에는 작문하고 독해하는 기본적인 능력이 부족해도 분명히 그렇게 할 수 있다. 어떤 점에서 이를 위한 대체품으로 현대의 미디어 테크닉은 '**생각하는 물건**(things that thinks)'을 우리에게 선보이고 있다. 이러한 생각하는 물건은 이제 더 이상 확실한 사고 능력을 기대하기 어려운 인간에 의해 사용될 것이기 때문에, 디지털 미디어 테크놀로지 자체가 용해되어야 한다. 즉 컴퓨터는 그것이 모든 곳에서 편재하게 되면서 오히려 시야에서 사라진다는 것이다. 눈에 보이는 것은 단지 다채롭고 사용자에게 편리하게 설계되어 심지어 **저능아 수준에 맞추어진**(idiot-proof) 형상화된 표면[인터페이스]뿐이다. 이것이 바로 뉴미디어 세계의 사용자 편의성이라는 것이다.

비록 문화비관주의적 선입견을 지니고 있지 않더라도 확실히 해야 할 사실은, 언어적으로 세련되고 사유적이며 따라서 클래식으로 교육받은 사람에게는 새로운 미디어 현실이 적합하지 않다는 것이다. 이러한 소질 대신에 여기서 꽃 피우는 것은 커뮤니케이션 능력이다. 특히 생산력으로서의 커뮤니케이션과 커뮤니케이션 쾌락(Lust)으로서의 커뮤니케이션이라는 두 가지 형태로이다. 이 커뮤니케이션 쾌락에 대해 아무 쾌락도 못 느끼는 사람이라면 그것을 행복을 억압하는 유혹이라고 경험할 것이다. 인터넷을 멋지게 응용한 e-메일보다 이것이 더 분명히 드러나는 곳은 없다. 인터넷의 커뮤니케이션 문화는 선택사항으로서가 아니라 **의무사항**으로 나타난다. 네트워크 주소가 없이는 오늘날 미디어 혁명에서 미아로 간주된다. 바로 커뮤니케이션 테크놀로지가 미디어에 대한 접속을 사회적으로 강요하여, 결국 아무도 그러한 접속에서 빠져나올 수 없게 된다. 이러한 사태는 이성과는 아무 관계가 없고 오히려불안과 상당히 관계있다. 네트워크에 접속하고 있다는 것(Dabeisein) 자체가여기서 실제로 전부인데, 도대체 누가 디지털적 미숙상태이고 싶어 하겠는가? 여기서 실업보다 더 최악의 것이 위협하는데, 이름하여 '디지털 노숙자'(네그로폰테, N. Negroponte)라는 것이 그것이다.

끊임없는 접속 가능성은 인간의 덕목이다. 이러한 노예상태로 오늘날 사람들은 자발적으로 그리고 즐겁게 빠져들고 있다. 때로는 사회가 그러한 노예상태를 '윤리적'이라고 칭송하기도 한다. 항상 그리고 어디서든지 접속 가능하고, 모든 것을 그리고 전 세계에서 수행할 수 있고 송신할 수 있다는 사회적 이상은 노키아 커뮤니케이터(Nokia Communicator)와 같은 여러 기능이 복합된 장비에 이르러 실현될 것이다. 전화·팩스·컴퓨터·인터넷 접속, 다시 말해서 포스트모던 인간의 완벽한 작업 환경이 여기에서 말 그대로 한 손에 휴대 가능하게 된다. 이러한 사태에 부응하는 것이 바로 이 **호출 가능성(availability)**이라는문명윤리적 규범, 즉 실존의 스탠 바이 모드(Stand-by-Modus)이다. 사람들은 언제든지 신호로 호출될 수 있는 곳에서 대기해야 한다는 뜻이다. 이러한 테크닉이 끊임없이 사용 가능하고 접속 가능해야 한다는 사회적 기대를 규범화하고 있다. 시대정신인 커뮤니케이션 유목(nomade)은 따라서 공론장에서는 커뮤니케이션 단자(monade)로서 나타나고 있다.

이 모든 것이 너무나 불가항력적이고 범세계적이며 분명히 또한 즐거운 것이어서 여기서 다시 한 번 '존재의 집'이라는 곳으로 시야를 되돌리는 것이 어렵게 된다. 선언적으로 표현하면, 커뮤니케이션이라는 테마가 언어라는 테마를 덮어버린다. 언어가 더 이상 지배하지 않는 곳에서는 세계를 도식화하는 — 다시 말해서 모든 커뮤니케이션 참여자에게 똑같이 재단하는 — 각본이나 프레임이 지배한다. 이에 대해서는 여기서 지배적인 코드 개념이 부응하는데, 그 개념에 의하면 세계는 더 이상 친숙한 지평이 아니고 이해되지 않은 텍스트라는 것이다. 이에 반해 언어는 세계를 "제공한다." 인간이 점점 더 많은 언어를 구사할수록 그는 더 많은 세계를 지닌다. 이것은 방언의 다채로움에도 해당된다.

따라서 실생활에서 쓰는 교제 언어와 부모에게서 배운 모국어는 세계가 부여한 것 중에서 극도로 대립된 형태의 존재이다. 그리고 우리는 오늘날 일상의 교제 언어가 모국어를 주변으로 밀어내는 현상을 볼 수 있다. 그 이유는 — 글로벌화라는 단어에서 볼 수 있듯이 — 자명하다. 영토적 경계가 의미를 잃고 있다. 그리고 동시에 언어적 경계 역시 의미를 잃고 있다. 그런데 지리적 경계들이나 역사(전통) 그리고 민족국가가 그 역할을 더 이상 수행하지 않는다면 도대체 무엇이 사람들을 결속시키느냐는 질문이 제기된다. 철학자들은 그 질문을 현대 사회의 이성적 정체성 형성의 가능성에 대한 질문으로 고쳐 표현하기도 한다.

자신의 정체성을 선택할 권리와 이 선택에 대한 책임은 포스트모던의 유일한 고정점이다. 현대의 인간은 평생 동안 선택하도록 하는 운명을 가지고 있다. 환경뿐 아니라 인터랙션 역시 자유롭게 그리고 인격적으로 선택될 수 있고 또 그래야만 한다. 이것은 오늘날 **구매 선택**에 의해 규정되는 소비사회에서 가장 잘 기능한다. 다시 말해서 부르주아 사회는 고유한 의미를 지니는 개인들로 분해되어 자신을 선택 공동체로 재결합한다. '선택의 공동체(Communities of Choice)'는 '피터 드러커 재단(Peter Drucker Foundation)'에 딱 들어맞는 표현인데, 그 재단은 '(이익)사회 대신에 (공동)사회(Gemeinschaft statt Gesellschaft)'를 정확히 표시하고 있다.

언어들의 바빌론적 혼란과 부활절 기적을 말하는 성서이야기는 동시에 일어났다. 신학적으로가 아니라 사회학적으로 이것을 파악하려는 사람은 이제 다음과 같이 질문해봐야 한다. 사회적으로 토대를 둔 정보적 커뮤니케이션은 새로운 미디어 조건 아래서 어떻게 변화되는가? 그리고 사회학이 오늘날 그 핵심에서는 커뮤니케이션 이론이기 때문에, 우리는 다음과 같이 질문해야 할 것이다. 만약 각자가 각자에게 접속(도달)할 수 있다면 우리가 아직도 "하나의 대화에 머무를 수 있을까"라고.

세계커뮤니케이션은 우리가 지닌 시간 자원과는 아무 관계가 없는 어떤 선택의 다양성을 열어놓고 있다. 각자가 각자와 커뮤니케이션할 수 있기 때문에, 우리의 주의력에 과도한 부담을 지우게 된다. 멀티미디어 사회의 데이터 홍수 속에서 '더 많은 가치(잉여가치)'란 따라서 단지 '더 적은 정보'를 말한다. 그러면 **어떻게** 더 적게 할 수 있는가? 사이먼은 이 문제를 '주의력 관리(attention management)'[62]라는 이름으로 불렀다. 우리가 매일 디지털적 정보 홍수에 점점 더 깊이 빠져들수록 어떤 아주 특수한 지적 서비스 업무(즉 의미의 서비스)는 점점 더 절박해진다. **'당신의 손가락 끝에서 정보를'**이라는 구호는 따라서 더 이상 도움이 안 된다. 새로운 정보 테크놀로지의 압력 아래서

---

62 H. Simon, *The Sciences of the Artificial*, S.161f.

우리는 모든 문제점을 무지의 문제로 해석하려는 경향이 있다. 그러나 의미 문제는 결코 정보를 가지고서 해답이 구해지는 것이 아니다. "문제점은 혼란이지 결코 무지가 아니다."[63] 그리고 분명히 단지 인격적 미디어(대면적 미디어)만이 혼란을 해소할 수 있다.

릴케는 키르케고르의 저작을 원문으로 읽기 위해 덴마크어를 배웠다. 이에 비해 미국인이 오늘날 스페인어를 배운다면, 그것은 문화 때문이 아니라 경제 때문이다. 언어는 실제로 이 문화의 미디어이기는 하나, 문화는 오늘날 점점 더 경제의 문화로 되고 있다. 경제를 다루는 학문은 이미 영어를 그 학문의 통일어로 삼고 있다. 따라서 만약 어떤 미국학자가 유럽 강연 여행길에 현지어로 강연할 수 없음을 몹시 유감스러워한다면, 그것은 겉치레로 취하는 표정 그 이상이 아니다. 이에 대비되는 것은 주목받으려는 유럽학자가 자신의 논문을 바로 영어로 번역한다는 점이다. 그런데 이것은, 서술된 것에서 그 서술 형식이 중요하지 않다는 것을 전제한다. 자연과학에는 이것이 여전히 맞는 듯하다. 그러나 정신과학은 묘사의 다양성으로 먹고 살며, 그것은 아마도 모국어의 형태로만 도달할 수 있다고 본다.

인터넷의 지구촌에서는 모국어가 세계커뮤니케이션의 장애물로 간주된다. 여기서 문화에 관한 질문은 어떻게 제기될 수 있을까? 전혀 문명화되지 않은 야만인(Barbar)을 지칭하는 개념을 연역할 수 있는데, 그 연역은 단지 그것을 확증할 수 없기 때문만이라면 설명할 수 없을 정도로 멋지다. 따라서 고대 그리스인은 그리스어로 말하지 않는 모든 것을 단순히 말을 더듬거리는 바르바르(Bar-Bar)라고 인식했다. 야만인은 따라서 세계 권력의 언어를 말하지 않는다. 그 때문에 그는 이방인으로 머물며, 단순히 교육만 못 받은 사람이 아니

---

63 K. Weick, *Sensemaking in Organizations*, S.27.

라 궁극적으로는 비인간적이라고 간주된다. 발터 벤야민(Walter Benjamin)의 정확하고 객관적인 말에 따르면, 서양문화와 동시에 야만을 모두 체험한 증인이라면 한결같이 오늘날 문화와 매개의 관계에 관한 질문을 다르게 말하도록 우리를 강요한다는 것이다. 지배자의 단일한 세계 언어를 말하지 않는 그런 사람이라고 해서, 혹은 단지 **하나의** 언어밖에 구사할 줄 모르는 사람이라고 해서 야만인이라고 할 수 있겠는가?

정치적 초국가화와 경제적 세계화 그리고 기술적 미디어 혁명이 세계커뮤니케이션을 구성한다는 것은 틀림없는 사실이다. 그러나 바로 그 때문에 우리에게는 언어의 다양성이라는 인간적 보상물이 필요하다. 하나의 단일 언어 대신 상호 간에 번역될 수 있는 다양한 언어들, 이것이 문화비교연구의 정신이며, 그것으로부터 비로소 문화가 탄생된다. 우리는 이와 같은 근본적 사고를 또한 "차이들을 보전하라!"라는 세계사회의 '정언 명령'의 형태로도 표현할 수 있을 것이다. 이것을 표현하기는 쉬운 일이지만, 유지되기는 힘든 것이다. 차이들의 보전은 어떤 문명화의 표현인데, 이는 '**문명의 충돌**(clash of civilization)'이라는 '우파'의 비관적 비전에 대해 단호한 거리를 취할 뿐 아니라, 또한 — 관광여행의 정신에 따라 세상을 이국적 문화의 잡다한 바자회와 같은 문화 전시장으로 변모시키려 하는 — 좌파의 다문화주의(Multikulturalismus)라는 품목에 대해서도 지적 환상으로 간주하고 있다.

따라서 무엇이 문화를 구별짓게 하는가[64]라는 질문에 대답하는 것은 그리 쉬운 일이 아니다. 이 질문은 커뮤니케이션 테마의 레퍼토리이다. 가령 문화는 — 우울한 일상뿐 아니라, 지식 세계와도 반대되는 — 뜻깊음(Bedeutsamkeit)의 세계이다. 그러나 이러한 뜻깊음이 오늘날에도 여전히 언어·책·문학과 연관

---

64 혹은 바에커가 질문한 "무엇 때문에 문화인가(Wozu Kultur)?"라는 물음.

이 되고 있다고 볼 수 있을까? 우리 모두가 문자로 이루어진 뜻깊음의 세계인 구텐베르크 은하계(Gutenberg-Galaxy)에서 얼마나 멀리 떨어져 있는가 하는 것은 아마 하나의 단순한 문화소양 테스트로 측정될 수 있다. 이때 그 테스트의 질문지는 다음과 같을 것이다. 당신이 '파멜라(Pamela)'라는 이름을 들을 때, 그 이름에서 앤더슨(Anderson)을 떠올립니까, 아니면 리처드슨(Richardson)의 소설을 떠올립니까?[전자는 연예인 파멜라 앤더슨이고, 후자는 소설가 사무엘 리처드슨이 쓴 동명의 소설 주인공 파멜라].

2 지식사회에서 방향설정 문제들

신뢰와 정보 그리고 지식

편안한 존재를 불편하게 만들라.
— 톰 피터스[1]

법과 신뢰

온 세상이 인터넷의 창조적 잠재력에 열광하고 있었을 때, 파키스탄·캐나다·함부르크 혹은 마닐라의 몇몇 20대 청년은 우리에게 인터넷의 파괴적 잠재력을 일깨워주었다. 오늘날의 테러리스트들은 더 이상 폭탄을 필요로 하지 않는다. 인터넷 접속 모뎀으로도 충분하다. 이와 연관된 불안을 《슈피겔(Spiegel)》은 최근 다음과 같은 의미심장한 개념으로 표현했다. 즉 우리 지구의 존립을 위협하는 것은 더 이상 A-Bombe(원자 폭탄)가 아니라 @-Bombe이다. 고전적 의미의 해커에 의해서든 아니면 초보적 해커에 의해서든, 바이러

---

1 Tom Peters, *Brand You*, S.122.

스의 사이버전쟁이든 트로이의 목마이든, '분산 서비스 공격(DDos)'이든, 이 모든 것은 오래전부터 발발했다. 그 어떤 웹사이트도 안전하지 못하다. 정부와 기업은 해커를 스파이 혐의로 기소하고 있다. 냉철히 관찰해보면, 성공적인 시스템이라면 저마다 그에 따라붙는 기생충을 자체 내로 흡입하고 있다고 말할 수도 있다. 마찬가지로 해커가 보안전문가로 변신하는 것이 이들 해커 세계의 표준적 경력이다.

이런 맥락에서 제기되는 절박한 질문은 물론 서구세계, 글로벌화된 경제의 주도 시스템을 겨냥한다. 그런 위협에 노출된 상태에서 전자상거래(e-commerce)에 대한 신뢰는 어떻게 창출되는가? "과연 얼마만큼의 불안전성을 신경제가 감수해야 할까?"[2] 이에 대해 루이스 케회(Louise Kehoe)는 다음과 같이 대답한다. "인터넷의 안전성은 모든 참여자 사이의 협동적 오퍼레이션(co-operation)에 의존한다."[3] 그러나 이러한 표현은 그에 대한 대답보다는 더 많은 의문을 불러 일으키고 있다. 단 하나 분명한 점은 인터넷 문화에 적용되는 철칙이 있다면, 그것은 네트워킹되면 될수록 점점 더 상처 입기가 쉽다는 것이다.

경제뿐 아니라 정치세계 역시 오넬 드 구즈망(Onel de Guzman)과 같은 해커 [2000년 5월 일명 '러브바이러스'를 만든 필리핀 대학생]에 의해 그 심장부가 흔들린 적이 있다. 이에 대한 대책 수립을 위해 독일 정부가 설치한 '크리티스위원회(Kritis)'의 출발점은 오늘날 "국경선에서 군사적 수단을 사용해서 방어될 수 있는 안전한 국가 영역이 더 이상 존재하지 않는다"라는 것이다. 이 문제를 더 근본 원칙에 입각해 정리해보자. 현대 사회의 모든 사회적 체계들 중에서도 영토성의 원칙을 가장 엄격하게 지향하고 있는 것이 법과 정치이다. 그러

---

2 *Der Spiegel* #20, 2000.

3 L. Kehoe, "E-business unlocked."

나 바로 이 때문에 총체적인 모바일(totale Mobilmachung)과 세계커뮤니케이션의 시대에 직면하여 이 두 영역은 무기력하게 된다. 우리는 오늘날 다시 말해서 국가의 경계가 더 이상 사회의 경계가 아님을 인식해야 한다. 노케는 소위 '장소로부터 자유로운 사회'[4]라는 말을 쓰고 있다. 만약 이 새로운 세계를 긍정적으로 기술하려 한다면, 아마도 생물학적 메타포가 훨씬 도움이 될 것 같다. 즉 국민국가는 오늘날 그에 공생하는 기생충처럼 움직이는 자본을 유치하는 객주와 같은 존재일 뿐이다.

여기서 등장하는 문제점은 새로운 것은 아니다. 그러나 그것을 비로소 문제점으로 인지하도록 한 것은 인터넷이다. 법치국가라는 개념에서 볼 수 있듯이, 얼핏 화해하고 있는 것처럼 보였던 법과 국가라는 개념이 오늘날 각자의 길을 걷고 있다는 것이다. 우리는 이제 법과 국가 내지는 명령이 서로 다른 목록에 들어가는 개념이며, 그 때문에 '법치국가'는 (한편으로는 법과 규범, 다른 한편으로는 명령과 결단으로 이루어져) 잠재적으로 갈등 요인을 지니는 구상이라는 것을 알 수 있다. 그래서 볼프강 호프만 리임(Wolfgang Hoffmann-Riem)은 글로벌화·세계커뮤니케이션 그리고 인터넷 문화의 관점에서 다음과 같이 언급하고 있다. "최근에 국가가 없는 세계 법이라는 것이 국가에 대해 경쟁하는 것으로 형성되었다."[5]

인터넷은 세계커뮤니케이션의 인프라 구조이다. 그것은 부르주아적 공론

---

4 W. Knoke, *Bold New World* 참조.

5 *Der Spiegel* #48, 1999. 우리가 법이라고 부르는 코드화된 사회적 표준과 더불어 인터넷 시대에는 코드화된 기술적 표준(다시 말해서 프로그램 코드)이 점점 부각되고 있는데, 이것은 하드웨어에 '침전'(실리콘에서 따온 메타포)된 다음 각각의 칩의 형태로 판매되어 세계로 퍼져나가는 것이다. 하버드 법과대학원의 로렌스 레싱은 심지어 "법은 점점 중요하지 않게 되고 있다. 규제의 진정한 중심지(로커스)는 컴퓨터 코드로 되고 있는 중이다" 라고 말하고 있다(K. Kelly, *New Rules for the New Economy*, S.71에서 재인용).

장에 잠재된 어떤 역설을 조명하고 있다. '공론장'이라는 말은 저장되어 있고 접근 가능하다는 뜻이다. 공론장은 정보에 대한 자유로운 접근을 보증하며, 반대로 세계커뮤니케이션에 대한 신뢰의 조건인 데이터 보호를 보증한다. 이러한 근본적인 패러독스가 오늘날 우리는 법에 의해 해소되기를 기대하고 있다. 이에 대해 엄격하게 더 살펴보면, 자유로운 사회는 정보의 절대적인 자유를 배제한다는 것을 알 수 있다. 다시 말해서 1급 비밀이 없는 정치, 영업 비밀이 없는 기업체, 사적 영역이 없는 인간적 실존, 이런 것들은 존재하지 않는다는 것을 알 수 있다. 그리고 이것을 기술적 인프라 구조와 관련지우면, 인터넷이 점점 더 많은 것을 수행할수록 점점 더 많은 커뮤니케이션 보안장벽이 설치되어야 한다는 것을 의미한다.

인터넷 문화에서 우리는 법 개념으로서 자유의 잠재적 패러독스에 직면하는데, 왜냐하면 자유는 법의 부정이기 때문이다. 자유의 패러독스는 다음과 같이 상세히 정의될 수 있다. 자유는 그것을 제한함으로써만 존재한다. 이러한 패러독스의 특히 현대적인 해소를 위해서는 질서와 자유 사이의 상호 상승관계를 구성하는 것이 관건이다. 이에 따르면 국가의 통제가 개인의 자유를 침해한다는 고전적 자유론자의 생각은 틀린 것이다. 이미 말했지만 양자 사이에는 상호 상승관계가 중요한 것이다.

인터넷과 관련하여 이 문제에 특별히 적용시킬 때 네트워크에서는 중요한 것이 소유가 아니라 접근이라는 것이다. 제레미 리프킨(Jeremy Rifkin)은 따라서 우리 시대를 '**접근의 시대(The Age of Access)**'라고 불렀다. 그리고 그 접근에서 여과장치(Filter)가 존재하느냐 하는 커다란 질문이 제기된다. 네트(net, 망)에의 접근을 신뢰할 수 있어야 한다. 이것이 민주정치에서 의미하는 것은, 그 접근이 자유롭고 평등해야 한다는 것이다. 그러나 자본주의적 경제에서는 그 사정이 완전히 다르다. 인터넷에서는 이윤이 접근의 통제에서 생성되기 때문이다. 구매자는 사용자로 된다.

법적 보호는 사람들이 인터넷과 같은 복잡한 체계에서 신뢰를 증진시키기 위한 조건이다. 최근 발생한 사이버전쟁의 공격에서 분명히 간파할 수 있듯이, 여기서 중요한 것은 데이터 보호와 외부 침입 차단뿐 아니라 특히 바이러스 감염의 예방이라는 것이다. 그런데 현재의 법이 인터넷 문화의 면역 체계형성에 도움이 될 수 있을까? 일단 이에 대해서는 회의적이다. 이미 소프트웨어 저작권에 관한 법학자들의 논쟁에서 연상할 수 있듯이, 카오스적 상황에서는 그 어떠한 법적 규범도 적용할 수 없다는 것이다. 경제학자 폴 크루그먼(Paul Krugman)은 AOL과 타임워너의 합병을 전자적 대평원에 울타리를 치는 꼴이라고 지칭했다. 그렇다면 인터넷에서도 여전히 소유권이 울타리로 표시될 수 있단 말인가! 어쨌든 인터넷은 여전히 아나키 상태이다.

사이버 스페이스를 둘러싼 쟁송에서 저작권(Copyright) 문제보다 법이 논리적으로 더 어렵게 작용하는 영역은 없을 것이다. 새로운 미디어 조건에서 어떻게 지적 소유권을 보호할 수 있을까? 이 문제는 아이디어라는 지적 생산에 점점 더 의존하는 영역인 소위 '보이지 않는 것의 경제(Wirtschaft des Unsichtbaren)'에서 핵심으로 떠오르고 있다. 전 현대적 시대라면 그런 문제를 전혀 이해할 필요조차 없었을 것이다. 왜냐하면 저작물 복제에서 '복제(kopieren)'라는 단어는 '모방(또는 이해 copia)'을 말하는데, 이는 철저히 긍정적인 의미에서 수사학적 충만을 의미했기 때문이다. 우리는 따라서 일단 다음과 같이 물어야 한다. 과연 어떻게 그것이 '복제'라는 부정적 가치평가로 이르게 되었는가? 복제는 독창적 천재들이 문화의 무대로 등장하는 순간부터 부정적으로 가치평가된다. 가령 작가들은 정신의 시장에 정보를 상품으로 공급하는 사람으로 인식된다. 그 이래로 독창성의 저작권, 소유권, 특허권에서는 정보를 권한이 없는 사용에서 어떻게 지킬 것인가라는 문제가 중요해진다.

우리 문화에 대해 아주 자명하게 되어버린 이러한 콘셉트는 디지털 테크놀로지들에 의해 그 심층이 흔들렸다. '복제 명령(Copy-Befehl)'이 그것의 본질적인 표준으로 된 정보 테크놀로지에 대해 '복제 권리(Copy-right)'는 이제 무엇을 해야 할까? 복제물을 생산하는 것보다 더 단순한 것이 없을 때는 오리지널들을 어떻게 보호하려는 것일까?[6] 그렇다면 오리지널의 개념이 새로운 미디어 조건에서 아직도 의미가 있는 것일까? 웹 베테랑인 존 페리 발로(John Perry Barlow)에게는 상황이 분명했다. "표현물의 디지털화를 억제하기 위해 지적 재산법을 억지로 끼워 맞추거나 수선하거나 확장될 수는 없다."[7]

그렇지 않으면 디지털적 저작권이라는 것이 존재할 수 있을까? 만약 모든 정보와 데이터가 항상 자신의 오리지널의 출생지 주소를 달고 다니도록 코드화되어 있다면 그것이 가능할지도 모르겠다. 하이퍼텍스트의 개척자 테드 넬슨(Ted Nelson)은 이미 수십 년 전부터 그와 같은 오리지널의 우주에 관해 꿈

6　이것이 결코 순전히 학술적인 문제만은 아니라는 사실은 음악 파일 공유 시스템을 운영하는 '냅스터'라는 음악 인터넷회사가 보여주었다. 그 배후에는 상업적 인터넷에 대항하는 구조물 즉 상호 대등한 네트워킹(peer-to-peer networking)이 자리 잡고 있다. 즉 수백만 대의 퍼스널 컴퓨터가 — 더 이상 그 어떤 특정한 서버를 거쳐 주도되지 않는 — 하나의 거대한 컴퓨터 네트워크의 연결 링크로 변신하는 네트워킹이다. 이에 대해서는 Richard Waters의 "Personal Services"를 참조하라.

7　J. P. Barlow, "The Economy of Ideas", S.85. 아이디어의 세계에서는 저작권이나 복제권을 주장할 수 없다는 것은 학자들에게 이미 오래전부터 잘 알려진 사실이다. 오늘날에는 경제 역시 이러한 '정신주의적' 교훈을 배워야 한다. "아이디어들이 아이디어들을 유발시키고 새로운 아이디어들이 진화하도록 돕는다. 그것들은 서로 상호 간에 작용하며 그리고 똑같은 뇌 속에서, 이웃하는 사람들의 뇌 속에서 그리고 글로벌 커뮤니케이션 덕분에 더 멀리는 외국인들의 뇌 속에서 다른 정신력들과 상호 작용한다"(R. Sperry, *Science and Moral Priority*, S.36 참조). 이에 대항하여 복제되지 않으려고 자신을 지키려는 사람은 양면적으로 태도를 취해야 한다. 유일 신화는 결코 복제될 수 없다.

꾸었다. 팀 버너스 리(Tim Berners-Lee)의 W3-컨소시엄은 지적 소유권을 보호한다고 하는 소위 출처 명시 프레임워크(Resource Description Framework)를 발전시켜왔다. 그러나 항상 그렇듯이, 디지털 저작권이 의미하는 것은 단지 인간이 인터넷에서 자신의 정신적 재산을 판매한다는 것이 아니라 사용료를 받는다는 것을 의미할 뿐이다. 그리고 이때 갑자기 분명하게 되는 것은, 아이디어로 돈을 벌려는 모든 시도에서는 그 발생 시간이 중요한 요소라는 것이다. 자기 나름의 고유한 시간 표시(Zeitindex)를 지니고 있는 정보는 복제하기 곤란하다. 다시 말해서 정보가 가치 있는 것이 아니고 시간적으로 앞선 정보가 가치 있는 것이다.

신뢰는 사후에 요청될 수 있는 것이 아니라 사전에 이행될 수 있는 것이며, 그런 연후에야 비로소 '사후에 규범화될 수 있는 것'[8]이다. 이것은 다른 사람을 신뢰의 관계 속으로 엮어 넣어야 한다는 것이다. 예를 들면 사람들에게 어떤 경품을 증정하면서! 그래서 인터넷은 오늘날 경품 증정의 경제를 토대로 신뢰를 구축하고 있다. 증정을 받는 이들을 상대로 자신이 파는 물건을 광고하는 것이 정보 공급의 마력이다. 이러한 사례는 임의로 선택된 것이 아니다. 왜냐하면 인터넷은 새로운 지식사회의 인프라 구조이기 때문이다. 그리고 지식과 유사하게 또한 신뢰 역시 그것의 사용을 통해 그 양이 증대되는 모순적인 자원이기 때문이다.

여기서 신뢰[미더움]라고 번역한 독일어 단어 'Vertrauen'은 영어의 경우에는 더 섬세하게 세분화될 수 있다.

— **친숙성**(familiarity)이라는 의미인데, 이는 현전하는 사람끼리의 인터랙션의 토대 위에서 구축된 생활세계의 미더움이다.

---

8 N. Luhmann, *Vertrauen*, S.47.

— **확신(Confidence)**이라는 의미인데, 이는 그에 대한 그 어떤 의식적인 대안도 존재하지 않는 그런 종류의 믿음이다. 이러한 차원에서는 실망감이 엄습할 때 외적으로 기록된다. 은행에 저축하면서 은행이 파산할 것이라고는 생각하지 않는다. 도로에서 운전을 하면서 다른 사람이 운전을 못하는 사람이라고는 생각하지 않는다. 아마도 부분적인 실망감보다 상위에 있는 글로벌 차원의 신뢰로서의 충성심 역시 여기에 상응한다.

— **신용(Trust)**은 선택의 우선권이라는 차원에서의 미더움을 말한다. 여기서는 엄습하는 모든 실망감이 내적으로 고려되어야 하는데, 리스크가 그것이다.

신뢰하는 사람은 삶을 단순화시킨 데 대한 리스크를 그 대가로 치를 준비가 되어 있다. 그러나 그와 같은 종류의 리스크는 물론 신뢰할 만한 안전 시스템이 기만당한 기대를 위한 일종의 지지대를 보증할 경우에만 감행된다. 법과 법률이 염려해야 하는 것은, 타인의 자유가 거짓과 기만을 위한 면허증으로서 나의 현실 구성을 사보타지하는 것이 아니라는 것이다. 다시 말해서 타인의 자유가 제도들 때문에 어떻게 억압되고 있는지를 관찰하면서, 우리는 신뢰를 학습하고 있다. 우리는 이것을 방금 자유와 질서의 상호 상승관계라고 논의했다.

법은 자신의 기대에 확실성을 부여하고, 그런 한에서 신뢰에 대한 전제조건이다. 다른 말로 하면, 법에 대한 신뢰는 다른 것(사람)에 대한 신뢰의 리스크를 증대시키는 것을 가능케 한다. 그리고 실제로 법은, 바로 그에 대한 기대들이 사실적으로 기만당할 때, 그 기대를 강화하기도 한다. '학교 주변 속도 제한 시속 30km'인데도, 자동차는 길에서 노는 아이들 옆을 쏜살같이 지나가고, 이에 대해 경찰에 신고할 수도 있다. 결국 법에 대한 신뢰는 법이 권력을 통해 은폐된다는 기대의 기대 속에 근거하고 있다. 그러나 권력 독점, 법, 신뢰의 이와 같은 안전 시스템을 확고히 유지하기 위해서는 생활 관계를 규범화하고 폭력에 대한 경찰의 조치에 잠복된 과잉의 위험을 떨쳐내야만 한다. "우리의 과제는 모든 것을 규범화하는 것이 아니라 무엇을 규범화할 수 있는지를 인식하는 것이다. 신뢰를 단지 법률과 규정들에 대해서만 추구하는 것은 아니다."[9]

따라서 법은 신뢰를 대체할 수 있는 것이 아니라 단지 부담을 덜어줄 수 있을 뿐이다. 법은 특히 기대의 확실성과 방향설정의 안전성에 영향을 미친다. 이러한 기대의 안전성은 실현가능성의 문제보다 더 중요하다. 중요한 것은 기대를 관철시키는 것이 아니라 그 기대를 끝까지 유지할 수 있다는 것이다. 법의 안전성은 따라서 불안전성에 대한 참을성이다. 그래서 불안전성의 제거가 안전성을 창출하지는 않는다.

신뢰를 창출하는 것이 외교관의 가장 중요한 임무이다. 그렇게 해서 외교관은 자신의 부하 직원에게 '동기'를 부여하려는 상사나 스튜디오에 초대된 출연자에게 '자발성'을 고무하려는 사회자가 빠지는 것과 비슷한 패러독스에 빠진다. 또한 그런 시도가 이미 자신의 원래 목적을 스스로 파괴한다. 그런데 동기부여 시도가 항상 동기를 빼앗고 "자발적으로 하라!"는 요구가 항상 자발성을 빼앗는 반면, 신뢰 창출의 패러독스로부터는 탈출구가 있다. 이것을 이해하기 위해 우선 명확히 해야 하는 것은, 신뢰가 자기론적 개념이라는 사실이다. 디에고 감베타(Diego Gambetta)는 이것을 다음과 같이 의미심장하게 표현하고 있다. "신뢰를 신뢰하고 불신을 불신하는 것이 합리적일 수 있다."[10]

신뢰가 어떻게 기능하는지를 알기 위해서는 신뢰를 신뢰해야 한다. 혹은

---

9 W. Leisner, "Rechtsstaat — ein Widerspruch in sich?," S.542.

10 D. Gambetta, *Trust*, S.7.

실생활과 관련하여 표현하면, 신뢰를 하는 사람만을 신뢰할 수 있다. 신뢰를 하지 않는 사람을 신뢰할 수는 없다. 그래서 이 가장 단순한 사회적 경험이 주는 교훈은, 신뢰가 신뢰할 만한 가치를 만들어낸다는 것이다. 따라서 여기서 중요한 것은 자기 충족적 예언(self-fulfilling prophecy)의 고전적 사례이다. 신뢰는 자기 자신을 전제하며 자기 스스로를 증명한다. 만약 신뢰를 하면, 그 사람은 자신의 행동반경을 확장한다. 다른 사람에게 불안전성 제거의 과업을 맡길 때 유연성도 생기는 것이다. 즉 상사가 예를 들면 자기 직원의 정보처리에 스스로를 믿고 맡길 때, 그의 행동반경이 유연해진다.

현대의 세계에서는 각자가 타인의 기대를 기대하고 있으며, 다른 사람이 다른 식으로 결단을 내릴 수도 있음을 다 알고 있다. 사회학자들은 이를 이중으로 2중의 우연성(doppelte Kontingenz)이라고 한다. 2중의 우연성의 문제는 따라서 더 많은 정보나 혹은 더 좋은 정보를 통해 해소되는 것이 아니다. 사회적 상황에서의 결단은 정보가 아니라 신뢰나 불신에서 기인하기 때문이다. 소위 말하는 유명한 죄수의 딜레마(Prisoner's Dilemma)는 얼핏 보기에 이러한 사태에서 유일하게 합리적인 결론을 이끌어내고 있다. 그러나 죄수의 딜레마가 죄수들끼리는 커뮤니케이션이 이루어지지 않는다는 것을 전제한다는 사실이 자명하다면, 훨씬 덜 불투명한 상황에 이른다. 그리고 정확히 여기서 우리는 우리의 테마를 설정할 수 있는데, 커뮤니케이션의 문제로서의 신뢰가 그것이다.

죄수의 딜레마와 관련된 논의에서 더 낙관주의적으로 변형된 해결책도 있는데, 그것은 이러한 모의 게임을 여러 번 반복할 가능성이다. 여기서는 신뢰가 시간을 필요로 한다는 중요한 통찰이 숨겨져 있다. 그리고 이것은 반대로 우리의 시간 경험의 구조에 대해 의미하는 것은 "미래란 신뢰할 수 없는 대상의 시간화"라는 것이다. 이것은 통계학에 의해 기술적으로 구체화되고 있다.

통계학은 신뢰의 과학적 수사학이다. 그것은 복잡성을 해소하고 상호 의존성을 중립화한다. 그 때문에 통계학은 미래와의 공개적인 교류를 위한 이상적인 작업 도구이다.

그리고 어떻게 그것이 다른 식으로도 가능할까? 현대의 역사학자들이 항상 반복해서 지적한 것은 일어날 일이 과거 있었던 일과는 별 관계가 없다는 것이다. 과거의 유래(Herkunft)로부터 미래(Zukunft)의 이와 같은 분리라는 현대에 특유한 현상이 지칭하는 것은 또한 신뢰되었던 것에서 신뢰를 분리하는 것이다. 바로 현대의 신뢰 소멸 때문에 더 많은 신뢰를 필요로 한다. 사회학자 셸스키는 이러한 보상 심리를 '신뢰성의 자기기만(Vertrautheitsselbsttäuschung)'이라고 불렀다. 따라서 안전성을 상실한 21세기는 불신(사르트, N. Sarraute)과 불안(오든, W. H. Auden)의 시대일 뿐 아니라, 또한 (후설에서 하버마스에 이르기까지) '생활세계'를 간절히 요청한 시대였다는 것이 결코 놀랍지 않다. 생활세계가 철학자들의 신뢰의 자기기만 — 즉 '생활세계라는 이름의 구명정(that lifeboat named the Lifeworld)'[11] — 이 아닌가 말하고 싶기조차 하다.

신뢰는 게다가 기만당할 수 있을 뿐 아니라 악용될 수도 있다. 그래서 기대의 확실성에 대한 요구뿐 아니라 기만에 따른 위안(Trost)에 대한 요구도 존재한다. 고프먼은 이를 자신의 논문[12]에서 멋지게 증명했다. 우리는 지금 우리가 다루는 테마에서 부수적으로 얻은 흥미 있는 결과를 여기서 심화시킬 수는 없지만, 이를 이론의 장에 편입시킬 수는 있다. 악용된 신뢰에서부터 아주 간단히 신뢰를 유도할 수 있을 것이다. 즉 정반대로 생각해보면, 신뢰는 불신의 부정에서 유래한다. 불신은 따라서 자신의 권리에 대한 하나의 태도이지,

---

11 W. Rasch, *Niklas Luhmann's Modernity*, S.3.

12 E. Goffman, "On Cooling the Mark Out," S.451ff 참조.

결코 단순히 신뢰의 결핍 형태는 아니다.

신뢰와 불신이 기능적인 등가물이라는 점이 사회학적으로 쉽게 지적될 수 있다. 신뢰와 마찬가지로 불신 역시 자기 충족적 예언으로 되는 경향인데, 다시 말해서 불신은 종종 불신 자체를 증명하는 원천으로 된다. 불신은 불신을 일깨우고 그렇게 해서 불신 자체를 증명한다. 이를 위해서는 신뢰를 테스트하는 것으로도 충분하다. 다시 말해서 자신의 불신을 자기 파괴적 예언으로서 기투하는 한에서는, 그 반대 역시 똑같이 가능하다. 즉 남을 불신하는 사람은 따라서 신뢰할 만한 가치가 있는 타인의 행위조차도 그 자신이 이전부터 그를 불신한 사전예방의 결과로 나타난 것이라고 생각한다.

이미 살펴본 바와 같이, 바로 불신이 매우 유연한 사회적 사용을 허용하고 있다. 나이브한 사용이 적대자의 이미지를 생산한다. 현대사회와의 바로 그런 경험 때문에 우리는 불신에서 발생하는 적군/아군 구분이 '분절적(segmentär)'인 사회[사회가 기능적으로 분화되지 않고 동등한 부분체계(예, 혈통, 부락)로 분화된 형태]에, 다시 말해서 전 현대적 사회에 해당된다는 것을 통찰할 수 있게 된다. 불신은 적뿐 아니라 새로움도 생산한다. 지적인 불신의 시각에서는 적들이 마스크를 끼고 위장한 아군으로 변신하는데, 우리는 그들로부터 배울 수 있다. 다른 말로 하면 혁신은 신뢰받던 것에 대한 불신을 전제한다.

지적인 불신은 새로움의 발견에서뿐 아니라 기존하는 것의 공고화에도 필수적이다. 통제는 신뢰의 불신이다. 그러나 그 뒤에는 또 다시 체계 신뢰가 자리 잡고 있는데, 사이버네틱적 의미에서 이해되는 체계란 통제의 통제이기 때문이다.[13] 신뢰의 통제, 다시 말해서 제도화된 불신은 우리가 또 다시 신뢰

---

13 R. Glanville, *Objekte*, S. 202~209.

해야만 하는 하나의 전문성이다. 이러한 탈인격화된 불신은 조직체로서는 포기하기가 불가능하다. 그리고 모든 사람은 이러한 통제의 불신이 기능하는데 대해 신뢰하고 있다.

불신에 대한 신뢰, 이것은 물론 신뢰를 신뢰하고 불신을 불신하는 것이 합리적이라는 우리의 자기론적 출발점에 상충된다. 그러나 우리는 여기서 고도로 인위적인 특수 상황 — 즉 조직적 통제 — 과 관계해야 한다. 통제라는 측면에서는 그러나 불신하는 사람만이 자신의 행위 유희 공간을 확장할 수 있다는 것이 타당하다. 그리고 이것은 이제 정반대로 다음과 같은 사실을 말한다. 즉 "불신하는 사람은 더 많은 정보를 필요로 하고 동시에 자신이 의지하려고 하는 정보를 감축시킨다. 그는 점점 더 적은 정보에 더 강력하게 의존하게 된다."[14] 이러한 연관관계는 인터넷시대에 '데이터 보호'나 '암호 체계' 등과 같은 테마와 관련해볼 때 현실화된다. 여기서 중요한 것은 새로운 미디어 조건 아래서의 비밀, 의혹 그리고 불신이다. 데이터 보호라는 점에서 예민함이 종종 편집증이라는 극단으로 치닫곤 하는 이유가 무엇인지를 편견 없는 관찰자라면 한 번쯤 물을 것이다. "우리가 신뢰하는 인간과 사회적 제도는 이를 통해 상징 복합체로 되고, 이 복합체는 특히 훼방에 대해 민감하여 말하자면 모든 사건을 신뢰의 문제라는 시각에서 기록한다."[15] 그 문제는 따라서 서로 사랑하는 연인들의 문제점과 비슷하다.

사회학자와 경제학자 사이에서 신뢰라는 테마가 유행하고 있다. 앤서니 기든스(Anthony Giddens)는 심지어 '능동적 신뢰(active trust)'라는 것에 의해 이끌려지는 감정의 민주주의라는 것에 관해 열중하고 있다. 그는 "그 자신의 정

---

14 N. Luhmann, *Vertrauen*, S.79.
15 같은 책, S.30.

서적 화장술(Kosmetik)을 잘 이해하고 어떤 개인적 기초에 관해 타인과 효과적으로 커뮤니케이션할 수 있는 개인은 시민으로서의 폭넓은 과업과 책임에 부응할 준비가 된 사람일 것이다"[16]라고 한다. 이러한 감상주의적인 사회민주주의 이론은 감정이 민주주의를 위한 기초라는 것을 불신하는(!) 더 냉철한 관찰자에게는 불가피하게 어쨌든 도대체 어떻게 신뢰가 다르게 기초를 이룰 수 있겠는가라는 의문이 들도록 한다.

이제 현대사회에서는 신뢰가 없이는 아무것도 안 되지만, 이 사회가 고도로 복잡하기 때문에 더 이상 인격적 신뢰로는 안 되고, 단지 체계 신뢰만이 가능하다. 체계 신뢰는 추상적이며, 모든 구체적 기만을 참아낸다. 이제 이러한 토대 위에서 우리는 세계의 우연성을 참을 수 있게 된다. 그리고 체계 신뢰가 움츠러들 때에야 비로소 다시 가까운 사람끼리의 지역 공동체 ― 가령 오늘날 인터넷 커뮤니티 ― 를 염원한다.

그런데 체계 신뢰는 현대사회에서 어떻게 생성되는가? 특히 '가담하지 않는 가담'[17]이라는 홍보성 도식을 통해 사회에 대한 일종의 근본 신뢰를 창출하는 매스미디어가 있다. 텔레비전, 라디오, 인쇄미디어는 세상사에 대해 직접 부딪치지 않은 상태에서도 함께 체험하는 것을 가능케 하는데, 이러한 체험에서는 매스미디어의 수용자가 기술적으로는 완전히 수동적인 위치에 있지만 원칙적으로 모든 것에 접근 가능하다. 센세이션에 대한 흥미, 호기심 그리고 폭로에 대한 쾌락이 지속적으로 제공된다. 달리 말해서 매스미디어는 불신을 자아내는 비밀 엄수를 부정한다. 가령 독일 기민당(CDU)의 불법 정치자금에 대한 경마 중계식 미디어 보도를 한번 상기해보라. 이것을 간단히 표

---

16 A. Giddens, *Beyond Left and Right*, S.16.

17 N. Luhmann, *Legitimation durch Verfahren*, S.123.

현하면, 매스미디어가 세계 신뢰를 창출한다.

그런데 우리의 사회적 체계들의 다른 미디어도 체계 신뢰와 더불어 움직인다. 원칙적으로 볼 때, "사회체계들(Gesellschaftssysteme)에 도입된 미디어는 신뢰와 타인의 신뢰에 대한 신뢰를 강요하고, 바로 그 때문에 그것은 미디어에 의한 인플레이션도 견뎌낸다."[18] 인격체에 대한 신뢰가 체계 신뢰로 대체되는 현대 특유의 양상을 보여주는 특별히 인상적인 사례가 화폐경제이다. 세상의 그물에 걸리지 않기 위해서는 돈을 가지는 것으로 충분하다. "지불능력이 정보를 절약한다"[19][돈이 충분하면 정보를 많이 필요로 하지 않는다는 말]. 여기서 체계 신뢰는 **확신**(confidence)인데, 다시 말해서 의식적인 대안이 없음이다. 그러나 그것은 맹목적이지도 비합리적이지도 않다. 오히려 중요한 것은 또 다시 디에고 감베타가 말한 의미에서 (타인의) 신뢰에 대한 신뢰의 합리성에이다. "돈에 대한 확신의 합리적 근거는 다른 사람도 돈에 대해 확신하고 있다는 것이다."[20]

신뢰는 이런 식으로 현대사회에 체계적으로 이식된다. 사람들은 신용(Kredit)으로 살게 되는데, 반드시 경제영역에서만 그런 것이 아니다. 이미 100년 전에 게오르크 짐멜(Georg Simmel)은 이러한 일반화된 의미에서 현대적 삶의 신용경제에 관해 거론했다. 우리는 다른 사람들에 의해 사기당하지 않을 것이라는 것을 신뢰해야 한다. 왜냐하면 우리는 타인에 대해 전혀 충분한 정보를 가지고 있지 않기 때문이다. "완벽하게 아는 사람은 신뢰를 할 필요가 없고, 완전히 무지한 사람은 당연히 결코 신뢰할 수 없다."[21]

---

18 N. Luhmann, *Die Gesellschaft der Gesellschaft*, S. 385f.

19 N. Luhmann, *Vertrauen*, S. 54.

20 T. Parsons, "Some Reflections on the Place of Force in Social Process," S. 45.

21 G. Simmel, *Soziologie*, S. 263과 S. 260 참조.

엔지니어나 기술자, 그리고 소프트웨어 전문가들은 프로그램의 세계를 구축하고 있다. 여기서는 문제에 대한 완전한 합의가 이루어지며, 우리는 완벽한 지식을 지니고 있다. 따라서 우리는 모든 문제를 기술적 계산의 형태로 바꿀 수 있다. 그러나 리스크의 세계는 이와는 완전히 다른 것처럼 보인다. 리스크 사회에서 우리는 결코 충분히 알지 못하며, 그 때문에 항상 결단들의 결과에 대해서는 미합의 상태이다. 우리는 이러한 경험을 일반화시켜 다음과 같이 말할 수 있다. 즉, 리스크 문제에서는 아무도 확실할 수 없다. 피터 버거(Peter L. Berger)는 이러한 맥락에서 '더 불안전한 것의 세상'에 관해 말한 적이 있다.

오늘날 숫자에다 안전을 걸고자 하는 사람은, 더 안전한 것보다는 더 불안전한 것을 택해야 한다. 달리 말하면, 우리는 불안전성 속에서 더 안전한 스타일을 키울 수 있다. 그러면 어떻게 우리는 더 안전하게 불안전성을 처리할 수 있을까? 분명히 우리 현대사회는 단지 여전히 순환하는 불안전성을 통해서 안전성에 도달할 수 있다. 전문가의 감정평가마다 그 반대의 감정평가가 병존한다. 이것은 관찰자에게 전문가 지배의 인상을 전달한다. 왜냐하면 전문가들은 불안전성의 관리자이기 때문이다. 그들은 우리가 전문적인 정보 수요에서 전문가에게 종속되는 문제를 구현하고 있기 때문이다. 신뢰는 "정보 교환의 기초로서, 몇몇 사람은 그 기초 위에서 다른 사람이 알 필요가 있는 중요한 것들을 안다."[22] 오늘날 그 문제는 특히 인터넷에서 절박하게 제기된다.

---

22 J. G. March, *The Pursuit of Organizational Intelligence*, S.360. 전문가들은 리스크 사회의 디자이너들이다. 즉 기술이 불안을 몰아낼 때 전문가의 역할이 중요시되어야 한다. 이와 관련하여 아이러니하게 리스크 전문가에 대해 전문가가 언급한 것을 보면, "이 정책에 대해 전문가와 대중 사이의 갭은 대중이 전문가들에게 동의하도록 교육시킴으로써 메워질 수 있다"(Ch. Perrow, *Complex Organizations*, S.153)는 것이다. 지식사회

인터넷에서는 **신뢰받는 제3자**가 네트워크에서 일종의 품질검사(QC)를 수행한다. 사용자는 '제3자'의 조직화된 불신을 신뢰한다. 그럼으로써 우리는 전문가들의 핸디캡과 감정평가로부터 독립적으로 된다.

물론 우리 모두는 인터넷에서도 끊임없이 신뢰의 모험을 감행해야 한다. 비행기 탑승에서, 병원 침상에서, 집수리에서 혹은 자본 투자에서와 마찬가지로. 우리는 끊임없이 불투명성 속에서 살고 있는데, 이러한 불투명한 상황에서 우리는 다른 사람, 즉 비행기 조종사, 수술 집도의사, 수리공, 투자 자문가 등에게 우리 자신을 담보하는 진단을 내리도록 허용한다. 이런 사람들은 그들이 무엇을 하는지를 확실히 알 것이다. 그래서 현대의 삶은 우리에게 신뢰를 통해 점증하는 무지에 대한 보상을 강요한다. 사회가 복잡하면 복잡할수록 불충분한 정보나 타인이 처리하는 정보를 바탕으로 결정할 수밖에 없는 ─ 즉 신뢰를 할 수밖에 없는, 다시 말해서 정보처리를 인격화하는 데 의존할 수밖에 없는 ─ 그런 불가피성은 점점 더 커진다.

사회학자들은 이러한 테마를 '불확실성의 흡수(uncertainty absorption)'라는 주제로 토론하고 있다. 사람들은 타인의 정보처리에 의존한다. 정상적 사태에서라면 비판을 위한 시간이 부족하다. 단지 권위에 굴복하기 때문만이 아니라, 바로 이러한 이유 때문에 전문가의 지식이 원칙적으로 과대평가된다. 그리고 바로 그 때문에 전문가의 자기 신뢰에 대한 신뢰가 또한 파국적으로 폭발할 수 있다. 다시 말해서 누군가(결정의 해당자)가 다른 사람들(결정을 내

의 관리경영 문제에 관해 통찰력 있는 선견지명은 다음과 같이 정확히 이야기하고 있다. "우리가 자원의 분배를 위해 우리 자신이 기대고 있는 정보들에 관한 정보가 참인지 거짓인지를 알 수 있는 방법은 더 이상 존재하지 않는다. 그러나 그것은 별로 중요한 문제는 아니다. 중요한 것은 정보가 명성이 있는 소스에서 나왔냐는 것이다"(Joseph Heller, *Something Happened*, S.34).

리는 사람)이 리스크로 다루는 것을 위해(Gefahr)로 인지하자마자, 전문가에 대한 그의 신뢰는 사라진다. 그렇게 해서 생성되는 불신을 커뮤니케이션을 통해 제거하려는 것은 따라서 불가능한데, 왜냐하면 결정을 내리는 사람이나 그에 해당되는 당사자가 똑같은 상황을 서로 다른 차이로 관찰하기 때문이다. 타인의 결정에 자신이 해당되는가는 예측 불가능하기 때문에, 전체를 신뢰의 사태로 다루는 것은 배제된다. 따라서 신뢰/불신 형식이 그러한 경우에는 '저항(Protest)'으로 대체된다[가령 2008년 여름 광우병 시위].

'더 나은' 정보의 준비라는 의미에서의 커뮤니케이션은 여기에서 그 어떤 것도 마련할 수 없다. 오히려 그 반대이다. 왜냐하면 확실한 것은 정보적이지 않기 때문이다. 그리고 정보적인 것은 확실하지 않다. "추측하건대 더 나은 정보를 얻으려는 소망 역시 오히려 신뢰를 얻으려는 수단으로, 점증하는 신뢰 상실의 징후이다."[23] 이 문제는 다음과 같이 표현할 수 있다. 정보가 많으면 많을수록 더 적게 수용된다. 가령 PVC산업과 원자력발전 사업자의 예에서 이것이 증명된다. 가령 찰스 리드비터(Charles Leadbeater)는 다른 문제들에서는 흔히 빠지기 쉬운 공동체주의적 순진함에 빠지지 않았지만, 그가 유독 이 자유롭게 접근 가능한 정보[이른바 집단지성]에서 현대적인 신뢰가 성장하는 것이라고 믿는 것은 순진한 것이다.

인터넷 문화는 정보 브로커, 지식 매니저, 상징 분석적 서비스 매니저 등 '신뢰받는 제3자'의 전문가 지배를 장려하지만, 동시에 이를 파괴하기도 한다. 왜냐하면 컴퓨터에 기초한 지식 체계는 전문가의 권위를 타파하기 때문이다. 우리는 전문가의 진술을 이제는 쉽게 검증할 수 있다. 가령 갑자기 환자가 치료 가능성에 대해서 의사와 토론하기 시작한다. 그러면 가정의를 신

---

23 N. Luhmann, *Soziologie des Risikos*, S.165.

뢰해야 할까, 아니면 데이터뱅크를 신뢰해야 할까? 우리 테마와 관련해볼 때 이것이 의미하는 바는, 지식의 신빙성을 보증하는 데 지위와 권위의 위력이 점점 덜 발휘될수록 사회는 점점 더 많은 신뢰를 요구한다는 것이다.

그리고 바로 인터넷에서 지식의 신빙성의 문제가 첨예하게 제기된다. 그래서 우리 문화는 이미 오래전에 진리를 포기한 듯하다. 진리 대신에 신뢰가 정보 소스의 경쟁장으로 진출했다. 인터넷은 점점 더 전문가의 권위가 지식의 주식시장에서 네트워킹되는 수많은 '일상의 전문가'의 열광적 집단지성으로 대체되고 있다. 그것이 **이해관계 공동체, 즉 유사한 사람들로 모인 그룹**[24]의 아고라이다. 그들은 상품들과 서비스 용역 그리고 이벤트를 비판한다. 그리하여 이러한 비판적인 견해가 소비자 비판의 상품으로서 진열된다. 그래서 만프레드 드보르샤크(Manfred Dworschak)가 '의견을 내는 즐거움의 한마당'이라고 멋지게 기술한 '신뢰의 웹'이 형성된다.[25]

이 자리에서 다시 한 번 강조하고 싶은 것은, 신뢰가 결코 '감정에 어울리는' 비합리적 행태가 아니라 그 자체로 현대적인 '제한된 합리성에'[26]의 표현이라는 것이다. 고도로 복잡한 세계에서는 대다수에게 알리는 것이 합리적이다. 지식의 가치가 반감되는 시간이 짧으면 짧을수록 변화하는 지식을 멈추려는 시도가 점점 더 의미 없게 된다. 합리성에 대한 추구는 하나의 합리적인 중단 규칙을 필요로 한다. 무식, 즉 비(非)지식의 의지는 여기서 합리적인 행태가 될 수 있다. 그런 한에서 개개인은 "미지의 것에 대해 일괄적으로 부여

24 D. Bell, *The Coming of Post-Industrial Society*의 1999년도 판 서문 참조.
25 M. Dworschak, "Jahrmarkt der Meinungsfreude," S.266ff. 이러한 토대에서 기업체들은 소비자의 전문적 감정을 채취할 수 있다. "모든 지식은 열광적인 팬들에게 모인다"(K. Kelly, *New Rules for the New Economy*, S.132).
26 H. Simon, *Reason in Human Affairs*, S.19f.

된 신뢰와 그리고 자신의 좀 더 특별한 생활 상태에 따라 비중 있는 몇 가지 정보"[27]를 가지고 변통해야 한다.

현대사회에서는 각자가 타인의 정보처리에 의존하고 있다. 거의 항상 우리는 스스로 아는 것이 아니고, 단지 누가 아는지만 알고 있다. 그리고 대개 그것으로 충분하다. 이에 덧붙여 신뢰의 메커니즘은, 정보를 과거로부터 호출하여 그것으로써 미래를 규정하면서 세계의 복잡성을 축소시킨다고 할 수 있다. 생활의 안전성은 따라서 가능한 또 다른 정보의 포기를 통해 생성된다. 그런 점에서 신뢰에 대한 그 어떤 '근거(Grund)'도 존재하지 않는다. 신뢰는 항상 하나의 위험한 사전 조치의 실행이다. 신뢰는 정보에 대한 결핍을 초월한다. 그리고 우리는 그 반대로 이야기할 수 있다. 즉 근거가 많이 존재할수록 신뢰는 점점 더 쓸모없게 된다.

특히 전략적 행위에서는 정보의 역할이 일반적으로 추측하는 것보다 훨씬 더 경미하다. 결단은 '일관성이 없는 취사선택의 생태학'이라는 것에서 연유하며, 이 취사선택에서 신뢰가 결정적인 역할을 수행한다. "갈등체계에서는, 동맹을 맺는 것이 시간을 초월하여 이해를 결합한다. 사실상 합의는 좀처럼 정밀하게 특성화될 수 없다. 합의는 정밀한 계약의 세계가 아니라 비공식적이고 느슨한 이해와 기대의 세계이다."[28] 그리고 경제의 세계에서 우리는 바로 이런 상황에 처해 있다.

경제는 주지하다시피 적대나 토론의 세계가 아니라, 교환과 협동의 세계이다. 여기서 문제가 되는 신뢰의 종류는, 어떤 사람이 자신이 말한 약속을 어떻게 지키는지를 경험할 때, 학습된다. "두 사람이 서로를 신뢰할 때 그들이 서로

---

27 N. Luhmann, *Rechtssoziologie*, S. 254.

28 J. G. March, *The Pursuit of Organizational Intelligence*, S. 31.

의존적으로 협동할 가능성이 얼마인가에 대해 결정을 내릴 것이다."[29] 이러한 통찰은 물론 시장의 역사만큼이나 오래된 것이다. 우리가 흥미 있는 것은, 과연 현대에 특유한 어떠한 커뮤니케이션 문제가 경제에서 신뢰를 설정하느냐이다.

이미 언급했던 죄수의 딜레마가 정치가와 기업가에게 던져주는 교훈 중 하나는, 비(非)제로섬 게임에서는 협동하는 것이 철저히 합리적이라는 것이다. 이것은 우리의 테마와 직접적으로 연결된다. 왜냐하면 신뢰가 없는 협동이란 있을 수 없기 때문이다. 다시 말해서 협동이라면 어떤 사전에 이루어지는 조치들을 요구하는데, 이는 신뢰를 전제로 한다. 이러한 사태는 정확히 신뢰받는 형태의 조직체(강한 결속)가 새로운 미디어에 의해 촉진된 형태의 네트워크(좀 더 느슨한 결속)에 의해 도전받을 때는 바로 그 순간에 결정적인 의미를 지닌다. 우리 사회 도처에서 우리는 회원 가입에 의존하는 조직체가 설 자리를 잃고 있으며 신뢰를 바탕으로 하는 네트워크로 대체되고 있음을 관찰한다. 바로 인터넷 경제에서 우리가 확인할 수 있는 것은, 그러한 네트워크가 일단은 조직체의 기생물로 형성된 연후에는 결국 시장과 위계질서 사이의 아주 효과적인 잡종교배로서 확고히 정착되고 있다는 것이다.

이것은 지도자로서의 과업을 지니고 있는 모든 사람에게 사고방식을 바꿀 것을 강요한다. 정상적인 위계적 조직체에서는 신뢰의 문제에 대해 여전히 답변할 수 있었다. 즉 지도자는 추종자를 거느리고 있었고, 그는 추종자의 눈으로 보기에는 신뢰를 얻었기 때문이다. 명령과 구조적 비대칭의 낙원에서 우리는 오래전에 추방되었다. 현대의 경제에 전형적이고 복잡한 체계는 그 속도를 느낄 수 있을 정도로 감속하지 않고서는 위계적으로 통제될 수 없다. 우리는 우리가 서명해야 하는 그 모든 것을 다 검사해볼 수는 없다. 때문에 조직을 이

---

29 Ch. Leadbeater, *Living on Thin Air*, S.151.

끄는 지도자는 신뢰의 리스크를 감행해야 한다. 그리고 그 어떤 다른 것도 타고난 지도자에게 더 무겁게 부과되는 것은 없을 것이다. "신뢰는 우리가 좌절당할지도 모르는 리스크가 있을 때는 다른 사람에 대한 우리의 의존과 결부된다. 만약 우리가 다른 사람을 신뢰한다면, 우리는 그 사람에 대해 자발적으로 된다."[30] 신뢰하는 사람은 스스로를 무방비 상태로 노출시키는 사람이다.

e-비즈니스 매거진《패스트 컴퍼니(Fast Company)》의 설립자 앨런 베버(Alan Weber)는 다음과 같이 회고했다. "신경제는 테크놀로지와 더불어 시작해서 신뢰와 더불어 끝나고 있다." 신뢰가 점점 더 중요해지고, 그와 동시에 점점 더 신뢰를 창출하기가 어려워진다.[31] 첫째, 도대체 어떻게 신뢰가 점점 더 단기화되는 관계 속에서 성장할 수 있을까? 둘째, 어떻게 신뢰를 지식과 서비스가 집적된 생산품으로 발전시킬 수 있을까?(물론 그러한 생산품에 특징적인 것은 우리가 그것을 사전에 테스트 할 수 없다는 것이다.) 단지 기업의 컨설팅 전문가나 상담자를 한번 생각해보라. 여기서 고객은 자신을 분명히 전적으로 '상표(마크)'에 맡겨야 한다. 우리는 따라서 미래에는 상표가 전 현대적인 사회에서 가치가 행했던 것과 같은 기능을 경제에 대해 행사하고 있다고 추측할 수 있다.[32]

---

30 같은 책, S.158.

31 K. Kelly, *New Rules for the New Economy*, S.133. "신뢰는 특별한 자질이다. 그것은 돈으로 살 수 없다. 그것은 다운로드받을 수도 없다. 그것은 즉흥적일 수도 없으며, 즉흥적인 문화에서는 깜짝 놀랄 만한 사실이다."

32 물론 — 정치적 공평성의 관점에서 보면 — 가치의 포기 불가능성, 어떤 가치 공동체의 동요 불가능성에도 집착하면 신뢰를 현대사회의 전 현대적 보충물이라고 설교할 수 있다. 가령 F. Fukuyama, *Trust*, S.336 참조. "재산권, 계약 그리고 상법은 현대의 시장 지향적 경제 체계의 창출을 위해 필수불가결한 제도이다. 그러나 만약 그런 제도가 사회적 자본과 신뢰에 의해 보충된다면 처리 비용을 실체적으로 경제화하는 것이 가능하다. 신뢰는 따라서 공유하는 도덕규범이나 가치에 선행하는 공동체의 산물이다." 또한 이것은 신뢰를 신뢰하는 하나의 방식이다. 과학적 관찰은 아마 여기서 불신으로부터 더 도

지식의 리스크

계몽주의는 현대의 세계에 끊임없이 풀어야 할 하나의 문제를 선물로 주었다. 즉 지식의 신빙성을 지위와 권위가 점점 덜 보증할수록 사회는 점점 더 신뢰를 필요로 한다. 이러한 신빙성의 문제는 이제 인터넷시대에 극적으로 첨예화되었다. 오늘날 온라인에 접속하는 사람이라면 그 어떠한 통제도 존재하지 않는 어떤 정보의 아나키 상태에 처하게 된다. 도움이 되는 지식과 편집광은 여기서 평화로운 공존 속에서 서로의 성장을 촉진시킨다. 그리고 현대의 인간에게는 아주 자명하게 커뮤니케이션 지각이 세계 지각을 대신하기 때문에, 우리는 또한 더 이상 자력으로는 미디어에 의해 제공된 정보를 '현실'에 맞추어 측량할 수 없다. 미디어의 배후에서 현실이라는 것이 도대체 어디에 존재하는가? 물론 우리는 지식의 신빙성 문제에 대한 해결책을 발견했다. 우리는 주간지 《슈피겔》을 읽으면서도 일간지 《프랑크푸르트알게마이네차이퉁(Frankfurtalgemeinezeitung)》도 읽으며, 라디오를 들으면서도 텔레비전 종합뉴스를 또 본다. 혹은 그것을 과학적으로 적나라하게 그러나 정확히 말하면, 우리는 중복되는 과잉(Redundanz)을 통해 신뢰성에 도달한다. 정보 소스의 경쟁 속에서 우리는 우리가 알게 되는 것을 신뢰하게 된다.

따라서 신뢰가 없이는 아무것도 안 된다. 신뢰가 기만당할 수 있다. 미디어 테크닉이 완벽해지면 완벽해질수록 우리가 세계 경험이라고 부르는 넓은 보덴 호수 빙판 위에서의 승마는 점점 더 위험해진다. 그 때문에 우리 문화는 오늘날 시뮬레이션/진품성(Simulation/Authentizität)이라는 구분에 현혹당하고 있다. 미디어가 연출력을 통해서 현실에 점점 더 깊이 침투하고 있다는 것을

움을 많이 받는 듯하다.

모두가 느끼기 때문에, '진짜로 현실적인 것'[33]에 대한 동경은 증가한다. 물론 이것은 미디어에 의해서도 충족되고 있다. 이것은 소위 말하는 리얼리티 TV, 쇼킹 다큐멘터리 그리고 〈빅 브라더(Big Brother)〉와 같은 모험 - TV 프로그램이 거둔 성공의 간단한 비밀이다. 즉 시뮬레이션의 세계에서는 리얼한 것이 강박증이 된다.

이제 조작의 역사는 미디어 자체의 역사만큼이나 오래된 것이다. 그러나 디지털의 튜링 - 은하계(Turing-Galaxy)에서는 그 문제가 구텐베르크 - 은하계에서와는 아주 다른 방식으로 제기된다. 위조는 전부터 이미 존재했으나, 디지털은 아무 흔적도 남기지 않는 위조의 영역이다. 여기서는 진품인지를 판독할 표시가 없다. 만약 백악관이 어떤 생방송 뉴스의 배경화면으로 쓰기에 너무 크게 나오면, 주저할 것 없이 컴퓨터 영상에서 빼낼 수도 있다. 미국 CBS 방송사가 뉴욕 타임 스퀘어 광장을 방송하려고 하는데, 만약 그 광장에 설치된 경쟁사 NBC의 거대한 광고탑 로고가 화면에서 눈에 거슬리면, 그것을 간단하게 자기 방송사의 로고로 대체하기도 한다. 디지털 조작이 이것을 가능케 하는데, 그러면서도 라이브(Live) 화면이라고 한다. 한 비평가는 이것을 가리켜 '정직하지 못한 컴퓨터 트릭'[34]이라고 혹평했다. 이러한 표현은 정확한 것이기는 하지만 무의미하다. 비록 정직하지는 못하지만, 디지털 영상의 원칙이 그렇다.

화면의 정직성에 대한 믿음은 촬영 기술의 테크닉으로 소급되는데, 그 기술을 발명한 폭스 탈보트(Fox Talbott)는 이것을 '자연의 연필'[35]이라고 불렀다. 자연은 자신을 기록한다, 사진으로. 디지털 영상 기술은 이와 같은 신뢰

---

33 과거 이것은 종교의 영역이었다. C. Geertz, *The Interpretation of Cultures*, S.112 참조. 종교적 전망은 '진짜 현실적인 것의 의미'를 조건지우고 강화한다고 한다.

34 *Die Woche*, 2000년 2월 11일자

35 이에 관해서는 N. Bolz, "Das grosse stille Bild im Medienverbund" 참조.

의 바탕을 박탈해버렸다. 이제 모든 영상은 단지 계산의 결과물이다. 이러한 사태는 아마 단지 세 가지 반응 형식만을 허용한다. 하이테크 편집광 환자는 미디어 현실이 세계 강대국에 의해 보급된 민중을 위한 아편이라는 거대한 음모론을 제기한다. 실용주의자는 조작을 새로운 정상성으로 받아들이고, '미디어 사용 능력'이라는 말이 있듯이, 스스로 그런 상태에 능동적으로 참여하려고 한다. 그리고 포스트모던한 사람은 우리 세계 영상의 기술적 조작 가능성의 경험을 적극적으로 해석하는데, 시뮬레이션 테크닉이 현실이라는 우상으로부터 해방을 가져온다고 본다.

확실한 것은 정보적이지 않다. 정보적인 것은 확실하지 않다. 그리고 그 때문에 정보가 많으면 많을수록 더 적게 수용된다는 것이 타당하다. 정보의 홍수는 불안전성을 증가시킨다. 그리고 동시에 각각의 고유한 의견의 정당성도 증가된다. 전문가마다의 감정평가에는 그 반대의 감정평가도 병존한다. 그리고 우리는 우리가 신뢰하고 싶어 하는 사람이 누구인지 항상 다시 결단을 내려야 한다. 결단을 내리는 것은 우리가 수용하는 것보다 더 많은 정보를 계속 공급하는 것을 말한다. 우리는 정보가 충분하지 않기 때문에 결단을 내려야 한다. 다시 말해서 거의 모든 삶의 상황에서 충분한 정보를 가지고 일을 처리한다는 것은 비용도 많이 들뿐더러 시간도 낭비하는 것이다.

정보에는 어느 정도 비용이 드는데, 단지 돈뿐 아니라 특히 시간도 소모된다. 이처럼 정보에는 비싼 대가를 치르기 때문에 항상 불완전하다. 단지 시간을 과잉상태로 가지고 있는 사람만이 모든 정보를 자기 스스로 찾을 수 있다. 이와는 반대로 주기적으로 시간의 희소성 때문에 고생하는 사람이라면 정보의 문제를 타인에게 위임해서 해결해야 한다. 그런 점에서 우리는 사회적 '계급 귀속성'을 오늘날 시간 사용에서 매우 손쉽게 간파할 수 있다. 시간이 존재이기 때문이다. 그 때문에 시간이 매매되는 시장보다 더 팽팽한 긴장이 감도는 시장은 없다. 근본적으로 우리는 서비스를 치르고 시간을 구매한다. 그리고 현재 붐을 이루고 있는 자문회사나 컨설턴트는 시간에 따라 그 가치가 달리 매겨지는 정보 시간(Informationzeit)을 판매한다. 이런 시장은 그 때문에 너무나도 매력적인데, 왜냐하면 정보를 생산하는 것은 점점 더 비싸지고 그것을 재생산하는 것은 점점 더 값싸지기 때문이다.[36]

작가 엔첸스베르거(H. M. Enzensberger)는 《슈피겔》에 기고한 에세이에서 인터넷 문화에 관해 "우리는 점점 더 많이 점점 더 적게 주목할 수 있다"고 언급한 바 있다. 이것은 이미 포스트산업사회에 관한 다니엘 벨(Daniel Bell)의 위대한 저서에서 관철되는 "우리가 많이 알면 알수록 더 적게 안다"[37]라는 역설을 새롭게 표현한 것이다. 우리가 이해는 못하지만 그러나 사용은 해야만 하는 그런 지식이 증가하고 있다. 내가 아는 지식이 증가하기는 하지만, 내가 모르는 것도 그 이상으로 증가하고 있다. 이러한 극도로 현대적인 상태는 아

---

36 이 문제에 대해 근본적인 해결책이 두 가지 존재한다. 첫째, 우리는 하나의 똑같은 정보를 시간적으로 연속하는 '후속'의 상품으로 제공함으로써 같은 정보를 여러 개로 세분화할 수 있다. 즉 먼저 영화관에서 하나의 새로운 블록버스터 영화가 개봉되면, 그다음에 그것을 가정용 비디오로 판매하고 그리고 나서 유료 채널(Pay-TV)에서 방영하며, 맨 마지막에는 일반 공중파 등의 무료 채널에서 방영한다. 둘째, 각각의 정보는 고객의 주의 집중력을 소비하기 때문에, 정보의 풍부함은 주의력의 빈곤화를 초래한다. 모든 것이 그 때문에 다음과 같은 질문을 주변으로 맴돈다. 어떻게 내가 고객의 주의력을 끌어올 수 있을까? 인터넷업체에서 내리는 해답은 "경품을 통해서"이다. 일단은 기본적인 제품을 경품으로 무료 제공한 후 추가되는 비싼 제품은 판매를 통해 이윤을 남기는 전략이다. 개별적인 정보 관심자에게는 안 알려진 고객 확보 비용에 관해서는 Ch. Perrow, *Complex Organizations*, S.122 참조. "'만족을 시키는' 행위는, 어떤 사람이 고객 확보 비용을 고려할 때, 실제로 극대화시키는 행위이다."

37 D. Bell, *The Coming of Post-Industrial Society*, S.468과 H. M. Enzensberger, "Das digitale Evangelium," S.97.

마도 "우리는 ~을 할 수도 있을 텐데"라는 표현으로 가장 적절하게 성격을 드러낼 수 있다. 점증하는 무지의 추세에 대해 어떤 보상이 있을 때에는 그것이 참을 만하다. 그 때문에 옛 사람의 '지혜'가 또 다시 호경기를 구가하고 있다. 즉 경영자를 위한 공자님 말씀, 여성을 위한 마키아벨리, 괴테의 명언이 들어가 있는 날짜별로 넘기는 일력 등.

지식은 결코 소진되지 않는 자원이다. 그것은 사용을 통해 신기하게도 그 양이 증대된다. 그 누구도 이러한 지식 폭발의 추세를 거스를 수 없다. 라이프니츠(G. W. Leibniz)는 아직은 좋은 의미에서 '세계 지식'라는 것을 상정할 수 있었던 아마도 마지막 인물이었을 것이다. 그 이후로는 노동분업과 병행하여 지식분업이 존재하기 때문이다. 그러나 이것은 '이성'과 그 철학적 전사의 신경을 거슬리게 한다. 지식분업 때문에 다시 말해서 저마다의 지식은 어떤 특정한 것은 볼 수 없도록 한다. 이처럼 맹목으로 만드는 눈가리개가 없으면 안 되는데, 우리는 언제든지 그 눈가리개를 유연하게 형상화하려고 할 수 있다. 이것은 대학교육을 성공적으로 마치고 자신이 배운 학문을 그저 단순히 직업과 관련지으려 할 뿐 아니라 그의 지식을 실제에 적용시키려고 하는 그런 사람에게는 고통스럽게 의식된다. 사회학자 루만은 그 때문에 '지식 전유에서 직업 리스크 준비'[38]에 관해 언급했다.

인간이 오늘날 알고 있는 지식은 리스크를 안고 있는 모험적인 선택의 진짜 우연적인 결과물이다. 휴머니즘적 의미에서의 '교육'은 이것과 더 이상 아무 관련이 없다. 시장은 교양교육 대신 학습의 학습을 요구하고 있다. 그러나 이러한 문제의식은 이미 200년 전부터, 다시 말해서 그 표현을 강하게 부각시켰던 교육철학자 슐라이어마허(F. Schleiermacher)에서부터 지녀왔다. 현대의

---

38 N. Luhmann, *Universität als Milieu*, S.85.

세계에서 우리는 더 이상 삶을 위해 배울 수 없으며, 대신 많이 배우면 배울수록 아직도 더 많이 배워야 한다는 근본적인 경험을 하고 있다. 토마스 만(Thomas Mann)은 소설 『닥터 파우스트(Doktor Faustus)』에서 끊임없는 학습 준비의 이러한 기대를 다음과 같이 멋지게 정의하고 있다. "선취하는 학습, 광범위한 단계의 무지를 극복한 배움."[39]

오늘날 지식이 불안정하며 지식의 가치가 반감되는 시간이 점점 짧아지고 있다는 것은 계몽주의의 이성에게는 하나의 스캔들이며, 교육정책에서는 화나는 일이다. 계몽주의와 교육정책은 망연자실한 상태이다. 더 분명하게 되는 것은 우리가 지식사회를 경제적인 관점에서 관찰하는 상황이다. 아는 것이 힘인 것은 아니다. 왜냐하면 아는 것은 보편적이기 때문이다. 그러나 미리 앞서 아는 것은 힘이다. 경제는 지식을 쉽게 부패할 수 있는 상품으로 간주한다. 그래서 책 속에서 최신의 업데이트된 수치를 찾으려는 것은 점점 더 무의미해진다. 그 때문에 트렌드 전문가 레스터 서로(Lester Thurow)는 최근 저서[40]에서 책 마지막에 삽입하는 주석을 인쇄하지 않고 단지 인터넷에서 참고하라고만 했는데, 지식이 끊임없이 업데이트되기 때문에 그렇게 한 것이다.

최신의 지식이라도 지속적으로 유지되는 것이 아니다. 그 때문에 지식사회는 그 토대의 안전성을 연관관계의 안전성으로 대체해야 한다. 만약 21세기에도 여전히 교육이라는 것이 존재할 것이라면, 그것은 불안정한 부분들로 구성된 하나의 안정된 전체가 될 것이다. 이에 대한 모델을 제공하는 것이 가장 흔히 제기되는 질문(FAQ) 메뉴를 비치하고 있는 인터넷이다. 그래서 오늘날 대화적 세계 지식, 즉 계몽주의자나 권위자가 없는 어떤 창발적인 백과사

---

39 Th. Mann, *Doktor Faustus*, S.79.

40 L. Thurow, *Creating Wealth*.

전 — 혹은 철학자들이 이해하는 말로 표현하면, 하나의 새로운 억견(Doxa) — 이 형성되고 있다.

가장 중요한 지식은 오늘날 우리가 알 필요가 없는 것이 무엇인지를 아는 것이다. 현대세계의 복잡성은 "무엇이 중요한가"와 같은 우연적이고 따라서 위험한 선택 행위를 강요하고 있다. 그리고 가치평가에는 저마다 '내일이면 달라질 것인데!'라는 침묵하는 유보의 단서가 붙는다. 시간과 주의력이 희소하게 될 때마다 우리는 그것을 경험한다. 이념의 슈퍼마켓인 인터넷은 너무나도 많은 선택들을 제공하기 때문에, 대부분의 시간이 가능성의 검색에 소모되고 만다. 만약 텔레비전 잡지를 한번 철저히 읽어본다면, 더 이상 텔레비전을 볼 시간을 내기 힘들 것이다. 검색과 재핑[Zapping, 프로그램이나 광고 등 불필요한 부분을 건너뛰고 보기]은 세계 정보와 접촉하는 데에 새로운 스타일이다. 시간 희소성은 첫인상에 모든 것을 결정짓도록 한다.

일상 언어에서는 데이터와 정보 그리고 지식 사이에는 아무 구분이 없다. 만약 우리가 여기서 일단 학자들의 견해에 따라 날카롭게 구분한다면, 이러한 구분은 '지식사회'를 이해하는 데 많은 것을 시사할 것이다. 데이터는 어떤 종류의 장치가 가리키는 바늘을 우리가 읽을 때 받아들이는 것이다. 이에 반해 정보는 하나의 차이여야 하며 하나의 차이를 만들어야 한다. 또한 데이터는 탐문을 통해 최신의 정보로 변환되는 가상의 정보라고 말할 수 있다. 이것은 '당신의 손가락 끝에서 나오는 정보' 혹은 '한 번의 마우스 클릭으로 멀리까지'와 같은 유명한 온라인 숭배의 배경이 되고 있다. 이러한 구호에 매혹당하는 사람은 정보가 어떤 메시지의 가치를 나타내는 척도는 아니라는 것을 쉽게 간과한다. 의미와 무의미, 주가지수와 지역별의 프로리그 결과, 예배시간과 부동산광고, 이것들은 정보이론적으로 볼 때는 모두가 같은 것이다. 그리고 이 모든 것은 일단은 지식과는 아무 관계가 없는 것이다.

사무엘 존슨(Samuel Johnson)은 두 가지 종류의 지식이 있음을 이미 알고 있었다. 우리는 어떤 사태에 관해 어떤 것을 스스로 알거나, 아니면 그 사태에 관한 정보를 어디서 발견할 수 있는지 안다고 한다. 그리고 이 두 번째 형식은 7년마다 세계 지식이 두 배로 증가되는 그런 시대에는 더 중요해진다. 정보지도 그리기(Infomapping)는 오늘날 지식이 어디에 있는지를 아는 것을 말한다.

이로부터 이제 완전히 결정적인 결론이 도출된다. 즉 우리의 커다란 문제는 지식의 결핍에서 유래되는 것이 아니라 방향설정의 결핍에서 유래한다. 우리는 단지 혼란스럽지 결코 무지하지는 않다. 그러나 정확히 이것은 '정보화 시대'에 대한 열광과 팩트(fact)를 강조하는 그 시대의 분위기 때문에 은폐된다. 새로운 정보화 테크놀로지의 압력 아래서는 모든 문제를 무지의 문제로 해석하는 경향이 있다. 그러나 의미성에 대한 의문은 결코 정보를 가지고 해답이 구해지는 것은 아니다. "문제는 혼돈이지 결코 무지가 아니다."[41] 이해하기를 원하는 사람은 정보를 부정해야 한다. 그래서 우리는 어떤 역설적인 결과에 이르게 된다. 멀티미디어 사회의 데이터 흐름 속에서 '더 많은 가치(잉여가치)'란 단지 '더 적은' 정보를 말한다.

만약 정보를 검색엔진으로 수집한다면, 우리는 곧바로 인터넷시대의 근본문제점과 마주친다. 즉 나의 단순한 의문에 대한 해답이 수천 개의 조회 결과로 나타난다. 나는 사실 그렇게 정확히 알고 싶지도 않았는데! 더 적었으면 더 좋을 텐데. 우리는 우리가 알 수 있는 그 모든 것을 다 알고 싶어 할 수는 없다. 가능한 모든 정보를 남김없이 쓰려는 사람은 종국에 가서는 너무나도 지쳐서 그것을 이용해보지도 못할 것이다. "남김없이 다 써버리는 것은 소모적인 것이며, 사람들은 좀처럼 그렇게 하지는 않는다."[42] 그래서 인터넷이 던

---

41 K. Weick, *Sensemaking in Organizations*, S. 27.

지는 커다란 문제는 다음과 같다. 어디에서 검색이 시작되는가? 여기서 어떤 브라우저를, 어떤 검색엔진을, 어떤 포털을 사용할 것인지 결정해야 한다. 내비게이터는 사용자들이 비로소 선택을 가능하게 했다. 그 때문에 내비게이터는 오늘날 '컬트'이자 신경제의 슈퍼스타이다.

이제 많은 사람들이 네트(net)에서 만나는 놀라운 검색엔진에 대해 그것이 무엇을 검색하는지 결코 제대로 알지 못하는 것 같다. 왜냐하면 야후 경영자인 팀 쿠글(Tim Koogle)이 "이용자들은 그들이 찾고 있는 것을 볼 때 비로소 그들이 무엇을 찾고 있는지를 안다"고 한 것은 정말로 옳은 이야기이다. 그리고 그 때문에 자바(Java)가 존재하고, 그 때문에 마림바(Marimba)가 존재한다. 이런 이름들은 더 이상 건조한 설치작업을 약속하는 것이 아니라 순수한 즐김을 이미 약속하고 있다. 간단히 말하면 중요한 것은 브로드캐스팅과 인터넷의 종합이다. 즉 더 이상 검색할 필요가 없으며 대신 배달받기만 한다. 늦었지만 여기서 분명해지는 것은, 인터넷에서는 정보의 검색뿐 아니라 오히려 더 중요한 것이 커뮤니케이션에 대한 관심이라는 것이다.

인터넷 문화는 우선 네트워크 자체, 즉 관계를 유지하고 접속 가능성을 장려하는 데 그 본질이 있다. 이것이 인터넷 웹사이트에서 링크의 의미이다. 기술자들은 그것을 파악할 수 없다. 왜냐하면 어떤 사태가 기술적이면 기술적일수록 콘텍스트는 점점 덜 중요하기 때문이다. 그러나 바로 이러한 콘텍스트가 미래의 생활 스타일과 커뮤니케이션 관습에는 더 중요하다. 이것을 사회적 잉여가치라고 부를 수도 있을 것이다. 인터넷 전문용어로는 '연결 가치(linking value)'라고 한다.

우리는 이에 따라 우리가 알고 있는 것 이상으로 일한다. 오늘날 직업(Job)

---

42 P. Evans/T. Wurster, *Blown to Bits*, S.103.

을 가진 사람들은 누구나 세컨드잡, 즉 부업도 가지고 있다. 이러한 세컨드잡은 커뮤니케이션, 즉 "네트워크를 유지하고 가동시키는 것"[43]이다. 그리고 인터넷 시대에는 이 네트워크를 유지하고 가동시키는 부업이 점점 더 주업으로, 즉 고유한 노동으로 변모된다. 기업이라는 조직체와 관련시켜볼 때, 이것이 직접적으로 시사하는 바가 있다. 만약 위계질서가 네트워크로 대체된다면, 관리자의 임무는 커뮤니케이션 상황을 보호하는 것이 된다. 즉 그는 더이상 장군과 같은 역할을 하는 것이 아니라 오케스트라 지휘자 혹은 전문 치료사의 역할을 수행한다.

그리고 이와 비슷한 것이 시장에도 적용된다. 21세기의 성공적인 생산품은 자신의 사용가치에 따라 '기술적'으로 정의되지 않고, 대신 자신의 접속가치에 따라 '사회적'으로 정의된다. 다른 말로 하면, 생산품은 고객이 얽혀 들어가 있는 커뮤니케이션의 교집합이다. 상품의 사회적 잉여가치는 따라서 뉴마케팅의 모든 전략의 핵심에 자리를 잡고 있다. 그리고 몇몇 사람은 따라서이미 마케팅이라는 단어보다는 소시에팅(Societing)이라는 단어를 말해야 되지 않나 생각하고 있을 정도이다. 그래서 인터넷 경제의 모토는 "링크는 상품보다 더 중요하다"[44]이다.

링크의 이러한 사회적 잉여가치가 분명히 하는 것은 인간에게는 커뮤니케이션에 가담하는 것이 정보보다 더 중요하다는 것이다. 원칙적으로는, 어떤 미디어가 인터랙티브하면 할수록 정보는 점점 더 주변부로 밀려난다는 주장도 가능하다. 그리고 종종 충분히 우리는 오늘날 정보의 이러한 주변부화의 한계치에 부딪혀, 커뮤니케이션이 커뮤니케이션한다고 말할 수 있다. 말하자

43 정확하지만 번역하기 곤란한 이 표현에 관해서는 T. Deal/Allen Kennedy, *Corporate Cultures*, S.85f를 참조.

44 B. Cova, "From Marketing to Societing," S.74.

면, 커뮤니케이션 관계는 분명히 설명과 논증이 필요 없다. 네트망의 채팅, 유명 팝 가수의 팬들 그리고 또한 일상적인 전화 대화를 방관자로서 관찰할 때 ─ 그것이 기능하고 있고 사람들이 커뮤니케이션할 때 ─, 이러한 인상이 들게 될 것이다. 특히 중요한 것은 커뮤니케이션이 지속된다는 즐거움, 대화가 계속 이어질 수 있다는 행복, 즉 '사회적 쾌락(sociopleasure)'[45]이다. 그리고 문화 인류학자들은 이미 커뮤니케이션 자체를 즐기는 유희가 완전히 부담을 덜어 주는 기능을 수행한다는 것을 알고 있었다.

대중지 《빌트(Bild)》에서 우리는 과학자들이 여성에게서 수다쟁이 유전자(Plapper-Gen)를 추출하는 데 성공했다는 기사를 읽을 수 있었다. 그리고 이런 기사를 게재한 신문을 황색언론이라는 나쁜 발명품이라고 욕하려는 사람은 몇 주 후 《슈피겔》[46]에서 다른 과학자들이 남자는 하루 평균 1만 2,000단어를 말하고 이에 비해 여자는 2만 3,000단어를 말하는 것을 통계적으로 밝혀냈다는 기사를 접하게 된다. 이제 그렇다면, 과학자들은 보통의 평범한 남녀들이 길거리에서 아주 당연하게 여기는 것에 대해서도 매우 경이로운 눈으로 바라보고 있다. 우리는 그들의 연구와 관계없이 여자가 좀 수다스럽다고 항상 말해오지 않았던가!

여자는 남성 위주 문화의 그러한 편견에 대해 분노할 것이다. 그러나 이런 분노는 맹목적이다. 여성에 대한 그와 같은 **편견(Vorurteil)**을 **고리타분함(ancien régime)**의 전략이라고 무장해제시키기보다는 여자에 대한 **장점(Vorteil)**으로 새롭게 이해하는 것이 더 현명하지 않을까? 오늘날 논란의 여지가 없는 사실은, 여자가 특별한 '소프트한 재능(soft skill)'을 지니고 있다는 것이다. 즉

45 L. Tiger, *The Pursuit of Pleasure*.

46 H. Halter, "Zweite Welt," S.246, in : *Der Spiegel #36*, 1999.

여자는 커뮤니케이션적이고 사교적 능력을 가지고 있기 때문에 '소프트 이슈'를 처리하는 데 특히 재능이 있다는 것이다. 소프트한 재능은 위계질서나 선형적 명령구조에서는 발휘되지 않으나, 네트워크와 팀워크의 비(非)위계질서에서 그 진가가 드러난다. 여자는 조직을 대화의 채널로 파악하고, 그 때문에 남자보다 더 쉽게 협동작업이 커뮤니케이션에 토대를 두고 있다는 점을 파악한다. 이때 수다 끼가 있는 여자의 권력 장악이 뉴미디어의 진화와 굉장한 조화를 이룬다. 왜냐하면 새로운 미디어 조건에서는 실행능력이 잠재능력보다 더 중요한데, 바로 이것이 여자에게 해당되기 때문이다.

다시 분명히 이야기할 수 있는 것은, 이러한 뉴미디어가 단지 커뮤니케이션이라는 생산력뿐 아니라 또한 커뮤니케이션적 즐거움도 자극한다는 점이다. 중요한 것은 **포이에시스[poiesis]와 프락시스[praxis]**로서의 커뮤니케이션이다. 여자와 커뮤니케이션하는 사람은 즉시 이야깃거리[즉 남성적인 정보처리(information processing) 대신 여성적인 대화(conversation)]에 말려 들어간다. 따라서 물질과 에너지의 세계는 남성의 세계이고, **커뮤니케이션과 디자인**의 세계는 여성의 세계라는 점을 추측할 수 있다.

지식의 미래 ― 미래에 관한 지식

우리 문화를 '정보화사회'라고 서술하는 데에는 일종의 초조함이 배어 있다. 이것은 우리 사회가 더 이상 물질과 에너지의 과정에 의해서가 아니라 차이, 최종적으로는 0과 1의 배열에 의해 추진되는 그런 사회일지도 모르기 때문이다. 왜냐하면 정보란, 베이트슨의 유명한 정의에 의하면, 하나의 차이를 만드는 차이 이외의 다른 것이 아니기 때문이다. 그리고 모든 본질적인 것이 손에 잡힐 듯한 자명함을 상실해버린 것 같다. 실제로 경영학 이론가 톰 피터스(Tom Peters)는 "모든 것이 그 형태를 만질 수 없는 보이지 않는 무형의 것으로 변화되고 있다(intangibilizing of everything)"[47]라고 한 바 있다.

따라서 오늘날 지식사회에 관해 말하는 사람은 정보사회라는 유행적 표현에 대해 불만을 터트린다. 정보는 의미와 무의미를 구분하지 않는다. 그것은 어떤 메시지의 가치를 위한 척도가 아니다. 미국 작가 도널드 홀(Donald Hall)은 그 때문에 "정보는 지성의 적이다(Information is the enemy of intelligence)"라고까지 말한 바 있다. 좀 덜 논쟁적으로 표현하면, 디지털 정보는 의도성의 세계, 즉 우리가 '의미'에 관해 이야기할 때 생각하는 것과는 아무 관련이 없다. 사이먼이 "정보는 단지 그것이 거기 있기 때문에 처리될 필요가 없다"[48]고 한 것은 전적으로 옳은 얘기이다. 그런데 바로 이러한 단순한 통찰을 우리 멀티미디어 사회는 간과해버렸다.

정보 전달은 인간 커뮤니케이션을 이루는 것과는 아무 관련이 없다. 데이터 처리의 즉흥성 때문에 우리로서는 심사숙고할 시간적 여유가 더 이상 없다. 말하자면, 즉흥성이 반성 능력을 억제한다. 이러한 차이는 우리 서구의 인간을 '정보 거인'이자 동시에 '지식 난쟁이'라고 부른 철학자 위르겐 미텔슈트라스(Jürgen Mittelstrass)의 유명한 테제[49] 배후에도 숨어 있는 것 같다. 정보를 이용(그리고 향유)할 수 있기 위해서는 문화에 대한 지식, 교육의 과잉 등 사전 정보를 필요로 한다. 정보는 지식이 아니며 지식은 정보라는 미디어 안에 있는 형식이다.

모든 사람이 오늘날 글로벌하게 생각하고 범세계적으로 네트워킹되어 있으며 — '당신의 손가락 끝에서 정보를'이라는 구호와 같이 — 세계 지식과 동시간

---

47 T. Peters, *Liberation Management*, S.373.

48 H. Simon, *Administrative Behaviour*, S.225.

49 Jürgen Mittelstrass, *Leonard-Welt*, S.221.

적으로 존재하려 한다. 이때 구체적이고 현존하는 육체는 단지 방해요소일 뿐이다. 그래서 기술적 미디어에 의해 뒷받침되는 커뮤니케이션이 대개 현존하는 사람들 사이의 대화나 인터랙션보다 더 안전하고 만족스럽게 기능한다. 그래서 먼 곳과의 커뮤니케이션은 성공하지만, 반대로 바로 옆 사람, 가까운 곳과의 커뮤니케이션은 더 문제적으로 되는 것 같은 인상을 받는다. 가장 가까이 있는 옆 사람에 대해 느끼는 신뢰감 대신 오늘날 사이버 공간에서는 가상적인 이웃 의식이 등장하고 있다. 우리는 공간이 더 이상 역할을 행사하지 않는 그런 세계에 살고 있다.

그래서 미래에 성공적인 사업가가 되려면, 스스로를 커뮤니케이션 노마드(유목민)이자 커뮤니케이션 모나드(단자)로 기투해야 한다. 각 개인은 글로벌 플레이어(Global Player)로 되고 스스로를 항상 또 다시 새로운 네트워크에서 기투한다. 그러나 그런 전망에 도취된 나머지 하나의 결정적인 인간학적 사태 — 즉 개인적 정보처리의 한계가 조직체와 네트워크에서의 상호 의존성의 한계라는 사실 — 를 간과하고 있다. 다른 말로 하면, 인터넷의 신인간 '**호모 노부스(homo novus)**'를 '비즈니스의 끊임없는 혁명'이라고 찬양하는 경영전문가들은 모바일과 변화 능력의 인간학적 한계를 무시한다.

따라서 지식사회로 가는 길에서 가장 큰 방해물은 바로 인간 자신인 것처럼 보이는데, 그 인간이 '골동품으로 전락하는 상황'은 귄터 안더스(Günter Anders) 이래로 드라마틱하게 묘사되어왔다.[50] 우리의 테마와 관련해볼 때 "인간은 지식사회의 병목구간이다"라고 말할 수 있다. 구체적으로 이것은 인간이 여러 정보를 동시에 병행 처리할 수 없다는 것을 말한다. 그리고 어떤 연구에 의하면, 인간에게 주어진 정보의 98%는 의식에 의해 처리되지 않는다

---

50 이에 관해서는 이 책의 마지막 장 「휴머니즘에서 인조인간 호문쿨루스로」를 참조하라.

고 한다. 의식은 초당 40바이트만 처리한다. 그리고 그 때문에 의식은 정보를 부정하거나 꿀꺽 삼킬 수밖에 없다. 즉 인간은 망각을 도움으로 해서 정보를 처리한다. 이해를 원하는 사람은 정보를 부정해야 한다. 흥미 있는 사실에 도달하기 위해서는 정보가 삭제되어야 한다.

"인간은 만물의 척도"라는 휴머니즘적 잣대는 필터링과 선택이라는 기술적 개념으로 지식사회를 오늘날 새롭게 구성하고 있다. 필터는 특정한 양의 정보를 '노이즈'로 탈락시키면서 복잡성을 감축한다. 다른 말로 하면, 노이즈는 우리가 그에 관해 알고 싶어 하지 않는 정보이다. 알다시피 우리는 고도로 복잡한 '불투명한' 세계에 살고 있으며, 이러한 복잡성은 우연적이고 그 때문에 위험한 선택을 강요하고 있다. 우연적인 것은 이러한 선택이다. 왜냐하면 내일은 달라질 수 있기 때문이다. 그리고 아무도 무엇이 중요한지를 단정적으로 말할 수 없기 때문에, 모든 선택은 위험하다고 할 수 있다.

그 때문에 베이트슨이 "지우개 없이는 살 수 없다"라고 말한 것은 정당하다. 여기서 중요한 것은 '지적 판별력'의 문제이다. 즉 무엇이 연구되지 않는가? 무엇을 내가 무시할 수 있을까? 어떤 책을 내가 진짜 읽어야 할까? 등을 판별하는 것 말이다. 가장 가치 있는 지식은 오늘날 무엇을 알 필요가 없는지를 아는 것이다. 유용성은 그러나 수학적으로는 결코 표현되지 않는 인간학적인 개념이다. 그래서 결국에는 기술적으로 전혀 대체될 수 없는 특별히 인간적인 것(즉 망각의 힘)이 남는다.

다니엘 벨은 포스트산업 사회에 대해 말하기를, 이론적 지식이 이노베이션의 매트릭스가 되었다고 했다. 이 테제는 그럴 듯하지만, 단순하게 해석하면, 지식은 힘이라는 것이다. 그 표현이 의미를 얻을 때는, 우리가 염두에 둔 사태를 시간화할 때이다. 지식이 힘인 것은 아니다. 왜냐하면 지식은 보편적이기 때문이다. 그러나 미리 앞서 아는 지식은 힘이다. 효과적인 지식은 오늘날 시간에 의존하는 시간 지수(Zeitindex)이다.

지식사회에 관한 담화는 ― 문자 그대로의 의미에서 ―'무한히' 낙관적이다. 왜냐하면 지식은 얼핏 봐서는 결코 소진되지 않으며 그 사용에 의해 오히려 그 양이 증대되는 자원이기 때문이다. 전통적인 생산요소(토지, 자본, 노동)는 이와는 달리 오늘날 번영의 유일한 근원인 지식을 구속하기만 하는 요인이다. 이것은 창의성(creative)의 시장에서 이미 관찰할 수 있다. 미래의 생산품은 그 핵심이 지능이고 그 외피는 서비스이다. 그리고 이것으로부터 결론적으로, 지능이라는 생산력이 중요해지면 중요해질수록 경제와 교육이 점점 더 수렴한다. 그래서 최근 지식 과학의 문제를 경제에서도 아주 유사하게 발견하고 있다. 예를 들면 가스통 바슐라르(Gaston Bachelard)의 '인식론적 방해물(obstacles épistémologiques)' ― 즉 지나간 결과를 매개로 한 방해 ― 이 그것이다.

지식이라는 자원, 경제와 교육의 수렴, 이것이 구체적으로 의미하는 것은 이제 비로소 정신노동의 생산성이 발견되고 있다는 것이다. 전 미국 노동부 장관 로버트 라이히(Robert B. Reich)는 상징 분석적 서비스 활동에 대해 말한 바 있는데, 그것은 문제를 처리하고 데이터를 처리하는 사람들이 제공하는 의미의 서비스를 말한다. 정보 엘리트의 업무는 따라서 지식 디자인이다. 지식 지도 그리기와 같은 개념이 시사해주는 것은, 오늘날 특히 지식이 어디 있는지 아는 것이 중요하다는 것이다. 문제해결의 접근 통로가 재화에서 지식으로 옮겨간다.

케네스 볼딩(Kenneth Boulding)은 지식의 핵심적인 패러독스를 "우리는 우리가 무엇을 알기를 기대하기 전에 과연 알기를 원하는 것이 무엇인지를 알아야 한다"[51]고 정의하고 있다. 다른 말로 하면, 우리는 우리의 지식이 그에

---

51 K. Boulding, "Expecting the Unexpected," S.73.

대한 하나의 해답이 될 수 있는 그런 물음을 찾고 있다. 그리고 철학이 스스로를 묻기의 기술로 이해하는 한에서, 지식사회에서 그것은 복잡성 감축의 테크닉이자 지식의 메타디자인이라야 그 미래가 보장된다. 왜냐하면 단순한 오퍼레이션 리서치는 더 이상 도움이 되지 않기 때문이다. 전자는 오로지 문제해결을 최적화하기만 한다. 그러나 문제가 정확히 제기된 것인가? 여기서 철학자는 자신을 이론 디자이너로 설정할 수 있다.

서양 과학의 진행에서 그 신호탄은 소크라테스의 "나는 내가 모르고 있다는 것을 알고 있다"라는 지혜로운 표현이다. 2,000년이나 지난 후에도 결정적인 물음은 여전히 (단순한 의견과 대비되는) 지식의 한계에 관한 것이었는데, 칸트의 표현으로는 "우리는 무엇을 알 수 있는가"이다. 비로소 역사주의에 이르러 전체의 목적, 즉 우리가 무엇을 알고 싶어 하는가에 대해 생각하게 되었다. 그러나 오늘날 우리의 상황은 이러한 테제와 물음으로는 더 이상 파악이 되지 않는다. 우리는 오늘날 — '자신을 아는 지식'이라는 헤겔의 말을 정반대에서 그리고 소크라테스의 말을 패러디하면 — "우리는 우리가 무엇을 아는지를 알고 있지 않다"라고 해야 할 것 같다.

현대에서 우리는 과학이 무지를 확대시킨다는 기만적인 경험을 했다. 미래의 안전을 원하는 사람은 고도의 낯선 선택을 감수해야 한다. 가령 그가 일하고 싶어 하는 회사는 그가 무엇을 배워야만 하는지를 사전에 지정할 수 있다. 자기 선택의 개성이란 이에 비해 시장에서의 불안전성을 말한다. 즉 나는 내가 배우고 싶고 알고 싶은 것을 내 마음대로 결정했지만, 그 때문에 나는 시장에서 내 자질을 평가받을 때는 위험에 처할 수 있다. 그러나 그렇다고 해도 우리가 고도의 낯선 선택을 감수한다고 해서 더 확실한 수를 둘 수 있다는 것은 결코 아니다. 왜냐하면 직업과 관련된 미래가 불안전하면 할수록, '실제와 가까운' 것으로 간주되는 교육이 반대로 더 많은 리스크를 지니고 있기 때문이다. 이런 사실이 '인문학'에 위안을 줄 수 있을 것 같다.

과학을 통해 오히려 무지가 이와 같이 확대되는 문제는 정보의 증대에 의해 만회될 수 없다. 오히려 정반대이다. 정보가 많을수록 불안전성은 더 커지고 정보가 더 적게 수용된다. 그래서 현대의 세계는 우리에게 신뢰를 통해 점증하는 무지를 보상하도록 하고 있다. 그리고 여기서 신뢰란 누군가에 관해 가지고 있거나 혹은 누군가에게서 얻은 정보를 위에 걸치는 것을 말한다. 특히 우리는 점점 더 무지하게 될수록, 더 많이 아는 소수의 전문가에 대한 자기 신뢰를 우리는 더 신뢰한다.

타인의 지식에 대한 신뢰 필요성과 더불어 자기 자신의 지식을 블랙박스로 만들 필요성이 등장한다. 저자가 이러한 표현으로 의도하는 바는 구조 지식과 기능 지식의 구분, 즉 인식과 노하우의 구분이다. 하나의 사물(Sache)에 정통하다는 것은 다시 말해서 결코 그 사물을 이해한다는 것이 아니다. 이제 우리 현대세계에 적용되는 것은, 우리가 이해는 못하지만 이용할 수는 있는 지식이 증가한다는 것이다. 노동 분업에는 따라서 지식 분업이 대응하고 있다. 오늘날 마키아벨리식의 '분할과 지배'의 원칙이 지식 분업의 영역에도 적용된다. 그리고 정확히 지식의 이러한 노동 분업을 블랙박스 만들기라고 부르는 것이다. 이미 짐멜은 이것을 정확히 관찰했다. "객관적으로 바로 앞에 놓여 있는 지식 소재의 거대한 확장은 마치 뚜껑이 닫힌 그릇처럼 이리저리 여러 사람을 거치는 표현들의 사용을 허용하고 심지어 강요하기도 한다."[52]

오늘날 살아 있는 과학자들보다는 죽은 과학자들이 존재하고 있다는 것은 우리의 포스트산업사회를 이전의 다른 사회구성체에서 분리시키는 지식 빅뱅의 의미심장한 표현이다. 그리고 지식 폭발에 대한 보상으로 단순하고 소

---

52 G. Simmel, *Philosophie des Geldes*, S.505.

박한 지혜가 전성기를 맞고 있다. "우리가 지식 속에서 잃어버렸던 지혜는 과연 어디 있는가? 우리가 정보 속에서 잃어버렸던 지식은 과연 어디 있는가?"라고 엘리엇(T. S. Eliot)은 자신의 시 「바위(The Rock)」에서 묻고 있다. 이러한 멋지게 표현된 소박함이 분명히 하는 것은, 지식사회가 지식 염증의 시대에 형성되고 있다는 것인데, 그런 염증은 단지 과학이 자신에게 맞설 적대자를 잃어버렸다는 사실에서 이해할 수 있다. 그리고 항상 그렇듯이 정복당한 적군은 담보물로 붙잡힌다.

그러나 다시 지혜로 복귀하려고 하지 않는 사람은 학습해야만 한다. 그리고 학습이란 핵심적으로 방해요소 즉 새로움을 과잉상태로 엮어서 교란 현상을 일으키는 것을 말한다. 그래서 '네트 학습(Net-Lernen)'의 개념은 두뇌가 비선형적 네트워크로서 조직되는 신경생리학적 사태와 관계한다. 그리고 우리 테마와 관련하여 이것이 의미하는 바는 학습에서는 새로운 정보가 이미 의식된 것의 의미론적 네트워크에 짜여 들어간다는 것이다.

학습이라는 테마에서도 훈육[가르침]과 트레이닝[훈련]으로 구분할 필요가 있다. 트레이닝이 사람을 특정한 입력(input)에 대해 항상 동일한 출력(output)을 산출하도록 반응하는 평범한 기계를 만드는 반면, 훈육은 원래 단순히 평범하지 않은 기계에 맞추어진 것 — 예를 들면 열린 질문을 하는 것 — 을 말하는 것이었다. 탐문이 가능한 지식은 결코 지능의 표시가 아니다. 오히려 지능은 **시행＋착오＋선택**의 창발 현상으로 정의된다. 이것은 이제 더 이상 '교양 교육'이라는 휴머니즘적 개념으로는 파악되지 않는다.

이미 지적했지만, 오늘날 우리는 지식이 갖는 가치가 반감되는 시간이 단축되고 있음이 고려해야 한다. 다시 말해서 이제 더 이상 평생 동안 배울 수 없다. 이미 슐라이어마허는 그 때문에 '학습의 학습'을 '교육'의 핵심으로 설정했다. 이것은 그러나 비로소 오늘날 기술적으로 적용할 수 있게 되었다. 하이퍼미디어는 학습자에게 적합한 지식을 보여준다. 그것은 처음으로 인터랙티브하고 멀티미디어적인 지식 획득을 가능케 한다. 하이퍼미디어는 커뮤니케이션의 순차적인 정보처리 도중에 의식의 동시간적인 재현 활동을 가능케한다. 어떤 문제에 대한 모든 입장을 다차원적인 형상으로 묘사하고 하이퍼텍스트를 매개로 결합시켜서 논거도 데이터와 마찬가지로 시각적으로 표시할 수 있다는 것은 에스더 다이슨(Esther Dyson)이 희망했던 구체적인 유토피아인데, 그것은 마치 그 안에 발로 걸어 들어갈 수 있는 지식 구조물인 것처럼보인다.

그러나 지식의 이러한 멋진 미래는 미래에 관한 지식의 문제에서 그 한계에 봉착한다. 끊임없는 학습이라는 이 새로운 세계는 말하자면 인간이 미래에도 그가 지니는 주의력의 좁은 경계에 포위되어 있을 것이라는 사실을 속일 수 없을 것이다. 주의력은 희소할 뿐 아니라 또한 현재에 고정되어 있다. 주의력은 운동, 새로움 그리고 고통에 의해 자극된다. 이것들은 그러나 항상지금 여기의 직접적인 경험이다. 그러나 어떻게 미래의 것에 대해 주의력을일깨울 수 있을까? 바로 이것을 수행하는 것이 돈이다. '주의력의 경제학'[53]은 따라서 멋진 메타포 이상의 의미를 지니고 있다. 여기서 중요한 것은 새로운 '통화가치'로서의 주의력뿐 아니라, 주의력의 문제가 결국에는 단지 경제적으로만 해결된다는 훨씬 더 의미심장한 사실이다.

경제생활에서 사람들은 욕구 만족을 연기하고 유예하여 미래에 안정을 누리는 법을 배운다. 그래서 화폐경제의 체계는 생활을 위해 "어떤 미래의 개막, 해명 그리고 평화"[54]를 주도한다. 내가 내일의 욕구를 만족시킬 수 있다

---

53 G. Franck, "Jenseits von Geld und Information," S.16ff.

54 N. Luhmann, *Soziologische Aufklärung*, Bd. I , S.206.

는 것을 이미 오늘 확신해야 한다. 이것은 화폐의 희소성을 매개로 표현된다. 희소성은 따라서 미래의 욕구가 오늘의 문제로 취급되자마자 원칙적으로 사회의 인공품으로 나타난다.

화폐(그리고 또한 권력과 사랑)와 같이 상징적으로 일반화된 커뮤니케이션 미디어들은 미래의 예측 불가능한 문제들이 해결될 수 있을 것이라는 확실성을 이미 현재 시점에서 제공했다. 이 미디어들은 확실성과 등가물이며 우리에게 정보나 예측의 수고를 면제해준다. 더 이상 신이 아니라 돈이 세계 안전성을 담보한다. 중요한 것은 걱정 없는 삶이 아니라 미래의 불확실성을 화폐 사용의 리스크로 변환시키는 것이다. 화폐는 우리가 가장 안전한 방법으로 열린 미래를 조정할 수 있는 미디어라는 것을 쉽게 지적할 수 있다. 화폐는 따라서 미래를 대비하는 기능을 가지고 있다. 화폐를 다루는 일은 항상 '미래와의 거래'이다. 그리고 단지 화폐와의 접촉 속에서 우리는 미래를 우리의 손으로 만질 수 있다.

현대의 화폐경제의 이러한 추상적인 미래 안전성은 가격의 기능에서 특히 분명해진다. 하이에크(F. Hayek)에 따르면, 가격은 "개인이 인식할 수는 없으나 자신의 계획을 거기에다 맞추어야 하는 그런 변화의 징후들을 알리는" 기능을 지니고 있다.[55] 이것을 "화폐가 카오스를 고정시킨다"는 표현으로 나타낼 수 있다. 미래의 알려지지 않은 위협은 화폐 교환의 리스크로 나타낼 수 있다. 돈을 버는 것은 따라서 집약된 미래 준비이며, 돈은 "마음대로 처리할 수 있는 미래"이다.[56] 무엇이 일어나더라도 돈으로 관리하면 된다. 돈은 가장 일반화된 문제해결 도구이다. 돈을 가진 자는 비록 무슨 일이 일어날지는 모

---

55 F. von Hayek, *Entnationalisierung des Geldes*, S.75.

56 N. Luhmann, *Soziologische Aufklärung*, Bd. III, S.397.

르더라도 그냥 기다리기만 하면 된다.

그 때문에 오늘날 "어떻게 인터넷에 뛰어들 수 있을까?" 그리고 "어떻게 거기서 돈을 벌까?"라는 우리 시대의 두 가지 커다란 의문을 풀어주는 확답보다 더 큰 주목을 일으킬 수 있는 것은 없다. 이것은 여기 이 나라에서는 하나의 작은 문화 혁명을 전제한다. 즉 독일인은 더 이상 돈 욕심을 내는 것을 부끄러워하지 않는다. 이전에는 벼락부자가 된 데 대해 자랑스러워하는 것이 전형적으로 미국적인 것으로, 섬세하지 못한 비독일적인 것으로 간주되었다. 오늘날 초고속 열차역과 공항터미널 VIP 라운지에서는 돈 이외의 다른 주제는 화제가 되지 않는다. 인터넷은 진정한 골드러시를 일으켰다. 청년세대의 반항은 오늘날 경제문제 내부에서 일어나지, 결코 과거 68운동 당시처럼 경제에 저항해서 일어나지는 않는다.

단지 어리석은 사람만이 이러한 발전에 대해 놀란다. 왜냐하면 독일인이 돈에 대한 욕심을 고백하고 이러한 욕심이 그들을 인터넷 사업으로 내몰고 있다면, 정치가와 경제계의 대표들이 항상 요청하는 새로운 미디어 현실에 대한 진화론적 적응이 신속하게 이루어지고 있는 셈이다. 이것은 이성의 멋진 간계이다. 계몽이 아니라 욕망이 독일인을 인터넷에 유능하도록 한다는 것이다. 그것은 이미 과거 골드러시에서도 그랬다. 단지 소수의 사람이 진짜로 금을 발견했다. 그러나 골드러시는 부수적으로 철도 건설의 초석이 되었고, 삽과 권총의 판매가 증가하는 등 활발한 상거래를 초래했다. 그래서 하나의 새로운 신세계가 탄생한 것이었다.

오늘날 굉장히 매력적인 단어가 바로 자본거래(transaction, 트랜잭션)이다. 주식을 온라인으로 매일 거래하는 것은 우리 시대의 획기적 사건이다. 아직도 돈을 부동산이나 개인 금고에 묻어놓는 사람에게는 동정 어린 비웃음이 따라다닌다. 그는 '디지털 자본주의'(피터 글로츠, Peter Glotz)의 규칙을 알아듣지 못하고 있다. 오늘날에는 게임을 하는 것이 합리적이다. 성인용 게임 〈어 덜트 토이(Adult Toys)〉 중에서 주식 투자 게임이 그 때문에 가장 매력적인데, 왜냐하면 그것은 심오한 진지함과 동시에 굉장한 현실감을 제공하기 때문이 다. 주식 게임은 경제적 불확실성을 순수한 형태로 그리고 실시간으로 보여 준다. 다시 말해서 주식시장이 세계의 모든 중요한 정보를 직접 주가에 반영 시키고 있다는 바로 그 이유 때문에, 주가의 향방을 예측하는 것은 불가능하 다. 온라인 주식 거래인에게는 데이터의 흐름이 돈의 흐름과 동일한 것이다.

이것은 객관적인 테두리 조건, 즉 게임 규칙이다. 이러한 게임에서 이기기 위해서는 하나의 중요한 심리학적 조건이 충족되어야 한다. 즉 우리는 정확 한 상황을 우리가 투입하는 돈으로 파악해야 한다. 자신의 자본을 힘들여 가 꾸거나 아꼈던 사람이 주식에서는 잃기만 할 수 있다. 그에게는 현실의 돈을 게임의 돈으로 취급하는데 필요한 게으른 손이 없다. "트랜잭션 준비!"는 단 지 신속하고 간단하게 너무 많은 돈을 벌게 되었을 때만이다. 작은 돈을 소중 히 하는 사람은 아마도 큰돈을 만질 만한 사람이지만, 결코 좋은 주식 게임자 는 아닐 것이다.

누가 구세계의 '이성적인 사람들'인지 알고자 한다면, 새로운 시장의 매혹 적인 가치에 대해 이를 단순히 투기 바람이라고 경고적으로 이야기하는 사람 을 찾으면 된다. 그들은 최근 주식시장에서 두각을 나타내는 신생 기업이 아 직 이렇다 할 이윤도 내지 못하면서도 승승장구하는 데에 경악하고 있다. 디 지털 자본주의에 대해 무지한 이들은 주가지수가 이 디지털경제에서는 이윤 이나 배당금보다 더 중요하다는 데 대해 도저히 납득하려고 하지 않는다. 이 경우 이것은 간단히 설명된다. 즉 주가지수에서는 기업의 스토리가 고려된 다. 주식은 더 이상 소유지분을 표시하는 증서로서 기능하는 것이 아니고, 표 식이자 신화로서 기능한다. 그것은 경제적 계산에 호소하지 않고 새로운 테크놀로지의 날개를 단 환상에 호소한다. 여기서 중요한 것은 모든 게임의 게임, 다시 말해서 미래를 위한 게임이다. 그리고 미래가 불확실한 곳에서는 큰 돈을 벌 수 있는 기회가 생긴다.

기든스는 현대에 특유한 이런 사태를 지칭하기 위해 '거리 두기(distancing)'라는 것에 관해 언급했는데, 개인적 행위 결과가 주변 환경에 가하는 무게는 정작 이 행위 자체에서는 점점 더 멀어진다는 것이다. "미지의 미래는 현재에 점점 더 가까이 근접하며, 미지의 것이 가까워지면 불안해진다. 미래의 확실성 상실은 따라서 불쾌 비용에 속하는데, 이는 우리가 역사적으로 그 유래가 없는 현대 문명의 번영 혜택을 누리기 위해 지출해야 하는 것이다."[57] 그리고 바로 근세에 특유한 과학 지식이 전통과 커먼센스의 방향설정력을 약화시키고 있다. 신뢰성에 대한 우위가 움츠러들고, 생활세계의 불변의 상수들이 문제적으로 된다.

오늘날 미래학과 트렌드연구를 통해 보상받고 있는 것이 바로 이 미래의 확실성 상실이다. 트렌드연구자가 성직자의 자리를 차지하고 있다. 그의 신은 미래이다. 그리고 사실상 무시무시하고 매력적인 신비적 존재이다. 신학자들에 대한 치명적 타격으로 의미된 "신은 죽었다"라는 표현이 마치 불로장생의 묘약처럼 작용하고 있음을 계몽주의자들은 목격해야 했다. 트렌드연구에서 "신은 죽었다"는 오늘날 "미래는 예측 불가능하다"라는 것을 말한다.

---

57 H. Lübbe, *Zeit-Erfahrung*, S.17. 《슈피겔》 발행인 루돌프 아욱슈타인의 밀레니엄 관련 에세이 「히틀러와 원자폭탄」(S.40)도 이와 비슷한 논조이다. "교역과 변화는 그 동안 똑같이 글로벌 하게 진행되었는데, 다음 세기에 우리는 경외심을 가지고 새천년을 향해 주시할 수 있을 것이다. 마치 끝없는 터널을, 어두운 구멍을 들어가는 승객처럼. 우리는 그다음에 무엇이 나타날지 모른다. 우리가 신뢰할 만한 그 어떤 방향 안내판도 없다." 미래는 신뢰되지 않는 것의 시간화이다. 그리고 현대화의 경험이 가르쳐준 것은 현실이 추측하건대 전망과는 반대로 달릴 것이라는 점이다.

"미래는 기다리거나 예언의 대상이 아니라 선택이나 디자인의 대상이다."[58]

만약 미래가 불확실하다면, 예측되지 않은 결과에 대해 지각해야 한다. 미래를 더 이상 기대의 형태가 아니라 놀람의 형태로 기대하는 법을 배워야 한다. 그 때문에 미래와의 준비 없는 일상적인 만남은 사람들이 흔히 저지르는 실책이다. 이것은 아마도 현대를 그 유래에서 미래가 근본적으로 분리되는 것으로 특징지었던 역사학자들에 의해서도 의미된 것이다. 이 경우 첫째 자신의 과거는 '완전히 다른 것'으로 된다. 현대의 복잡한 체계는 진화이다. 다시 말해서 그것들은 계산 불가능하다.[59] 이러한 계산 불가능성은 '외부로부터의' 사건으로 이해되며, 따라서 그것을 미래라고 부른다. 이것을 내부적으로는 자유라고 해석한다. 놀람으로서의 미래는 둘째로 일상의 신뢰가 더 이상 신뢰성에 기초할 수 없다는 것을 말한다. 신뢰는 따라서 위험한 사전 예방활동으로 된다. 그것은 부족한 정보를 보상한다.

---

58 M. Murayama, *Mindscapes in Management*, S.89. 바로 여기에서 과학과 도덕을 다시 합성시키려는 새로운 시도가 감행된다. "과학이 현재 그 자체 관심을 가지고 있는 다른 어떤 일상적인 체계 이상으로, 인간적 가치라는 요소가 미래를 규정할 것이다"(R. Sperry, *Science And Moral Priority*, S.61). 바로 그 때문에 (과학자로서는!) 도덕에 대해 거리를 두려고 희망할 수 있다.

59 이것은 볼프 징어가 슬로터다이크 식의 유전자 조작에 반대하는 논문에서 주장했던 것인데, 요약하면 다음과 같다. "또한 우리는 우리가 어디로 향하는지 알 수 없으며, 우리는 이것을 유지하는 법을 배워야 한다"는 사실에 만족해야 한다. "지식사회의 관점에서 아이러니한 특성들"(S.53).

역사의 행복한 종말

복잡성에 대한 감수성과 미적 인식

> 덜 익은 반죽 상태의 텔레비전 뉴스가 우리를 노려본다, 혹은 골똘히 생각에 잠기기.
> 여기 이 나라에서는 먹는 게 차라리 낫다. 돌발 사태, 상존하는 위험, 퇴락하는
> 파라다이스. 결국 우리는 이 지경까지 이르렀다.
>
> ......
>
> 헤드폰을 끼고 경품을 타기 위한 즐거운 학습과정. 무감각한 숭고함이여!
> — 한스 마그누스 엔첸스베르거의 『시를 쓰는 자동기계』[1]

유토피아의 패러독스

유토피아의 시대가 토머스 모어(Thomas More)와 더불어 시작해서 올더스 헉슬리(Aldous Huxley)와 더불어 끝났다는 테제에 상당한 근거가 있다고 해도, 이 유토피아라는 단어의 어원에서 몇 가지를 배울 수 있으며, 그로부터 그 단어에 의해 지칭된 문제가 여전히 해결되지 않은 상태라는 것을 알 수 있다.

유토피아란 역사에서 뛰쳐나오기 위해 그 역사를 단절시켜 어떤 안정된 완전성의 상태에 이르려는 인간의 계획이라는 알프레드 되블린(Alfred Döblin)의 정의와 더불어 논의를 시작하자. 그에 의하면 유토피아적 사회에서는 그 어

---

1 H. M. Enzensberger, *Einladung zur einem Posie-Automaten*, S.73.

떤 변화도 존재하지 않는다. 헉슬리의 부정적 유토피아의 유명한 공식(즉 커뮤니티·정체성·안정성)이 이것을 정확히 확인해준다. 유토피아는 정태적이고 총체적이다. 최선의 상태의 유토피아는 진보가 더 완벽하게 될 가능성을 배제하고, 그에 대해 다른 의견을 지닐 이유를 알지 못한다. 간단히 표현하면, 유토피아는 최고선을 스틸 사진으로 찍어 보인 것이다.

어떻게 이것이 현대에 꼭 들어맞는가? 모든 것이 운동하고 있다는 헤겔의 통찰은 '자기론적'으로 심화되었다. 즉 현대는 운동의 운동, 다시 말해서 가속도를 통해 성격을 가지게 된다. 그리고 이와는 정반대로 유토피아의 정역학은 운동의 운동**에 대해** 한계를 설정하는데, 그 운동은 느림이다. 그런데 가속도와 느림은 대립으로서가 아니라, 상호 상승관계로 이해해야 한다. 개발가속론자와 더불어 느림의 교리론자도 등장한다. 그 스펙트럼은 오늘날 저개발을 유토피아라고 찬양했던 파솔리니(Pasolini)와 같은 정치적 교리론에서 배타적인 느림을 몽블랑 만년필이나 슬로푸드와 같은 고가 사치품에 소비기술적으로 포함시키는 것에 이르기까지 광범위하다.

어원으로 보면, 유토피아(Utopia)는 "아무 곳에도 없음"을 의미하는 'ou topos'와 '좋은 장소'를 의미하는 'eu topos' 사이에 위치한다. 그리고 플라톤은 우리가 말한 유토피아라는 의미에서 국가에 관해 말한 바 있다.[2] 그런데 우리는 그럼으로써 이미 유토피아의 근본적 패러독스에 가까이 있게 된다. 즉 유토피아는 아무 곳에도 존재하지 않는 어떤 좋은 장소를 기술하고 있다. 따라서 유토피아에는 어느 경우든지 구체적인 장소와 규정될 수 있는 시간이 점점 덜 중요해지고 있다는 것을 의미한다. 질서(Ordnung)의 이와 같은 근본적 탈장소화는 유토피아가 노모스[Nomos, 일종의 '지배질서']에 대한 가장 극단

---

2 Platon, *Politeia IX*, 592b.

적인 대립 개념이라는 것을 분명히 하고 있다.

칼 슈미트에게서 질서와 장소의 이러한 구분에서는 유토피아와 니힐리즘의 연관을 인식할 수 있었다. 이것은 그러나 지극히 현대적인 국면이다. 바로 현대의 인간은 어떤 유토피아적 자기 이해를 지니고 있는데, 그는 "어디서나 거쳐야 할 집이 있으나 동시에 그 어느 곳에서도 거쳐야 할 집을 찾을 수 없는"[3] 사람이기 때문이다. 그리고 노모스가 없는 인간에게 부응하는 철학은 따라서 원래 노스탤지어, 즉 어디서나 거쳐야 할 집을 찾으려는 동경이다. 이 것은 노발리스(Novalis)의 낭만주의에서 새로운 미디어 현실에 이르기까지 해당된다.

18세기 후반에 유토피아는 시간화되고 자기지시적이 되었다. 이제부터는 유토피아 개념이 없는 유토피아가 더 이상 존재하지 않는다. 이제부터 유토 피아는 유크로니아[Uchronia, 무(U)+시간(chronia)]가 된다. 지리적 장소 없음 을 이와 같이 미래에의 투사로 시간화하는 것은 어떤 없음(부재)의 상실에 대한 반응이다. 즉 지도상 이제 더 이상 미답사 지역이 존재하지 않는다. 그리 고 이제 더 이상 미지의 영토(terra incognita)가 존재하지 않기 때문에, 어떤 다른 곳에서 더 나은 반대 세계를 기대하는 것은 이제 더 이상 의미가 없다. 그 때문에 유토피아는 시간화된다. 그래서 이것은 미래에 대한 어떤 평가절상을 함축한다. 이제 비로소 유토피아에 관한 어떤 특별히 현대적인 콘셉트를 생 각할 수 있는데, 다시 말해서 "모든 것이 또한 다르게도 가능하다"는 우연성 의 묘사로 생각할 수 있다. 즉 미래는 모든 것이 다르게도 될 수 있다는 것을 보여주는 상징으로 발명된다.

위르겐 미텔슈트라스는 언젠가 다음과 같이 말했다. "유토피아는 이론 이

---

3 R. Koselleck, *Kritik und Krise*, S.1.

성이 아닌 실천 이성의 기투물이다. 다시 말해서 근세의 진보사상이 내용적으로 너무나도 빈약하게 되어버린 바로 그곳, 즉 윤리학과 정치이론에서 유토피아가 그 단초를 마련한다."[4] 윤리학이란 여기서 특히 인간학적 리얼리티에 대한 당위 요청을 말한다. 모든 유토피아의 배후에는 새로운 인간의 이념, 즉 낡은 아담의 극복이라는 이념이 숨어 있다. 모든 유토피아주의자는 저마다 계획에 입각한 인간 본성의 변화 가능성을 염두에 두고 있다. 그리고 이것은 사회적 계획과 사회민주주의적 개혁정책의 세속화에 이르기까지 적용된다. 20세기를 되돌아볼 때 복지국가가 우리의 구체적 유토피아였다고 말할 수 있다. 정치체제는 항상 자기 자신을 이 복지국가의 형태로 묘사해왔다.

기든스의 '유토피아적 현실주의(utopian realism)'도 이러한 맥락에 위치하고 있는데, 기든스는 누구든지 원하지 않을 수 없는 유토피아가 갖추어야 할 최소한의 조건 ─ 즉 빈곤추방, 환경보호, 폭력의 감소 ─ 을 지향하고 있다. 따라서 그에게 중요한 것은 부정주의가 없는 현실주의적인 사회비판이론을 서술하는 것이었는데, 다시 말해서 기든스의 유토피아적 현실주의는 보증서 없는 비판이론의 특징을 띠고 있다. 즉 "그러한 비판이론, 급진정치가 실제의 사회과정을 장악하고 있기 때문에 '현실주의'라고 말할 수 있다. 또한 점차 사회적 성찰성에 의해 퍼져나가는 사회적 보편성 속에서, 그리고 가능한 미래가 끊임없이 현재와 조화를 이룰 뿐 아니라 현재의 구성을 능동적으로 돕는 그러한 사회적 보편성 속에서, 현재 필요한 모델이 앞으로 다가올 모델에 직접 영향을 미칠 수 있기 때문에 '유토피아주의'이다. (……) 역사의 우연성의 회복 그리고 리스크의 구심성은 유토피아적인 반사실적 사고를 위한 공간을 개척

---

4 J. Mittelstrass, *Neuzeit und Aufklärung*, Berlin/New York 1970, S.369. 미텔슈트라스에 게서는 유토피아란 과학에 의해 수리되어야 하는 먼 길을 나선 소망이다. 일상인은 따라서 항상 유토피아에서 과학으로 옮겨가는 도상에 있다.

하고 있다."[5] 중요한 것은 우연성에 대한 의식으로부터 유토피아를 재생하는 것이다. 즉 리스크에 대해 의식함으로써 가능한 미래가 현실에 대해 구성적으로 된다는 것이다.

우리 시대의 유토피아는 사회의 이성적인 정체성이다. 헤겔의 표현을 빌리자면, 이성적인 것의 현실성이라고 할 수 있다. 다만 현실성은 더 이상 개념의 운동에서 발생하는 것이 아닌 것 같다. 현실성은 현실적인 것의 이성성 속에서는 더 이상 지탱할 수 없다. 유토피아란 수사학적이며, 이미지 전투에서의 무기이며, 이론적으로 근거 지울 수 없는 총체성의 기투물이다. 그리고 바로 이러한 비개념성이 유토피아를 "대안으로 가능한 삶의 기투를 위한 미디어"[6]로 만든다. 때로는 대안의 생존 가능성을 위해. 저항은 유토피아의 익명이다.

저항운동이 오늘날 유토피아의 기능을 물려받았다는 것은 사회학자들 사이에서 논란의 여지가 없는 것처럼 보인다. "중요한 것은 사회 속에서 사회의 부정을 조작(작동)적 작업으로 전환시키는 것이다."[7] 저항운동은 자신의 주제를 두 가지 '유토피아적 형식'으로 만들고 있다. "그 하나는 사회 속으로 도입될 때 불균형을 보이도록 하는 내적 균형의 측정기구이다. 다른 하나는 전체 사회를 생태학적 불균형 속에서 나타내는 외적 균형의 측정기구이다."[8] 사실

---

5 A. Giddens, *Beyond Left and Right*, S.249f.

6 J. Habermas, *Die Neue Unübersichtlichkeit*, S.143.

7 N. Luhmann, *Die Gesellschaft der Gesellschaft*, S.864. 이러한 대안은 그러나 대개는, 만약 정확히 읽어본다면 결코 특별히 대안적인 것이 아니다. 그리고 그 때문에 또한 특별히 매력적이지도 않다. 유토피아는 분명히 상상력을 요구한다. 진화 과정의 선택 작용들이 상상하는 것보다 훨씬 더 많은 다양성을 제공한다. 그 때문에 유토피아들은 역사보다 덜 매력적이다. 미래는 유토피아주의자들에게는 대개 기술지배와 세계 이방인의 미래상으로 이루어지고 있다.

8 같은 책, S.857.

이 이처럼 정화된 반대 계몽의 관점에서 ─ 다시 말해서 루만에게서 ─ 제기된다. 그러나 루만의 적수인 하버마스는 "유토피아는 그것이 방향설정으로서의 사회적 운동과 관계하는 한에서는 하나의 실천적인 기능을 지니고 있다"[9]고 보았다. 칼 슈미트의 다음과 같은 메모가 있다. "유토피아에 특유한 것 : 유머 없는 계획."[10] 이것은 날카롭게 관찰한 것이다. 이러한 유머 없음의 배후에는 하나의 터부가 자리를 잡고 있다. 유토피아는 항상 멜랑콜리에 대한 치료제로 투여된다. 그리고 그 때문에 유토피아의 나라에서는 멜랑콜리가 금지된다. 이 연관관계는 쉽게 조명된다. 즉 유토피아적 목표가 설정되고 그다음 그 목표의 도달 불가능성이 그 자체의 불충분성 탓으로 돌려진다면, 그때는 의기소침하게 될 것이다. 이것을 분명히 말하면, 문제에 대한 해답이 곧 또 다른 문제를 일으키고, 치료약이 병이 된다는 것이다. 이것은 '유토피아의 패러독스적 본성'[11]이다. 그 자체가 병이 되는 이러한 치료약에 대한 치료제로서 그래서 철학적 인간학이라는 것이 형성되었다. 오도 마르쿼드는 이것을 '안티우토피쿰(Antiutopikum)'[12]이라고 분명하게 규정한다.

유토피아는 유머가 없을 뿐 아니라 공허하고 불손하기도 하다. 그것은 우

---

9 Habermas, *Die Neue Unübersichtlichkeit*, S.74. 최근에 저항의 호경기에 대해 면역이 들어 있는 저수지들로부터 유토피아의 기능을 공급하려는 시도가 있다. 오스카 넥트마 저도 대안 정치의 조건으로서 우리 자신에게서 유토피아를 모을 것을 요구하고 있다. 그리고 또다시 하버마스는 상호이해의 사실을 단순히 지적함으로써 현대 속에서 유토피아적인 것의 강철 같은 합리성을 우리에게 확고히 하고 있다. "커뮤니케이션 사회의 유토피아적 내용물은 어떤 의도하지 않은 상호 주관성의 형식적 측면들로 움츠러든다" (같은 책, S.161).

10 C. Schmitt, *Glossarium*, S.112.

11 P. Watzlawick / J. H. Weakland / R. Fisch, *Lösungen*, S.79.

12 O. Marquard, *Glück im Unglück*, S.151.

리가 사실성을 추정할 수 없다는 단순한 사실을 무시한다. 랄프 다렌도르프 (Ralf Dahrendorf)는 이에 대해 "유토피아는 ― 경제의 언어로는 ― 확실성의 세계이다. 그것은 발견된 낙원이다. 유토피아의 사람은 모든 해답을 안다. 그러나 우리는 불확실성의 세계에 살고 있지 않은가."[13] 항상 그렇듯이 유머가 없는 사람들과 불손한 사람들은 윤리라는 무기를 꺼내 사용한다. 도덕을 내세우는 사람은 어떤 것이 다르게도 될 수 있는 가능성의 한계를 무시하도록 하는 면허증을 자신에게 부여한다. 우리의 테마와 관련하여 이것은 유토피아가 기존하는 것의 이론적 부정과 가능한 정치적 행위 사이의 차이라는 것을 말하고 있다. 다른 말로 하면, 유토피아적이라는 것은 도덕적인 것을 내세워 정치적인 것을 배제하는 것이다.

그 때문에 당위에 대한 헤겔의 비판은 예나 지금이나 유효하다. 그러나 헤겔에게 부족한 것은 열린 미래의 개념이다. 헤겔이 역사를 완결된 것으로 이해한 것은 분명히 그가 철학을 시대의 사상적 파악이라고 표현할 수 있었던 것에 따른 대가였다. 그러나 오늘날에도 여전히 헤겔한테서 배울 수 있는 것은 현실을 가르치기보다는 현실에서 배우는 것(현실적인 것이 이성적이다)이 철학적으로 더 많은 것을 얻는다는 것이다. 다시 한 번 유토피아 비판자 슈미트를 인용해보자. "세계사에서 헤겔 철학만큼이나 그렇게 어떤 형태든 구원 욕망에서 자유롭고 또 그러한 욕구의 엄습에 대해 완전히 면역이 들어 있는 그런 철학은 존재하지 않았다."[14]

진화 개념을 사회적인 것으로까지 적용시킨다면, 비로소 철학적으로 파악된 역사의 완결성이라는 극단과 완전히 다른 것의 무시간성(Uchronie) 사이에

---

13 R. Dahrendorf, *Pfade aus Utopia*, S. 262.

14 C. Schmitt, *Glossarium*, S. 211.

어떤 풍성한 중간지대를 설정하는 것이다. 즉 미래는 다를 수도 있으며, 역사는 여전히 다만 규정 가능한 범위에서 열려 있다. 당위에 대한, 즉 마음의 법칙과 자만의 광기에 대한 비판은 그 시효가 만료되지 않았으며, 그것은 세계정신의 도래를 기대할 의무를 지지 않는다. 헤겔을 일종의 진정제로 복용하는 그런 사람들이 오해하고 있는 것이 바로 이것이다. 그러나 "또 다른 종류의 우리의 가능한 미래의 한계들"[15]이 존재하며, 유토피아의 주의주의[자원론]는 이것을 무시하고 있다.

이제 유토피아의 시대가 이미 오래전 과거로 소급되기 때문에, 유토피아 비판의 명료화를 사회적 기능분석의 냉담함으로 대체할 수 있다. 따라서 사회에 대한 유토피아의 기능은 무엇인가, 그리고 유토피아 비판 다음에는 사회에 대한 기능적 등가물이 존재할까라는 질문이 제기된다. 빌헬름 포스캄프(Wilhelm Vosskamp)는 3권짜리 유토피아 연구서를 "유토피아 연구는 'Nirgendwo[아무 곳에도 없음 혹은 no where]'에서는 발생하지 않는다"라는 문장으로 시작하고 있다. 아마 그 의미는 스스로를 사회의 과학으로 이해하고 이러한 자기 이해를 지식사회학이라 특징짓는 과학연구의 성찰성일 것이다. 이제, 유토피아 연구가 어느 시점에서 발생하는가, 언제부터 그것이 가능한가 하는 의문이 남는다. "아마 명료한 과학의 정신은 그것이 발현되었던 유토피아에서 이미 너무 멀리 떨어져 있어 그 정신의 종점을 연구할 능력이 없다."[16]

유토피아의 역사를 연구할 때, 유토피아와 역사의 관계를 해명하는 것이

---

15 R. Koselleck, *Vergangene Zukunft*, S.157.

16 A. Gehlen, *Einblicke*, S.412. 정확히 이러한 맥락에서 박물관을 유토피아의 아카이브로 이해할 수 있다. 그러나 박물관에 적용되는 것은 단지 아카이브에 수집된 것을 더 이상 원래의 그 자체여서는 안 되는 것으로 향수한다는 것일 뿐이다. 즉 "우리는 그것을 넘어서버렸다!"

성찰적 연구의 첫 번째 요구이다. 외른 뤼젠(Jörn Rüsen)은 그것을 쾌락원칙과 현실원칙이라는 심리분석의 원칙과 비교했다. 만약 이러한 유추를 따른다면, 유토피아는 꿈에 해당되고, 우리는 이 꿈의 사회적 기능이 무엇인지 그리고 그 꿈에서 '깨어남'은 또 무엇인지를 묻지 않을 수 없다.[17] 유토피아에 대한 모든 회고적 성찰은 유토피아를 정확히 그것이 빠져나오려고 원했던 현실과 관계하도록 한다. 유토피아 연구는 따라서 항상 반유토피아적이다. 즉 엄청난 희망들의 이야기가 결코 그 어떤 희망도 일깨우지 않는다.

주지하다시피 칸트는 논거들이 서로 그 무게를 재는 '오성의 평형 저울(천칭)'이 편파적이라고 생각했다. 즉 "미래의 희망이라는 이름이 적힌 저울판은 역학적 장점을 지니고 있는데, 그것은 그 팔에 연결된 쪽의 저울판에 오르는 사소한 논거들도 다른 쪽 저울판에 오르는 그 자체 더 무거운 분동들[논거들]에 대한 공론장을 높은 곳으로 치솟게 하고 있다."[18] 더 나은 미래를 위한 것이라면 아무리 주관적인 선입견이라도 이를 원치 않으려야 않을 수 없다. 그 때문에 칸트는 "예견 능력을 (……) 소지한다는 것은 다른 어느 능력보다도 더 많은 흥미를 느끼게 한다. 왜냐하면 그 능력은 모든 가능한 실천의 조건이기 때문이다."[19] 이것은 델피의 아폴로 신전 오라클에서 함부르크 트렌드연구소에 이르기까지 적용되는 말이다. 오라클과 예언자는 다시 말해서 미래에 대한 불신이라는 무거운 짐을 덜어준다. 즉 미래가 결정되어 있는 것이라고 믿는다면 더 많은 리스크를 감행한다. 따라서 트렌드연구가는 오늘날 특히 경제와 정치가 리스크에 대한 대비태세를 향상시키도록 하는 기능을 수행한

---

17 이에 관해서는 벤야민의 역사이론에 대한 나의 연구(*Auszug aus der entzauberten Welt*, S.91~144)를 참조하라.

18 Kant, *Theorie-Werkausgabe*, Bd. II, S.961.

19 Kant, 같은 책, Bd. XII, S.490.

다. 그들은 예측 가능성이라는 환상을 현대 정치의 '두루뭉술함'[20] 속에서 방향을 상실한 모든 사람의 안정제로 처방하고 있다. 그리고 트렌드연구를 위한 심리학적 조건은 점점 더 양호해지고 있다. 카오스가 많으면 많을수록, 미신 — 즉 질서에 대한 환각 — 이 더 심해지기 때문이다.

"현실과 허구 사이의 경계가 아니라, 어떤 예측을 단념하라는 요구와 예측할 수 없는 어떤 것을 예언하라는 요구 사이의 모순적 관계가 유토피아를 유토피아로 만든다."[21] 유토피아의 이러한 패러독스는 만약 유토피아적인 것을 현실의 암호 속에 봉인하는 데 성공한다면 성공적으로 은폐된다. 가장 고상하게 이것이 성공한 사례는 오시프 플레히트하임(Ossip K. Flechtheim)이 유토피아를 미래학으로 비판적으로 지양시킨다는 구상이다. 그리고 실제로 우리는 미래학을 그리고 최근에는 트렌드연구를 유토피아를 계승하는 후보자로 간주할 수 있다. 이것들은 패러독스를 은폐하기 위한 매혹적인 표현을 발전시켜왔다. 미래학자들은 와일드카드를 빼내 사용하는데, 그 카드로 그들은 예측할 수 없는 것을 예측하고 있다. 그리고 트렌드연구가들의 작업은 알려지지 않은 것의 지도 그리기이다.

우리가 행동할 미래는 하나의 이미지이고, 그 이미지에는 수사학의 마력이 작용한다. 모든 예측은 상황을 변화시킨다. "예측은 사건과 관계하는데, 그 사건의 새로움이 예측을 면제한다. 따라서 시간은 또다시 예측 불가능할 정도로 예측 가능한 방식으로 예측에서 벗어난다."[22] 그런데 이것에서부터의 귀결은, 예측에서 가장 중요한 것이 그 예측을 신속하고 용이하게 수정하는 것이라 한다. 그러나 이것은 동시에 인간 정신 자체의 특성이기도 하다. 넬슨

---

20 Ch. Lindblom, "The Science of Muddling Through" 참조.

21 L. Gustaffson, *Utopien*, S.92.

22 R. Koselleck, *Vergangene Zukunft*, S.29.

굿맨(Nelson Goodman)의 정확한 표현을 빌리면, "우리는 마인드(마음)를 처음부터 움직이는 것으로 간주하는데, 즉흥적인 예측을 여러 방향으로 날려, 점차 그 예측적 과정을 교정하고 채널을 맞춘다".[23]

알려지지 않은 것의 지도 그리기 — 그것은 냉철히 관찰하면 미래에 대해 아무것도 말할 수 없는 것이 아니라 매번 그 가능성들에 관해 어떤 것을 말하는 것이다 — 와 그리고 다른 종류의 한계. 따라서 의미 있게 가능한 것은 미래에 대한 예측이 아니라 단지 하이에크가 의미한 '패턴 예측'이다. 그래서 허시맨(A. O. Hirschman)은 얼마 전 다음과 같은 수사학적 질문을 제기했다. "그러나 그렇게 많은 실패한 예측에도 불구하고, 비록 그것이 예측적 힘에 대한 클레임의 희생물이기는 하지만, 복잡성을 포용하는 것이 사회과학의 관심사가 아닌가."[24] 따라서 대파국, 유토피아, 종말론 그리고 묵시록 대신에 복잡성에 대한 민감한 감수성이 요청된다. '유토피아'에 결여된 것은 단순히 계산 능력이다. 그리고 미래의 계산 불가능성의 문턱은 점점 더 가까이 다가온다.

세계의 복잡성을 포용하는 것, 이것은 과학자의 경건한 소망으로 남을 것이다. 그 대신에 오늘날 미래학과 트렌드연구가 전성기를 맞고 있다. 통계학, 확률계산 그리고 컴퓨터 시뮬레이션이 2020년 혹은 21세기를 주목하려는 모든 사람에게는 과학의 신뢰할 만한 선물인 것처럼 여겨진다. 그러나 이 모든 희망은 규칙적으로 기만당하고 있다. 왜냐하면 역설적으로 오늘날만큼 미래에 대해 그렇게 조금 알았던 시절이 아직 한 번도 없었기 때문이다.

이것을 이해하기 위해서는 우리 문화가 이전의 다른 문화보다 훨씬 더 지

---

23 N. Goodman, *Fact, Fiction, and Forecast*, S.87. 따라서 우리는 자기 적용의 경제적 문제로부터 게임 이론의 탄생에 관해 말할 수 있다. 즉 경제적 예측은 그것이 예측하는 바로 그것을 방해한다는 것이다.

24 A. O. Hirschman, *Rival Views of Market Society*, S.139.

식에 기반을 두고 있다는 점을 분명히 해야 한다. 이제 상황이 그렇기 때문에, 우리는 미래의 지식에 관해서는 아무것도 알 수 없다. 그렇지 않다면 우리는 오늘날 그것을 이미 알았을지도 모른다. 그리고 이것에서 귀결되는 것은, 문명이 지식에 더 많이 기반을 두면 둘수록 그것은 점점 더 예측할 수 없게 된다는 것이다. 다른 말로 하면, 지식이 미래를 더 많이 규정할수록 우리는 미래에 관해 점점 더 적게 안다. 만약 내일 신문에 실릴 사건을 안다면, 그 사건은 일어나지도 않을 것이다.

미래에 관한 이러한 무지는 그러나 바로 체념할 이유가 아니라, 반대로 우리가 지닌 자유의 표현이다. 체념적인 것은 포스트역사의 이론이었는데, 그 이론은 탈주 불가능성(베버)과 정지 불가능성(고트프리트 벤, Gottfried Benn)이라는 마법의 단어에서 서구 문명의 종말에 관한 이미지를 고정시키고 있다. 겔렌은 "미래로 빨려 들어가는 소용돌이"[25]라고 포스트역사의 성격을 최종적으로 규정했다. 그리고 헬가 노보트니(Helga Nowotny)는 심지어 미래라는 개념을 완전히 포기하고 그것을 '연장된 현재'[26]로 대체하자고 했다.

그런데 포스트역사의 이러한 암흑은 오늘날 진화이론적으로 조명할 수 있다. 진화는 근시적이다. 다행히도. 왜냐하면 바로 그 때문에 진화에는 우연적 기회와 혁신이 끼어들 수 있기 때문이다. 따라서 우리는 여기서 그것을 — 바로 자기 자신에게 적용되어야만 하는 — 어떤 자기론적 개념(즉 진화가 스스로 진

---

25 A. Gehlen, *Einblicke*, S.410.

26 H. Nowotny, *Eigenzeit*, S.9. 이것은 노보트니가 좋아했던 것보다 '더 포스트모던적'으로 생각한 것이다. 즉 진보는 낡았다는 것이다. 미래는 현재 속에서 사라진다. 이미 마셜 매클루언은 정확히 이러한 의미에서 '모든 것을 포함하는 지금(all-inclusive nowness)'에 관해 말했다. 그러나 이것은 바로 현대사회의 이펙트이다. 다른 말로 하면, 포스트모던은 자기 자신을 아방가르드의 강제로부터 해방시켰던 현대의 가명이다. 포스트모던에게는 미래가 없다.

화한다)과 관계해야 한다. 그리고 이로부터 귀결되는 것은 "진화 개념 자체가 예측들을 배제한다"[27]는 것이다. 사회적 진화는 미래를 선취하는 것이 아니라 복잡성에 대해 반응한다. 우리는 그 때문에, 토마스 만의『마의 산(Zauberberg)』의 주인공 한스 카르토프(Hans Cartorp)처럼, 우리가 익숙하지 않은 것에 익숙해야 한다. 확실한 것은 물론 우리의 시대 경험이 시작과 종말로는 더 이상 파악될 수 없다는 것이다. 피드백 작용이 자신의 고유가치를 생산하고 그럼으로써 시작과는 아무 상관이 없도록 한다. 즉 진화는 시간의 기한을 없애고 그럼으로써 시간을 목적지 없는 열린 것으로 만든다. 우리에게 미래가 있고 미래에 대해서는 아무런 지식도 가지고 있지 않다는 것은 이러한 자유의 앞면이자 뒷면이다. 우리는 그 자체가 움직이는 어떤 목적지를 향해 움직이고 있다. 따라서 미래는 예측될 수 있는 것이 아니라 단지 도발될 수 있다.

칼 포퍼 경(Sir Karl Popper)은 처음으로 미래의 지식이 원칙적으로 예측될 수 없다는 것을 지적한 사람이다. 어떤 문명이 과학적이면 과학적일수록 그것은 더욱 더 예측 불가능하다. 우리는 점점 더 많이 알기 때문에 정작 미래에 대해서는 점점 덜 알고 있다. "역동적인 문명은 미래에 낯선 문명이다."[28] 미래에 대해 전망한다면 따라서 단지 트렌드 분석만 사실상 남는다. 트렌드는 "어떤 방향은 가지고 있으나 뭐라고 딱 집어낼 수 있는 목적지 없는, 따라서 행위의 유추에 의해서는 결코 이해될 수 없는"[29] 과정이다.

따라서 그 패러독스는 다음과 같다. 우리가 미래에 더 많이 알게 되면 될수록 우리는 미래에 관해서는 점점 덜 알게 될 것이다. 그리고 바로 이 근세에

---

27 N. Luhmann, *Das Recht der Gesellschaft*, S. 296.

28 H. Lübbe, *Religion nach Aufklärung*, S. 265.

29 H. Lübbe, "Netzverdichtung," *ZphF*, Bd. 50, S. 133.

특유한 과학 지식이 전통과 상식의 방향설정력을 약화시킨다. 신뢰에 대한 준비는 움츠러들고 생활세계의 안정성은 문제적으로 된다. 바로 이러한 미래의 확실성 소멸이 오늘날 미래학과 트렌드연구에 의해 보상된다.

에피쿠르스(Epikurs)와 관련해서 헤겔은 미래의 일은 "그것이 존재하든지 아니면 존재하지 않든지 우리와는 아무 관계가 없다. 우리는 그 때문에 불안해할 필요가 없다. 그것은 미래에 관한 정확한 사고이다"[30]라고 말했다. 그런데 이러한 선의의 충고 또한 공허하게 들린다. 만약 오늘날 미래에 대한 오늘날의 동요의 이유를 찾는다면, 특히 너무 빨리 노쇠해간다는 가속도 경험과 마주칠 것이다.

미래에 치러야 할 부대비용의 예측 그리고 우리 행위에 증가하는 간섭의 심화에 대한 의식 때문에 모든 미래의 일이 근심거리로 변환된다. 우리가 걱정하는 미래에나 가능한 손해가 그러나 오늘날 이미 손해가 된다. 즉 손해에 대한 근심으로. 그리고 이에 대한 모든 반발적 조치는 오늘날 이미 먼 미래를 겨냥하고 있다. 즉 가치가 감소되는 시간이 점점 짧아지는 것, 자원의 고갈, 오존층에 생긴 구멍 등. 우리는 미래에 무엇이 나타날지 모르지만, 오늘 이미 미래에 치러야 할 부대비용을 계산해야 한다.

만약 우리의 테마를 체계이론의 개념 수단으로 모델화하면, 우리는 미래를 현재의 자기 지시체로서 그리고 과거는 그것의 낯선 지시체로서 파악할 수 있을 것이다. 미래에 대한 전망에서는 단지 결단을 강요하는 결단 불가능성만 존재한다. 모든 현재는 미래에 대한 결단의 순간이고 이 미래에 부합되는 과거에 대한 선택이다. 다른 말로 하면, 현재는 바로 선취되는 미래에 부합되는 과거가 선택되는 순간이다. 에릭 홉스봄(Eric Hobsbawm)은 이것을 '전통의

---

30 G. W. F. Hegel, *Werkausgabe*, Bd. 19, S. 331.

발명'[31]이라고 불렀다.

　만약 무엇이 나타날지 그리고 무엇을 해야 할지 알지 못한다 해도, 결단은 내려야 한다. 현대의 고도로 복잡한 세계에서는 이를 위한 그 어떤 외부적 지렛대도 없다. 과거로부터의 유래와 미래가 단절됨으로써 방향설정의 결여로 귀결되었는데, 그것은 단지 끊임없는 결단을 통해서만 보상될 수 있다. "그러나 사회가 그 자신의 미래를 자신의 고유한 결단에 점점 더 의존하도록 하면 할수록 이 미래는 점점 더 불투명하게 된다. 왜냐하면 미래가 무엇을 가져올지에 대해서 알 수 있는 것이 아니라 결단을 내려야만 하기 때문이다."[32]

　결정을 내리는 사람[리스크를 감행하는 사람]은 대개 다른 사람들이다. 사회의 미래는 그 때문에 특히 결정과 그 결정의 영향을 받는 해당 당사자[리스크의 결과로 생긴 위해를 입은 사람] 사이의 구분을 통해서 구조화된다. 이제 미래가 특히 그 해당 당사자들한테는 다른 사람의 결정에 의존한다고 체험되기 때문에, "사람들은 사회에 대해 어떤 미지의 미래에 대한 파악 가능한 상징이다."[33] 여기서 의미하는 사람들이란 저명인사, 경제계의 거물과 정치가들이다. 대중은 그들을 텔레비전에서 알아볼 수 있으며, 그들의 행동의 예측불가능성을 인지할 수 있다.

　오늘날 정치를 가능케 하는 조건은 바로 아무도 미래가 무엇을 가져올지에 대해 모른다는 것이다. 왜냐하면 정치적 프로그램은 정확히, 그 부대비용이 불투명한 바로 그만큼, 동의를 모을 능력이 있기 때문이다. 그 때문에 루만은 다음과 같이 말하고 있다. "아프리오리는 미래이다."[34] 민주주의는 미래의

31 E. Hobsbawm/T. Ranger(Hrsg.), *The Invention of Tradition* 참조.

32 N. Luhmann, *Soziologische Aufklärung*, Bd. Ⅴ, S.158.

33 N. Luhmann, *Die Realität der Massenmedien*, S.67.

34 N. Luhmann, *Soziologische Aufklärung*, Bd.Ⅳ, S.184. 여기서 유토피아를 정치의 맹점

선택 가능성을 열어놓는다. 그리고 사실상 바로 원칙이나 프로그램 때문이 아니라 정치적 코드의 상수에 의해서 그렇게 한다. 따라서 열린 미래란 간단히 말해 사물을 다르게 볼 수 있음을 말한다. 그 때문에 아담 프르제보르스키 (Adam Przeworski)는 불확실성을 사랑하는 것을 근본적인 민주주의적 덕목으로 지칭했다.

왜냐하면 현대사회에 사는 사람은 언제나 현재적으로 예측된 각각의 미래가 미래적 현재와 결코 부합하지 않는다는 것을 경험할 수밖에 없기 때문이다. 이미 헤겔은 이러한 차이에 대해 다음과 같이 언급했다. "아마 미래에 대해 근심할 수는 있을 것이다. 그래서 미래에 대해 이런저런 것을 체험하려 한다. 미래는 사실상 현재 속에 놓여 있다. 그러나 우리가 현재 그 자체를 경험하려 할 때마다, 우리는 또 다른 현재를 가지려고 한다."[35] 그러나 오늘날 이러한 경험은 변증법적으로가 아니라 진화이론적으로 파악된다. 진화 개념이 암시하는 것은 "미래가 미래적 현재의 순서 속에서 간파되고 있다"[36]는 것이다. 그리고 모든 현재 속에서 미래가 새롭게 구성된다. 미래적 현재에 관해 단지 얘기할 수 있는 것은, 그 미래적 현재는 그것이 되는 대로 된다는 것이다. 현재적 미래는 이에 반해서 확률의 세계이다. 다른 말로 하면, 리스크는 현재 속에서 미래의 형태이다. 그리고 대체 가능한 리스크는 미래를 현재적 미래로 재현한다.

으로서 기능 규정하는 것이 제시되고 있다. 관점을 완전히 바꾼다면, 이것이 개혁주의의 작은 형태에서 나타난다. 사회적 예측은 불가피하게 정치적이다. "가능성을 일깨우는 예측들"(K. Jaspers, *Die geistige Situation der Zeit*, S.194)은 따라서 정치가 '자기 충족적 예언'을 물려주는 형식이다.

[35] G. W. Hegel, *Einleitung in die Geschichte der Philosophie*, S.278f.
[36] N. Luhmann, *Soziale Systeme*, S.517.

유토피아를 대신해서 오늘날 등장하는 것이 복잡성에 대한 감수성과 리스크 의식이다. 현대적이라면 더 이상 목표를 추구하지 않고, 대신 리스크와 관계한다. 그리고 리스크 문제에서는 단지 하나의 사실만이 확실하다. 즉 다른 사람도 그 어떤 확실성을 지니고 있지 않다는 것. 미래는 리스크이다.[37] 이러한 열린 미래는 현재 속에서 다양한 서로를 배제하는 미래적 현재를 위한 공간을 제공한다. 미래를 예측하기보다는 따라서 오늘날 가능한 미래를 비교하려고 한다. 우리는 단지 다양한 미래만을 계획할 수 있다. 따라서 우리가 유토피아 대신 얻는 것은 기능주의의 '다른 가능성'이다.

다시 말해서 [이 세상에 확고한 기준이 없기 때문에] "무엇이든 괜찮다"(파이어아벤트)는 것이 '그 어떤 것도 불가능하지는 않다'는 것을 의미하는 것은 아니다. 모든 것이 다 가능한 것은 아니다. 그러나 모든 것이 또한 다른 식으로도 될 수 있다. 그렇다면 어떻게 다른 식으로 되는가라고 물을 수 있다. 그리고 가령 "어떤 것이든 괜찮았다"(루만)라고 회고적으로 말할 수도 있다. 이러한 표현은 그러나 또한 중요한 것은 **유일** 세계정신의 **유일** 과정이 아니라는 것을 분명히 하고 있다. 미네르바 여신은 여러 마리의 올빼미를 거느리고 다녔다. 그리고 미래를 바라보면서 트렌드연구에서 개념의 조산(早産)에 만족하지 않으려는 사람은 인내심을 가지고 이 올빼미들의 야간비행을 기다려야 한다. 그리고 그는 또 그 올빼미를 전부 다 관찰할 수는 없다는 것도 알아야 한다.

---

37 신학자들은 물론 반대로 표현할 수 있다. 즉, 리스크한 세계에서는 미래가 '완전히 다른 것'이다. 그리고 이것으로부터 가장 순수한 결론이 이끌려 나온다. 즉 망할 놈의 미래, 중요한 것은 지금 여기서의 내 존엄성이다! 이 장의 바탕을 이루는 강연의 토론에서 오도 마르크바드는 '마르크바드 문제'를 제기했는데, 이러한 과도기를 넘기기 위해서는 도대체 어떤 과도적 대상을 지니고 있는가 하는 것이다. 오늘날 나는 철학의 테디 베어(곰)로서의 주체라고 말하고 싶다.

우리의 미래는 역사적으로 볼 때 대파국과 세계종말론을 중립화시킨 현대 국가 덕분에 가능하다. 다른 말로 하자면, 국가는 정치적 행위를 모든 종교적 시간 지평으로부터 분리시켰다. 그리고 국가의 부서지기 쉬운 제도는 결국 세계종말론의 현대적 후계자인 진보의 역사철학도 중립화시켰다. 이러한 과 정은 결국 우리가 '거대 서사의 종말에 관한 거대 서사'로 이해할 수 있는 포 스트모던으로 요약된다. 그 이후로는 다가오는 것에 대한 이미지는 흐려지는 데, 오스트리아 작가 토마스 베른하르트(Thomas Bernhard)가 이에 관해 말한 것처럼 "요즘 같은 상황에서 비전을 가진 사람이라면 정신과 의사한테 가서 진찰을 받아야 할 것이다."[38]

이제 더 이상 대파국, 유토피아, 세계종말론, 묵시록 혹은 진보의 역사철학 등이 우리에게 열린 미래에서의 컴퍼스로 통용될 수 없다. 그 대신 필요한 것 은 복잡성에 대한 감수성, 특히 고유한 관찰 상황의 복잡성에 대한 감수성이 다. 왜냐하면 현대가 총체적인 총동원(모바일)의 시대라는 점은 결과적으로 관찰자 역시 움직이고 있음을 말하기 때문이다. 무지가 없이는 지식도 없다! 각각의 지식이 어떤 것을 볼 수 없도록 하며, 오늘날 '어떤 것'을 알려고 하는 사람은 특히 모든 구성의 인식론적 리스크도 알아야 한다. 나의 맹점은 나의 관 찰의 가능성의 조건이다. 이것은 모든 정체성을 뒤흔들고 있다. 그런데 여기서 도 우리는 더 강한 정체성이 더 적은 미래라는 점을 새겨들어야 할 것이다.

사회가 현대적일수록 그 변화는 더 카오스적이라는 인상이 든다. 사회의 역 학은 선형적이지 않으며, '나비 효과'와 같은 유행적 개념이 분명히 하고 있는 것은 어떤 체계의 출발 조건에서의 미세한 차이가 나중에 엄청난 차이로 증폭

---

38 이 표현의 저작권과 관련하여 여러 명의 오스트리아 사람이 분쟁 중인데, 개중에는 저 명한 정치가도 있다.

될 수 있다는 것이다. 그런데 효과의 증폭만이 불투명성을 창출하지는 않는다. 이와 더불어 사회적 체계들의 이론 역시 진화에 대한 우연의 의미를 인정해야 한다. 현대사회에 대해서도 '**잡음으로부터의 질서**'라는 표현이 적용된다. 질서는 잡음으로부터의 자기 조직 과정에서 생성된다. 이것은 사회적 발전을 예측 불가능하게 만들며, 그 전망의 조정을 불가능하게 한다. 이 세계에서 유일하게 아직도 가능한 덕목은 따라서 복잡성에 대한 감수성인 것처럼 보인다.

따라서 '내구성(Sustainability)'이라는 새로운 경제 윤리에 대해 하나의 좋지 않은 진단을 내려야 한다. 모더니티는 오히려 내구성의 대립물이라는 것이다. 사회의 각 부분의 공 - 진화(Ko - evolution)는 완전히 새로운 형식을 창조한다. 그리고 모든 하부 체계는 서로 선택 압력을 행사한다. 즉 가치—지식—조직—기술—환경. 따라서 리하르트 노르가르드(Richard Norgaard)가 사회적 체계들과 환경은 '비내구성의 공 - 진화'[39] 속에서 발전된다고 말한 것이 훨씬 더 현실화될 수 있는 것처럼 보인다. 계획에 입각한 환경의 통합은 없다. 환경은 사회와는 다르게 변형된다. 그리고 이것에서 귀결되는 것은, 환경을 이해할 수는 없지만, 스스로를 그 속에서 주장해야 한다. 공 - 진화적인 변환은 결코 합리적으로 형태화될 수 있는 과정이 아니라 실험, 선택, 상호 적응을 통해서 그 특징이 나타난다.

그런데 내구성의 전략이 성공하지 못한다면, 도대체 무엇이 성공할까? 하이에크는 이미 수십 년 전에 현대적 기업의 가장 중요한 덕목을 '예측 불가능한 것에 대한 적응'[40]으로 성격을 규정했다. 이를 위해서는 장력, 탄력 그리고 유연성이 필요하다. 간단히 말해서 미국인들이 번역이 쉽지 않는 '**탄력성**

---

39 R. Norgaard, "The Coevolution of Economic and Environmental Systems and the Emergence of Unsustainability," S. 220.

40 F. von Hayek, *Recht, Gesetzgebung und Freiheit*, Bd. I , S. 79.

(resilience)'이라고 부르는 것이다. 예측 불가능한 것에 대한 적응능력은 장력과 저항력을 전제로 한다. 이 경우 중요한 것은 쇼크 흡수 능력과 놀라운 일에 대한 대응력이다. 그런 점에서 **'탄력성'**의 덕목은 효율성에 대한 요구와 엇갈리고 있다. 선취의 전략은 가령 내구성에 대한 추구에서 안정성에 기반을 둔 반면에, 탄력성의 전략은 변화가능성으로 작동한다. 유연하게 반응하기 위해서는 중복과 느슨한 결합을 필요로 한다. 그 때문에 21세기의 조직은 — 오늘날 분명히 톰 피터스의 '탁월성(excellence)'이라는 환상과 상각을 이루는 내구성의 환상을 대신해서 — 탄력적 디자인(Resilient Design)을 보유하게 될 것이다.

내구성과 완벽성이 아니라 유연성과 장력을 바탕으로 하는 사람 — '탄력성에의 의존'은 아론 와일다프스키(Aaron Wildavsky)[41]의 만능공식이다 — 은 어떤 적극적 긍정적인 목표 설정 대신 하나의 완전히 새로운 오류 친화적인 문화를 발전시켜야 한다. 완벽성, 탁월성 그리고 무결점 경영은 하나의 이상인데, 그것은 결정적인 오류는 항상 예측 불가능한 오류라는 점을 모르고 있다. 아무도 예기할 수 없었던 것이 일어난다면, 오류를 범하고 있을 개연성이 크다. 오류에 대해 안전한 체계는, 그것이 예기치 못했던 오류를 범한다면 붕괴된다. 그리고 오류에 대한 불안 때문에 완벽성에 기대는 사람은 오류의 혁신적 잠재력을 모르고 있다. 왜냐하면 오류는 미래와의 만남이기 때문이다. 그리고 사태가 잘 통하면 통할수록 반대로 스스로를 예상치 못했던 것에 적응하는 그 능력이 더 적어지기 때문이다. 즉 **적응이 적응력을 방해한다.**[42] 다시 말해서 적응의 반대는 공허한 비타협주의가 아니라 적응능력이라는 것이다. 그

---

41 A. Wildavsky, *Searching for Safety*, S.122.

42 K. Weick, *The Social Psychology of Organizing*, S.7. 또한 같은 저자의 "Educational Organizations as Loosely Coupled Systems," S.7과 "Re-Punctuating the Problem," S.199도 참조.

리고 단지 적응되지 않은 것만이 적응능력이 있다. 아무 오류도 범하지 않는 사람은 자신의 적응력을 상실하고 과도한 전문화의 함정에 걸린다.

오류 친화적 문화에 속하는 것이 방해물에 대한 감수성이다. 결정적인 것은 따라서 진화가 단지 방해자를 매개로 해서만이 존재한다는 통찰이다. 이 경우 아마도 중요한 것은 단지 흥분과 자극이지 결코 내용적 가르침이 아니다. 그래서 국가는 시민운동 단체나 NGO가 주도하는 시민의 방해음에 대해 오래전부터 결코 침묵이나 모욕만으로 반응하지 않고, 대신 그것을 현실 연구의 측정장치로 이용한다. 그리고 이와 아주 유사하게 기업 경영의 시장 감수성이 고객의 방해음에 반응하고 있다. 따라서 분명히 확인할 수 있는 사실은, 미래는 놀라움이고 오류 친화적인 기업문화는 예상했던 것에서의 이탈에 대한 관심을 개척해야 한다는 것이다.

만약 미래가 불확실하다면, 예기치 못했던 결과에 대한 지각을 조절해야 한다. 그 때문에 미래를 예측하려 하기보다는 '복잡성을 포용하는 것'[43]이 더 이성적일지도 모른다. 불확실성을 사랑하고, 복잡성을 포용하자! 그러면 여기서는 두루뭉술함의 정치가 내구성과 선취의 전략보다 더 성공적일 것이다. 이것은 물론 도덕과 이성을 병들게 한다. 윤리에는 이제 그 어떤 가치 위계가 존재하지 않으며, 그 대신 모든 가치가 단지 가치 선호도의 순환 속에서 맴돌고 있다는 점을 인정해야 한다. 그리고 이성은 인간이 복잡한 상황을 완전히 조망할 수는 없다는 점에 만족해야 한다. 사이먼은 인간적 계획의 이러한 지양할 수 없는 한계를 '제한된 합리성(Bounded Rationality)'이라고 부른다. 그 때문에 그 어떤 완벽함이나 최선의 상태란 존재하지 않으며, 단지 차선의 최적성 — 능숙하게 형상화된 불완전성 — 인 **만족할 만한 상태**[44]만이 존재한다.

---

43 A. O. Hirschman, *Rival Views of Market Society*, S.139.

열린 미래는 현재 속에서 서로를 배제하는 다양한 미래적 현재를 위한 공간을 제공한다. 그 때문에 미래를 예측하기보다는 가능한 미래를 비교하는 것이 더 문제의식적이다. 단지 이러한 콘텍스트에서만이 '기획'이 의미를 가지는데, 우리는 단지 다양한 미래만을 기획할 수 있기 때문이다. 계획은 어떤 체계에 대해서는 특히 다음과 같은 것으로 귀결된다. 중요한 것은 '저기 저 바깥의' 카오스에 대해서만이 아니라 또한 그것에 고유한 기획에 대해서도 반응하는 것이다. 기획하는 이성은 따라서 현대사회의 패러독스를 너무나도 성공적으로 은폐했기 때문에, 결과들을 지향해야 함에도 불구하고 그렇게 할 수 없었다. 우리는 미래를 **인식**할 수 없기 때문에 그 결과를 **믿을 수밖에** 없다. 기획은 이러한 믿음을 '지식'으로 마법화한다. 이 기획의 가치는 주로 그것이 연루되어 있는 사고과정에 끼워 맞추어져 있고, 또 그것이 과학의 아우라를 통해 결단에 부여했던 안전성에 고착되어 있다.

만약 이러한 패러독스를 피하려 한다면, 즉시 다른 패러독스에 빠진다. 그 패러독스는 다음과 같다. 즉 미래가 불확실하다면 예상치 못했던 것을 기대해야 한다. 그런데 우리는 어떻게 더 안전하게 불안전성을 다룰 수 있을까? 어떻게 우리는 놀람으로서의 미래를 기대로서의 미래로 감출 수 있을까? 물론 이러한 문제에 대해서는 대답할 수 없지만, 잘하면 정확하게 물을 수 있을 것이다. 순환하는 불안전성을 매개로 안전성에 도달하는 것은 불안정한 구성요소로 안정된 상태를 구축하는 현대사회 일반적인 문제점의 대표적인 경우이다.

---

44 H. A. Simon, *Reason in Human Affairs*, S.85.

명명된 세계와 전시된 세계

한스 블루멘베르크(Hans Blumenberg)가 항상 지적했듯이, 각각의 시대는 저마다 그 이전에 주어진 물음을 채무로 물려받아 그에 대해 '반드시 대답해야 하는 강박증'[45]에 시달린다. 그런데 이런 기능주의적 관점에서는 역사가 과학적 능력이 없는 세계 명제들이 불변의 공간적 테두리 안에서 단지 그 점유권만 바꾸는 연속체로 여겨진다. 이에 따르면 각각의 역사적 사건은 빈 공간으로 된 장소를 점유한다. 그리고 이것은 또 역사의 리얼리티가 수사학적 명칭으로 표현되는 그때그때의 점유권 변동**이다**라는 것을 의미한다. 최근의 사례들로는 '포스트모던' 또는 '제2의 현대', '포스트역사' 또는 '정보화사회'이다. 그와 같은 이름을 붙이는 것이 결코 아무 악의 없는 순수한 것이 아니다. 명칭을 붙이는 과정에서 역사의 주체를 지명하는 엄청난 일이 행해지기 때문이다.

태초에 카오스는 이름이 붙여지지 않은 상태였는데, 문화인류학자들 사이에서 논란의 여지 없이 확실한 사실은 이름이 붙여지지 않은 상태를 두려움으로 경험했다는 것이다. 그 때문에 인간의 자기주장은 명명(命名, 이름 붙이기)과 더불어 시작한다. 그것은 아주 근원적인 의미에서 사회학자들이 오늘날 '불확실성 흡수'라고 부르는 것을 수행하고 있음에 틀림없다. 이름이 신뢰성을 창출한다. 이름이 그것을 어떻게 수행하는지는 성서나 호머에게서 연구할 수 있다. 다시 말해서 이야기를 성서나 호머에게 접목시킬 수 있다. 일단 확인할 수 있는 것은, 명명이 불안전성을 흡수한다는 것이다.

만약 어떤 것에 이름을 붙인다면, 이름 없음의 카오스에서 그것을 구제하

---

45 H. Blumenberg, *Die Legitimität der Neuzeit*, S.347.

는 것이다. 그렇게 하면서 이름은 내부와 외부, 체계와 환경의 최초 구별을 명확히 하도록 한다. 그리고 또한 그 반대로 — 파울 바이스(Paul Weiss)의 말을 빌리면 — 어떤 체계란 하나의 이름을 얻기에 충분히 통일적인 전부라는 것이다. 다른 말로 하면, 이름 붙이기는 방향설정과 파악 가능성의 조건이자, 동시에 개념화 가능성의 최소 조건이다. 이름 붙이기를 통해서 추상적인 사태에 하나의 인상학적 성질이 부여되며, 세계는 또 다시 어떤 면모를 얻는다.[46] 모든 이름 붙이기는 따라서 하나의 형상을 획득하도록 한다. 그리고 특히 고유의 이름은 어떤 구체적인 형상 통일성을 환기시킨다. 이름 짓기의 중요성이 의미 만들기(센스메이킹)의 가장 분명한 형식이라고 요약할 수 있다.

마모되고 수백 년 동안 사용되어 거의 알아보기 힘들 정도가 된 현대세계의 고유 명칭에서는 물론 이름 붙이기의 근원적인 행위에 대한 기억이 실종되고 있다. 그러나 고유의 이름이 그 자신 담지하고 있는 구체적인 장소 - 공간 규정을 통해 우리를 어떤 방향으로 안내하는지를 보여주는 수많은 사례를 오늘날에도 쉽게 발견할 수 있다. "우리 언어에서 적당한 이름의 유일무이한 독특함과 커다란 실용적 편의성은 정확히 다음과 같은 사실 때문이다. 즉 그 이름들 때문에 우리가 이슈를 제기하도록 강요받지 않으면서도 대상을 공개적으로 언급할 수 있고, 그 이름의 기술적 특성(descriptive characteristics)이 대상의 아이덴티티를 정확히 구축하도록 하여 그에 대한 합의에 이른다. 즉 이름은 기술로서가 아니라 그 기술이 매달린 고리로 기능한다."[47] 따라서 이름은 우선 불확실성 흡수와 방향설정의 기능을 가지고 있다. 인간은 단지 이름이 붙여진 세계와 교류할 수 있다. "순수하게 상징적 수준에서, 우리는 사물

---

46 이에 관해서는 N. Bolz, *Die Konformisten des Andersseins*, S.175ff.를 참조하라.
47 J. R. Searle, *Speech Acts*, S.172.

들과 사건에 이름을 붙일 목적으로 과거와 미래를 탐색한다. 왜냐하면 우리가 그렇게 하는 동안에는 그것에 대해 어떻게 행동해야 하는지를 모르고, 따라서 그것들을 통제할 수 없기 때문이다."[48]

명명된 것—알려진 것—인지된 것(benannt-bekannt-erkannt), 이것이 물론 모두 똑같은 것은 아니다. 그리고 어떤 사유가 현대적이고 계몽되고 비판적일수록, 명명된 이름과 알려진 자명함 그리고 인지된 인식이 더 날카롭게 구분될 수 있다. 가령 헤겔이 『정신현상학(Phänomenologie des Geistes)』에서 알려진 것이라 해서 그것으로 이미 인지된 것은 결코 아니라고 강조했을 때, 이때 헤겔은 어떤 본질의 명칭이 그에 대한 인식과 어떤 식으로 관계할지도 모른다는 추측을 완전히 배제했다. 그러나 이것으로써 배제한 것은 가장 오래된 구원 관념 중 하나(다시 말해서 정확한 이름을 발견하는 것)이다. 즉 이것은 낙원과 같은 이름을 부여하는 것에서 동화에서처럼 나쁜 요정의 이름을 짓는 것에 이르기까지 적용된다.

이름이 손해보지 않고 교환할 수 있는 자의적인 표식 그 이상이라는 것을 —내가 곧 언급하려고 하는 심리분석은 예외로 하고— 현대의 학문은 제대로 알지 못하는 것 같다. 이름을 둘러싼 지식의 마법적 위력은 유명론을 —어쨌든 과학에서는— 넘어서지 못했다. 그런 점에서 이름에 대한 파우스트의 소리 - 연기 - 판정(Schall-Rauch-Verdikt)[괴테의 『파우스트(Faust) 1부』에서 파우스트가 그레트헨에게 "이름은 소리와 연기와 같은 것, 세상을 둘러싼 안개처럼 하늘을 하얗게 비추네"라고 한 말에서 유래]으로써, 파우스트는 철저히 현대적으로 된다. 그러나 현대적이고 계몽된 사회에서도 전 현대적이고 계몽되지 않은 존재가 있는데, 이름 짓기 행위에 현혹당한 존재가 바로 그것들이다. 가령 아이의 이름에

---

48 H. D. Duncan, *Communications and Social Order*, S. 260.

대한 갈망이 이름으로 대상을 소유하고 알 수도 있다고 한때 믿었던 과거를 연상하게 한다.

아이들에게서 관찰할 수 있는 이러한 이름에 대한 현혹은 결코 무시할 수 없는데, 왜냐하면—아이들이 우리의 현대 학문의 한가운데서 고대의 유년기적 세계를 체현한다는 프로이트(S. Freud)의 테제가 맞는다면—바로 여기에서 명명의 근원적인 힘에 관해 어떤 것을 배울 수 있기 때문이다. 인간학자 겔렌은 고대적 문화에 대해 회고하면서 '의무를 지우는 명명'에 관해 말한 바 있다. 그가 의미한 것은 효력 있는 현재적 힘으로서 이름의 경험이다. 이름은 '말로 표현된 행위 의무'[49]이다. 이름은 따라서 근원적으로는 결코 단순한 기호가 아니라 실천을 충동하는 자극이다. 그런데 그 이름 중에서 현대의 문명화된 생활조건 아래서도 살아남은 것은 도대체 무엇인가? 오늘날에도 여전히 적용되는 것은 문화가 자신의 복잡한 상징을 매개로 행위와 커뮤니케이션한다는 것이다. 상징과 이름이 유희하는 모든 곳에서 중요한 것은 사회적 감정의 상징적 표현이다. 이에 대한 최근의 사례는 다음과 같다.

런던의 PR 컨설팅사 울프 올린스(Wolff-Olins)는 일전에 독일을 위한 새로운 CI(Corporate Identity)를 제안해왔다. 독일은 앞으로 스스로를 글로벌 마크(상징)로서 표현해야 한다는 것이다. 이 제안서의 책임자인 존 윌리엄스(John Williams)는 국민국가도 오늘날 일반 회사와 마찬가지로 글로벌시장에서 자신을 피력해야 한다고 믿는다. 점점 더 뒤떨어지는 것으로 여겨지는 기존의 국가 이미지, 즉 '전형적으로 독일적인 것'을 대신해서 하나의 새로운 마크를 개발해야 한다는 것이다.

비록 이런 생각이 놀랍고 경이로운 것이라고는 하지만, 아주 새로운 것은

---

49 A. Gehlen, *Urmensch und Spätkultur*, S. 143.

아니다. 이 컨설팅회사는 비슷한 제안을 이미 영국에도 한 바 있다. 토니 블레어(Tony Blair)는 자신의 정치적 홍보 초창기에 디자인 공세에 착수한 바 있었다. 정치는 상징의 중요성을 알고 또 인정한다. 토니 블레어와 울프 올린스에 따르면, 미래의 정치가는 브랜드 매니저로 이해된다. '브랜딩 브리튼 (Branding Britain)'은 1997년 블레어의 선거캠페인이었다. 이는 더 이상 과거의 'Great Britain'이 아닌 'Cool Britain'을 내세운 것이다.

그와 같이 국가를 앞세우는 캠페인이 물론 독일에서는 얼마나 문제적이냐는 것을 아론 쾨니히(Aaron Koenig)는 다음과 같이 언급하고 있다. "여기 이나라에서 국가의 상징물인 국기를 흔드는 사람이라면, 남들이 쉬는 야밤에 외국인 망명자 수용소에 방화할 사람[극단적 극우주의, 신 나치]이라는 혐의를 받을 것이다."[50] 물론 국가 상징물 디자이너들은 정확히 이와는 반대 방향을 희망할 것이다. 이미 영국에서 '통치자 영국(Rule Britanna)'이 아니라 '멋진 영국(Cool Britanna)'였던 것처럼, 이제 독일에서도 이런 방향으로 고쳐야 한다는 것이다. 구체적으로 살펴보면 다음과 같다.

— 옛 독일제국을 상징하는 독수리 문장(Adler)은 너무 공격적이어서 인터넷 주소의 독일(Deutschland) 약자인 '.de'로 대체되어야 한다. 독일을 뜻하는 이국가표시는 또한 '유럽연합 내에서 유럽연합을 따르는 독일(Deutschland in Europa)'의 약자를 의미하기도 한다.

— 독일 국기[흑 - 적 - 황의 3색기, 적 - 황색도 약간 어두운 느낌이 드는 색도를 사용]의 흑색은 너무 어두우므로 유럽연합의 상징색인 푸른색으로 대체되어야 한다. 따라서 흑 - 적 - 황색 대신에 이제는 더 우호적인 색깔인 파랑 - 빨강 - 노랑으로 바꿔야 한다.

---

50 *Die Zeit*, 1990.1.7일자.

— 늘씬한 미녀 모델 클라우디아 시퍼(Claudia Schiffer)의 모습을 유럽연합 내로 발송하는 1.10마르크 우표에 새겨 넣어야 한다.

만약 이러한 반짝이는 마케팅 아이디어를 좀 더 심화시키려고 한다면, 다음과 같은 테제로 표현할 수 있을 것이다. 수사학, 은유론, 신화(다신론)의 가공 등 영역들 — 즉 정화하는 반대 계몽 — 에는 '이름'이라는 테마와 관련한 유사성이 있다. 이름과 상징, 은유론과 신화론에 공통된 것은 그들의 상대역이 **유일 이성**이라는 것이다. 이름은 항상 다수이다. 그래서 이름은 유일 지배와 통일 개념, 전체 개념에 대항한 저항을 수행한다. 그 때문에 한스 게오르크 가다머가 "처음부터 확고했던 편견에 대해 이름을 통해 철학적 물음을 제기"[51]하면서 서양적 합리성에가 시작했다고 했을 때, 그는 아주 결정적인 단서와 마주친 셈이다.

그 이래로 우리는 점점 더 현대적으로 되고, 그럼으로써 얼핏 보아 이름에 점점 더 무감각하게 되었다. 이름은 단순히 무의미하고 허무한 것일 뿐이라는 것이 계몽된 모더니티의 자기 이해이다. 어떤 고유한 이름의 내포의미(Konnotation)가 그런 이름을 쓰는 사람에 대해 의미를 지니고 있지 않을까 하는 것은 근거가 없다. 가령 키가 작고 뚱뚱하고 안경 쓴 아이를 과거에는 지그프리트로, 그리고 현재는 케빈으로 불러도 되었다. 그러나 바로 이러한 이름 부여의 배경에는 강력한 상징적 희망이 잠복되어 있다. 가령 어린애 이름을 라인하르트(Reinhart)라고 지을 때 순수(rein)하고 강인(hart)하게 될 것이라고 하는 것은 아마도 옛날이야기일 것이다. 그러나 종교적인 세례명 요나스(Jonas)가 1980년대에 이미 다른 대안적 분위기에서도 명명되었다. 그런데 오늘날 순수한 스타일의 시대에 우리는 또 다시 성서에서 종교적 정통의 의미

---

51 H.-G. Gadamer, *Wahrheit und Methode*, S.409.

에서 쓰는 이름(에즈라, 야콥, 막달레나)을 추구한다. 이름에 대한 무감각은 분명히 계몽주의가 치른 비싼 대가이다. 이미 토마스 만과 에른스트 블로흐(Ernst Bloch)는 상징적 - 신화적 세계의 층위에서 현대적인 문화를 추출하려고 시도했다. 오늘날 이루어지고 있는 계몽의 정화가 상징적인 것에 대한 의미를 다시 일깨울 것인가?

니체에 의하면, 그에게 항상 가장 힘들었던 것은 "어떤 사물의 본질보다는 그 사물들이 어떻게 불리는가가 엄청나게 더 중요하다는 것을 납득하는 것"이었다. 일단 이름은 어떤 사물에 자의적으로 — 마치 옷과 같이 — 걸쳐진 것이다. 그러나 시간적으로 확인될 수 있는 것은, 이름이 "말하자면 서서히 사물에 맞추어지거나 또는 그에 익숙해진다"는 것이다. 그리고 여기서 "장기적으로 새로운 '사물'을 만들기 위해서는 새로운 이름을 (……) 만드는 것으로 충분하다"[52]라는 결론도 이끌어냈다.

이러한 맥락에서 유명하게 된 것은 니체가 『도덕의 계보학(Genealogie der Moral)』에서 중세기처럼 피지배자의 이름을 지을 지배자의 권리에 관해 생각한 것이다. 우리가 논의하는 맥락에서는 명명이 권력 행사와 새로움으로의 혁신을 위한 섬세한 수단이라는 것을 확인하는 것으로 충분하다. 새로움은 단지 명명되었을 때 나타난다. 니체에 의하면, 독창성이란 모든 사람의 눈앞에 있거나 아직 보지 못한 그 어떤 것을 명명하여 그럼으로써 보이도록 하는 것을 말한다.[53] 가령 숲이 죽어가고 있는 모습을 가시화하기 위해서는 숲의 죽어감을 비로소 명명해야 한다. 그리고 중년의 위기(Midlife Crisis)라는 명칭 때문에 45세 이상의 남자들은 비로소 그들이 정말 불행하다고 느끼게 된다.

---

52 Nietzsche, *Die fröhliche Wissenschaft*, § 58.
53 같은 책, § 261.

오늘날 유행하는 트렌드연구도 근본적으로는 이름 짓기에 특히 민감하게 의존하는 실천에 다름 아니다. 그런 트렌드연구의 이름 짓기 때문에 갑자기 우리가 소프트 인디비듀얼리스트[softindividualist, 새로운 개인주의, 즉 종전 개인주의에 비해 사회적 참여와 책임의식을 지닌 개인주의]가 되기도 하고, 스마트하지만 그저그런 여자와 결혼했다고 생각하기도 한다. 즉 "사물의 이름을 짓는 것은 스릴 있는 경험이고 커다란 만족을 준다."[54] 이것은 매스미디어의 용어사용정책(Wordpolitik, word politics)뿐 아니라 트렌드연구에도 정확히 적용된다.

용어사용정책은 특히 다음과 같은 형태로 인식된다. 정치가, 여론주도층, 그리고 여론전파자들은 특정한 개념 ─ 가령 혁신, 연대의식 혹은 자유 ─ 을 점유하려고 시도한다. 이렇게 점유된 개념은 또 다시 인상학적 성질을 그 이름에서 얻는데, 다시 말해서 그것들은 상징적 성격(오존층 구멍, 지식사회, 일자리를 위한 연대)을 얻는다고 할 수 있다. 용어사용정책은 따라서 다음과 같은 형식으로 표현될 수 있다. 더 적게 행동하고 변화할수록, 점점 더 중요해지는 것이 명명의 문제이다. 혹은 더 일반적으로 혹은 블루멘베르크의 말을 빌리면, "이야기를 이루고 있는 '점유 변화'는 수사학적으로 완성된다."[55] 이에 대한 사례는 다음에서 발견될 수 있다.

─ 동독지역에 대한 명칭이 SBZ─'DDR'─DDR─새로운 연방주로 바뀐 것[나치 패망 후 소련군 점령 동독지역을 지칭하는 SBZ(Sowjetische Besatzungszone)가 독일민주지역 "DDR(Deutsche Demokratische Region)"으로, 그리고 동독 정권 수립 후 DDR(독일민주공화국, Deutsche Demokratische Republik)로 불리다 통독 후에는 구 연방공화국인 서독에 새로 편입된 동독지역을 '새로운 연방주

---

54 S. K. Langer, *Philosophy in a New Key*, S.102.

55 H. Blumenberg, *Wirklichkeiten in denen wir leben*, S.121.

(neue Bundesländer)'라고 부름]

— 외국인 노동자를 초청 노동자(Gastarbeiter)라고 부르다가 외국 출신 동료 시민(Ausländischer Mitbürger)이라 부르는 것

이러한 맥락에서 [인종이나 성별, 직업 등에 대한 편견을 담은 표현을 피해 중립적인 단어로 부르는 경향인] 정치적 공평성에 입각한 명칭 변경의 사례는 다음과 같다.

— 청소부 대신에 환경미화원

— 장애인 대신에 '다른 능력을 지닌 사람'

— 축구경기에서 벤치 신세를 지는 '후보선수'라는 말 대신 베르티 포그츠 (Berti Vogts) 감독이 썼던 '부족한 부분을 채워줄 선수(Ergänzungsspieler)'라는 말

명칭 변경에 의거한 역사적 변혁의 사례는 이 정도로 하자. 그런데 이런 사례를 정확히 보상하는 사태도 존재한다. 비록 권력관계와 사회형태가 변화되더라도 이름은 그대로 남아 있는 경우이다. 이 경우에는 이름의 가치가 안정된 불변의 상수로서 나타난다. 이것은 가령 19세기 말 독일 제2제국 시대의 '제국 의회(Reichstag)'가 히틀러 제3제국과 그 후 독일연방공화국을 거치면서도 여전히 같은 이름으로 부르게 되는 경우이다.

쇼 비즈니스에서는 대중의 주의를 더 끌기 위해서는 이름을 바꾸는 것은 보통 일이다. 메릴린 먼로는 아마도 가장 유명하고 전무후무한 사례일 것이다. 여기에서 우리의 테마와 관련해 배울 수 있는 것은, 대중의 주목을 받으려는 경쟁에서 의미를 지닌 이름으로 자신을 알릴 수 있다는 것이다. 의미를 지닌 이름은 그러나 결코 인위적으로 영향력을 행사하지 않는다. 영향력이 풍부한 훌륭한 이름은 '고안 불가능한 증거'[56]를 지니고 있다. 의미 있는 이름은 그 때문에 희소하다. 그것은 고안(발명)될 수 있는 것이 아니라 발견되어야

만 하는 것이다. 그 점에서 그것은 신화와 공통점을 지닌다.

각각의 명칭은 항상 다른 것으로 될 수도 있다. 따라서 의미 있는 것은 이름의 지양 불가능한 우연성을 그 유래와의 관련을 통해 유지하는 것이다. 때문에 분명해지는 것은 이름의 우연성이 자의성이라고는 할 수 없고 어떤 서술 가능한 이야기(스토리)와 접목된다는 것이다. 유래에 관한 이야기는 아이덴티티의 숭배를 위한 가장 좋은 미디어이다. 각각의 아이덴티티는 어떤 이야기의 형식을 취하고 있다. 그리고 어떤 제도와 관습의 의미에 대해 탐문할 때마다, 종종 다음과 같은 대답만 가능하다. "그것은 단지 역사적으로만 해명될 수 있습니다 ……"라고. 이런 이유로, 사회심리학자 칼 웨이크(Karl Weick)는 "센스메이킹에서 필수적인 것은 좋은 이야기(good story)이다"[57]라고 말했다. 그리고 위대한 이름은 대개는 어떤 좋은 이야기의 울림을 지니고 있다. 요약하면 위대한 이름은 그 안에 — 의미를 만들기 위해서 우리가 필요로 하는 — 좋은 이야기를 담고 있는 호두 껍데기와 같은 것이다.

오늘날 이것을 가장 멋지게 관찰할 수 있는 곳이 인터넷 경제이다. 여기서 고전 경제학자들은 점점 더 분명하게 자신들을 '합리적 바보'[58]라고 밝히고 있는데, 그들은 여전히 **호모 에코노미쿠스**와 비용/효용 계산을 신뢰하는 사람들이다. 그 반대는 더 개연적이다. 즉 합리성이 아니라 감정의 중요성이 재인식되고 있다. 이것은 한편으로는 기업체의 조직에 적용된다. 다시 말해서 커뮤니케이션 관계의 형성이 더 많아질수록 '감성적 지성(emotionale Intelligenz)'이 점점 더 중요해진다. 그 때문에 오늘날 또 다시 조직은 자신의 과거를 발견하고 있다(예를 들면 모든 소규모 회사의 어머니인 휴렛패커드). 그렇게 해서

---

56 H. Blumenberg, *Arbeit am Mythos,* S.57.

57 K. Weick, *Sensemaking in Organizations,* S.61.

58 A. Sen, "Rational Fools."

생성된 기업문화는 그 회사의 이야기 서술자 덕분이다.

경제의 미디어는 오늘날 기업이 이야기의 경연장을 설치해놓은 감정의 시장이다. 그리고 이에 부응하여 포스트물질주의적 고객은 특히 감정과 꿈을 구매한다. 필요로 하는 모든 것을 이미 가지고 있기 때문에 이제 비로소 정말로 사회적(sozial)이 될 수 있다. 사람들은 다시 말해서 이야깃거리에 관심을 가진다. 이러한 이야기는 오늘날 더 이상 책이나 영화에서가 아니라 소비제품에서 찾을 수 있다. 이러한 잉여가치 주변을 맴도는 것이 소비의 미래 — 즉 '스토리 밸류(story value)'[59]— 이다. 어떤 인간의 아이덴티티가, 어떤 상표의 핵심이, 아니면 어떤 기업체에 대한 숭배가 문제가 되는지 여부에 관계없이 우리는 이야기를 서술하면서 의미를 생산한다.

센스메이킹(의미 만들기, sense making)은 전체에 대한 이미지를 만들어낼 때 항상 성공한다. 그러나 이것은 현대적인 조건 아래서는 점점 더 비개연적으로 된다. 현대적이라 함은 다시 말해서 독립분화[차이냄]를 말한다. 그리고 진보적인 독립분화에도 불구하고 통일성을 계속 상징하기 위해서는 더욱 근본적으로 단순화시켜야 한다. 그리고 독립분화된 시스템에서도 통일성을 상징하는 가장 근본적인 단순화가 바로 이름이다.

커뮤니케이션 이론가로서 이름의 기능에 관해 분명히 알려 한다면, 몇몇 인접 과학의 성과를 참고하는 것이 좋을 것이다. 여기에서 특히 종족학, 심리

---

59 R. Jensen, *The Dream Society*, S.11. 좋은 사례가 나이키이다. 이 회사는 신발이 아니라 서비스와 이야기(스토리)를 생산하고 있다. 개개의 서비스는 어떤 관계를 판매한다. 즉 감정이 계산된다. 서비스되는 것은 다시 말해서 고객의 '지각'이다. 즉 '봉사'가 아니라 퍼포먼스이다. 사람들은 훌륭하게 대접받았다고 느낀다. 따라서 중요한 것은 한편으로 서비스에 대한 좋은 감정이다. 다른 한편으로는 어떤 꿈들에 대한 스토리이다. 나이키의 경우에는 물론 청춘, 성공, 승리이지만.

분석, 사회학 그리고 마케팅이 도움이 된다. 종족학은 명명이 토테미즘의 핵심임을 밝혔다. 우리가 논의하는 맥락과 관련하여 중요한 것은, 사람들이 이름에 대한 귀속감을 통해서 자신을 다른 종족과 구분한다는 것이다. 가령 특정 프로축구단의 팬, 나이키 착용자, 하버마스 독자 등. 그 밖에 외부에서도 이름이 지어지기도 한다. 가령 어떤 정치적 테마에 관해 공식적으로 의견을 표명하면 그다음 날 신문에서 가령 그를 신보수주의자라고 보도하는 것을 경험한다. 다시 말해서 만약 자기가 이름을 스스로 명명하지 않는다면, 다른 사람이 그의 이름을 대신 명명한다. 이러한 'naming from without(무관한 것으로부터의 이름 짓기)'의 사례는 굉장히 많은데, 가령 인상주의자들이나 토리당원(왕당파) 등이 그 예이다.

그리고 아직 두 번째 것은 종족학자에게서 배울 수 있다. 각각의 명명이나 새로운 명명은 어떤 지위 변화를 알리는데, 이 변화는 세레머니로 연출되기를 바란다. 그것은 리스크가 있는 과도상태이다. 그래서 한 천재적이고 노이로제가 심했던 팝 아티스트가 자신의 마크 이름은 지워버리고 어떤 애칭으로 대체할 수 있다고 생각했다. 그러나 이 새로운 정체성은, 낡은 이름에 대한 기억이 선명히 유지되는 한에서, 시장화될 수 있었다. 그 이래로 그는 **'이전에는 프린스라고 알려졌던 아티스트(The artist formerly known as Prince)'**로 행세한다. 그를 알지 못하는 사람은 카시어스 클레이(Cassius Clay)를 아직 기억할 것인데, 그 이름이 나중에 무하마드 알리로 개명되었다. 그는 노예의 이름이었던 자신의 본명에서 자유로우려 했다. 이는 오늘날 결혼과 동시에 남편의 성을 딴 새로운 이름에서 일종의 노예화를 직감하여 자신의 원래 성과 새로운 성을 나란히 사용하는 이중 이름(Doppelname)을 쓰는 여성과는 정확히 반대되는 것이다. 여기에 어떤 고통스러움이 잠복되어 있는지를 분명히 하기 위해 더 이상 예를 들 필요까지는 없다.

이름의 종족학에서 그 심리분석으로 이르는 길은 가깝다. 프로이트 자신은 이것을 『토템과 터부(Totem und Tabu)』에서 수행했다. 그에 의하면 "어떤 사람의 이름은 그 개성의 주요 구성부분이고, 아마도 그 영혼의 한 조각이다".[60] 이것은 물론 일단 고전적 고대사회에 대해 살펴보면서 논의된다. 그러나 우리는 "이것이 소위 말하는 미개인에 대해 살펴봄으로써만 가능한가?"라고 묻지 않을 수 없다. 프로이트의 제자 아브라함(Abraham)이 이름의 결정적인 힘에 대해 언급한 것은 근본적으로는 "이름은 징조이다(nomen est omen)"라는 오랜 공식을 확인해준다. 순수하고 강인해지려면 라인하르트라고 이름을 지어야 하는가? 물론 아니다. 그러나 심리분석을 통해 배울 수 있는 것은 이름에서는 어떤 희망이 표현되는데, 그런 희망을 지배하는 힘이 바로 우리 계몽된 문화에 대한 어떤 분노라는 것이다.

이름이 지배하는 힘에 관한 테제는 너무 극단적이고 개연성이 모자라기 때문에, 단순한 사례를 통해 그것을 더 그럴듯하게 만들어야 한다. 즉 이름과 상징에 대한 우리의 계몽된 무관심성은 정말로 쉽게 흔들릴 수 있다. 만약 다른 사람이 내 이름을 잘못 발음하거나 심지어 잊어버리기라도 하면 정말로 유감스럽다. 이런 단순한 경험은 이름이 인성의 본질적 구성요소로서 이해되어야 한다는, 다시 말해서 이름이 그 사람과 완전히 하나라는 심리분석의 기본 명제를 증거한다. 이것은 또한 이중 이름이나 이중 여권에 관한, 혹은 (예를 들면 도시 이름이 원래 '헴니츠'에서 동독 시절 '카를-마르크스-슈타트'로 바뀌었다가 다시 원상회복된 것처럼) 어떤 이름의 변경 내지는 환원에 관한 논쟁이 왜 그렇게 끊이지 않는지 설명해주고 있다.

'가장 순수한 가치와 명성'이 정비례 관계라는 보하난(Bohannan)의 이 공식

---

60 S. Freud, *Totem und Tabu*, S.136.

은 이름의 유의미성에 관한 문제에서 사회학의 관점을 가장 분명히 보여준다. 명성은 가장 순수한 가치이다. 이때 하나의 사실만은 염두에 두어야 한다. 즉 명성, 어떤 제도의 존엄성은 공개적인 재산이다. 대학에 노벨상 수상자를 교수로 초빙하면, 이것은 우리가 마치 월드컵에 우승했을 때 국가적 차원에서 그런 것과 마찬가지로 기능한다. 이것은 비용을 들이지 않는 사치품 소비와 같은 것이다.

명성의 메커니즘은 어떻게 기능하는가? "명성은 고유의 이름에 — 즉 명료하고 확고한 지시 대상을 가진 의미론적 인공품에 — 부여된다."[61] 다른 말로 하면, 명성의 진행은 이름을 매개로 이루어진다. 가령 어떤 심포지엄의 성공을 보증하기 위해서는 저명인사들을 초청하면 된다. 심포지엄 초청장이나 심포지엄을 알리는 팸플릿(초안)에는 이런 유명한 사람의 이름 뒤에는 대개 '참석 요청 중'이라는 단서가 붙어 있다. 따라서 여기서 우리는 저명인사의 추천, 헌정 그리고 스폰서 후원 등에서와 똑같은 효과를 얻을 수 있다. 위대한 사람의 카리스마는 행사조직이나 이벤트 행사에서 빛난다.

일상적인 학문활동에서는 특히 고전적 저작의 독서나 고전물을 계속 집필하는 활동에서 명성의 메커니즘이 기능하고 있다. 고전 역시 이름이다. 항상 똑같은 저자의 책만 사고, 자신의 전 학문적 생애를 가령 벤야민의 언어철학에만 바치며, '새로 나오는 하버마스 책'을 읽어야 한다고 생각하는 등등 사람들에게 명성의 메커니즘이 작동하는 사례가 많다.

이름과 권위의 긴밀한 연관이 가장 의미 있게 형성되는 것은 "아리스토텔레스가 이렇게 말했으므로 논란은 이미 끝났다"(Aristoteles dixit)라는 식의 스콜라주의적 판결이다. 이와 유사하게 기능하는 것이 오늘날에는 인용문이다.

---

61 N. Luhmann, *Die Wissenschaft der Gesellschaft*, S. 246.

그런 인용도 대개는 사람의 이름을 거론한다. 같은 전문분야의 학자에게 인명색인은 포기할 수 없는 방향설정 미디어이다. 사람들은 우선 어느 누가 인용되었는지, 언제 인용되었는지 심지어 얼마나 자주 인용되었는지를 살펴본다. 그래서 "나는 인용된다, 고로 존재한다"라는 말이 나올 정도이다. 중요한 것은 '가장 순수한 가치와 명성'의 정비례 관계이다. 게다가 이것은 책에만 적용되는 것이 아니라 인터넷의 새로운 지식세계에도 적용된다. 가령 학자들은 처음으로 인터넷에서 야후!나 다른 서치엔진에 접속할 때 대부분 거기서 자기 이름을 먼저 검색해본다.

이와 같은 자기 이름에 대한 검색은 가능한 한 은밀하게 행하는 데 비해, 공식적인 커뮤니케이션에서 다른 위대한 이름은 일부러 자기 이름과 나란히 '거들먹거림'으로써 은근히 자신의 명성도 끌어올리려고 한다. 이것은 '유명인 이름 들먹이기(name dropping)'라고 오래전부터 알려진 것이다. 그런 이름에 대한 신뢰감이 권력자 자신과의 친근감을 연상시킨다. 독일에서는 이러한 수법이 여전히 성보다는 친근감을 자아내는 이름(first name)의 차원에서 발전되고 있다. 가령 사회민주당(SPD) 지지자 모임에서는 사민당 출신 총리 게르하르트 슈뢰더(Gerhard Schröder) 대신 '게르트(Gerd)'라고 말할 수 있다.

유명인사의 이름을 딴 보리스, 카이저 프란츠, 크리스티안센, 페터 한트케, 하버마스 혹은 라이히 - 라니키 등과 같은 이름들은 이제 마크 이름이 되었다. 한스 도미츨라프(Hans Domizlaff)에 의하면, 현대적 트레이드마크 테크닉의 역사는 정확히 상행위를 하던 사람들이 혼잡한 시장의 고성을 '자기 이름의 명예'[62]로 대체하는 순간에서부터 시작한다. 마크는 상품을 시장의 익명성에서 구출한다. 이름은 모방될 수 없는 것이다. 그것은 '일종의 마크 아이디어

---

62 H. Domizlaff, *Die Gewinnung des öffentlichen Vertrauens*, S. 20.

의 특허권'[63]을 묘사하는 것이다.

'인격을 날인하는 도장'으로서의 마크 이름은 마크 테크닉의 이상형이다. 상품은 이름을 매개로 인격화된다. 이것이 신뢰를 창출하고 질을 보증한다. 도미즐라프는 게다가 "한눈에 확 띌 수 있는 그런 특별히 짧은 이름"을 추천한다.[64] 마크 이름 이론에서는 사회학과 마크 테크닉이 수렴한다. 즉 여론에 영향을 미치기 위해서는 인격체를 계산에 넣어야 한다. 인격체와 그들의 스토리를 다시 말해서 추상적 개념들보다 더 쉽게 인정할 수 있고 또 숭배할 수 있다.[65]

그런데 사회학에서 마크 테크닉으로의 과도기뿐 아니라 종족학에서 마크 테크닉으로의 과도기 역시 유동적이다. 마케팅의 세계는 다시 말해서 목적과 욕구의 세계가 아니라 마법과 물신주의의 세계이다. 마크는 순수한 토템 - 앙상블이다. 특히 사치품 마크는 마법적 지위를 상실하는 것처럼 보인다. 그리고 마크의 가치가 토테미즘적으로 성격을 규정한다면, 간단히 표현하면 관건은 이제 이름이라는 것이다. "사치품 브랜드는 그것을 소유하는 사람에게 마법적 지위를 부여한다는 믿음을 주는 것이다. 사치품 브랜드는, 그 원산지가 어디든 간에, 현재 시장에서 왕성하게 판매되는 이름이다. 그것들의 가치는 토템적 가치이다. 이름이 모든 것을 대변한다."[66] 그런데 마크 이름에서는 하나의 원칙적인 사항이 통찰될 수 있다. 즉 가장 의미가 풍부한 이름은 하나의

---

63 같은 책, S.60.

64 H. Domizlaff, *Die Gewinnung des öffentlichen Vertrauens*, S.80.

65 이것은 또한 '헌법적 애국주의'의 주요 문제점이기도 하다.

66 *Financial Times*, 1993.11.21~22일자. 이것은 또한 소니 회장 노부유키 이다이도 인정하고 있다. 그에 의하면 "상표 이름이 차이를 만든다"고 한다(*Süddeutsche Zeitung*, 1996.3.25일자).

의미론적 마크 상품이다.

'마크에 대한 충성'은 [그 마크를 사용하는 사람들을 함께 묶는] **가치 연결** (Commitment)이다. 다시 말해서 고객이 다른 상품을 선택하게 되면 죄책감을 느끼게 된다는 것이다.[67] 학생과 교수가 대학을 바꿀 때, 그것은 종종 확실히 편의성을 고려해서이다. 그러나 그 대학의 명성을 고려한 선택일 수도 있는데, 이 경우는 마크에 대한 충성의 문제이다. 이때 이름에 의무를 지우는 힘에 관한 문제가 재차 제기된다. 마크의 이름이 무엇을 약속하는가? 우선 아마도 품질의 확실성인데, 그것은 확고한 환상을 보증한다. 마크의 로고에 의해 상징되는 것은, 동류의식을 나타내는 기호, 출신성분의 표시, 즉 마치 과거 봉건시대의 문장(紋章)과 같이 기능하는 것이다. 가령 우리는 이제 의류업체들이 자신의 로고와 회사 이름을 그 상품에 왜 크고 선명하게 인쇄하는지 그 이유를 이해할 수 있다. 왜냐하면 서로 이름을 공유하는 것이 사람들을 기쁘게 하기 때문이다. 스포츠와 아무 상관이 없는 수천 명의 청소년이 'Ricken'이라고 인쇄된 검정 - 노랑 티셔츠를 입고 다니며, 캘리포니아에 한 번도 가보지 못한 학생들이 'UCLA'라고 찍힌 티셔츠를 입고 자랑스럽게 활보한다.

역사 역시 명명을 통해서 경험할 수 있도록 된다. 그리고 현대에서는 역사

---

67 '부리당의 당나귀'는 똑같은 크기의 건초 더미 사이에서 어느 것을 골라먹어야 할지 고민하다 굶어죽는다. 사람도 여러 선택 가능성을 앞두고 아무 선택도 못할 수 있다. 이것은 멀티 옵션 사회에서 선택의 끊임없는 고민거리이다. 선택 그 자체가 문제로 된다. 우리는 비록 부리당의 당나귀보다는 현명하지만, 결코 모든 가능성을 다 측량할 수 있을 만큼 시간을 무한정으로 가지고 있지는 않다. 그리고 이러한 시간의 희소성 때문에 마크의 희소한 정보가 매우 중요하게 된다. 이것을 간단히 표현하면, 선택 가능성이 많으면 많을수록 마크는 더 중요해진다. 마크는 과잉 공급 속에서 일종의 내비게이션 필터이다. 즉 그것은 마치 눈앞에 펼쳐진 무서운 장면을 안 보이게 하는 일종의 눈가리개와 같은 기능을 한다.

가 무엇보다 '종말' 혹은 '포스트'라는 수사적 표현으로 명명된다. 우리 현대인들이 역사라는 병에 걸렸다는 것은 하나의 진단이었지만, 그 진단은 니체 사후 지난 100년 동안 더 이상 증명되지 않고 있다. 그 때문에 생명력과 청춘이라는 이름을 내세운 하나의 어떤 건강이론을 통해 역사학을 통제하려는 치료적 시각은 더 이상 반시대적인 것이 아니라 그저 진부할 따름이다. 그렇다 해도 니체의 가장 진부한 측면에 집착하는 사람들에게는 기념비적, 골동품적 그리고 비판적 역사론과 같은 도식이 필요하다.

— 일상적인 것을 수집하는 것이 골동품적 성격이다. 즉 여러 형상의 변형이 경건하게 아카이브에 보관된다. 어떤 몰락하는 문화를 구성하는 요소의 골동품적 가치는 박물관에서 그것에 어떤 자리가 부여되는가에 따라 감정된다.

— 기념비적 역사론은 이에 비해 '효과 그 자체의 수집'[68]을 말한다. 이것은 하나의 태도로서, 정확히 위대한 작품에 대한 고전 숭배와 경전 만들기라는 의미에서 그런 태도의 진가를 음미하지 않고 반대로 미천한 것, 일상에 사용되는 물건이 기념물로 될 때 흥미를 자아낸다. 기념비화하는 역사는 무시되어왔던 바로 옆의 친숙한 사물(식생활, 의생활, 주거생활)을 진지하게 다룬다. 즉 사소한 세계일지라도 결정적이라는 것이다. 그래서 '바로 옆의 친숙한 사물'의 가치를 위해 의미를 발전시킨다. 좋은 박물관은, 마치 미셸 푸코의 『지식의 고고학(L'Archeologie du savoir)』이 특정한 일상의 텍스트를 기념비화시켰듯이, 일상에 사용되는 특정의 물건을 기념비화한다.

— 마지막으로 비판적 역사론이 남는데, 이에 관해 니체는 "말하자면 사후적으로 자신이 태어났으면 하면서 과거를 자신에게 제시하려는 시도"[69]라

---

68 F. Nietsche, *Unzeitgemäße Betrachtungen*, S.116.
69 같은 책, S.125.

고 말했다. 따라서 여기서 홉스봄이 '전통의 발명'이라고 묘사했던 것이 완전히 의식적인 선별을 거쳐 생성된다.

박물관이라는 콘텍스트에서 문화는 차이의 등급(차원)으로 경험될 수 있다. 따라서 문화는 문화 비교 속에서 자신의 정체성을 확인한다.[70] 단지 여기서만 '정체성'과 같은 것이 가능하다. 역사는 바로 시간 속에서 행하는 문화 비교이다. 그리고 공시적인 문화 비교이든 통시적인 문화 비교이든 상관없이, 흥미 있는 것은 콘텍스트, 프레임, 주도적인 구별의 교체이다. 문화 비교의 테크닉이 지탱해주는 것은, 진보의 이념과 선형적 역사성의 모델이 아니라 세계 묘사의 다문화성과 복잡한 맥락성에 대한 의식이다. 이것은 **퍼포먼스**와 역할로 자신을 정의하는 사람들에, 가상과 시뮬레이션이라는 기술적 일상의 현실 개념에, 그리고 세계박람회·전문박람회, 백화점 등 연출된 것 — 즉 표상과 전시로서의 세계(die Welt als Vorstellung und Ausstellung) — 에 몰두하는 공론장에 정확히 들어맞는다.

신화처럼 박물관도 우연성을 극복하기 위한 형식인데, 이는 스토리를 해명하는 것이 아니라, 스토리에 휘말려 들어가 있다. 스토리의 두터운 네트워크는 그 근본을 상실한 존재의 심연 위에 팽팽하게 매달려 있다. 일종의 안전망처럼. 이 망에서 중요한 것은 특수성 속에서 의미 있는 것을 구출하는 것이다. 역사성의 차원은 오늘날 문화의 다양성으로 대체된다.

'의미 위기'라고 부르는 문제점은 따라서 사회학적으로 매우 쉽게 유도할 수 있다. 그 문제점은 과학이라는 방편적 수단으로는 해결될 수 없으나, 아마 예술로는 해결될 듯하다. 각각의 그림이 하나의 스토리를 말하고 있다는 것을 우리는 알고 있다. 그리고 단지 좋은 스토리가 있어야 의미를 구축할 수

---

70 D. Baecker, *Wozu Kultur?* 참조.

있다. 그 때문에 과거를 과학적으로 세공하는 작업은 결코 '박물관적' 작업과 결코 진지한 경쟁을 할 수 없다. 그 반대이다. '인기'를 얻으려는 과학자들은 스토리를 서술하기 시작한다. 왜냐하면 보통의 정상적인 사람은 단지 이야기만을 이해하기 때문이다. 사람은 사람들에 대해, 다시 말해서 그들의 이야기에 대해 관심이 있다. 학자들은 이를 수행할 수 없으며, 단지 문제를 표현하기만 한다. 가령, 우연적인 것은 어떤 서술된 이야기를 요청한다. 그리고 개개의 정체성은 어떤 이야기의 형식을 취하고 있다. 바로 이것이 우리를 어떤 전시의 이미지로 안내한다.

현대화의 결과로 생긴 고통은 오늘날 특히 뉴미디어의 영역에서 느낄 수 있다. 미디어와 컴퓨터 테크놀로지의 진화는 인간의 처리 능력을 고려하지 않은 채 발전하고 있다. 그 때문에 인간은 뉴미디어의 부담을 덜어주면서 의미를 유지하도록 하는 테크닉 — 예를 들면 긴 소설의 줄거리를 한눈에 파악할 수 있도록 용이하게 하는 것, 데이터의 흐름 속에서 사람과의 면담내용을 간단히 요약해 놓은 텍스트, 혹은 박물관에서의 정돈된 세계 — 을 필요로 한다. 이 모든 것은 '비현실적'이지만, 그렇다고 해서 포기할 수는 없다. 우리는 인간의 척도를 능가하는 세계의 데이터를 인간적인 형태의 도식에 따라 단지 선별함으로써 생활할 수 있다. 그리고 그 때문에 저자는 낡은 미디어와 아카이브가, 그것들이 계속 살아남아야 할 정도로 중요하기 때문에 결코 사멸하지는 않을 것이라 여긴다.

우리는 따라서 뉴미디어와 올드미디어가 서로 공생하고 또 그에 맞게 상이한 라이프스타일이 함께 실존하는 상황과 관계해야 한다. 바로 이것이 '포스트모던'이라는 빠롤(Parole)이 의미하는 바이다. 이러한 새로운 문화는 이질적인 다른 것들과 유희한다. 그것은 '현대의 프로젝트'가 지닌 진보에 대한 강박증을 뒤흔들고 선택 가능성을 지닌 문화를 창출한다. 우리는 완전히 다른 방향에 맞추어진 시간의 섬에서 그리고 시간의 편린 속에서 살며 사고하고 있다. 많은 옵션과 형식 언어를 지닌 그런 문화는 절충주의라는 비난도 두려워하지 않는다. 심지어 포스트모던의 문화는 절충주의를 그 진화의 도식으로 파악하고, 예술과 과학 그리고 라이프스타일의 공동 유희를 목표로 한다.

새것이 점점 더 빨리 낡은 것으로 되고 있다. 그리고 각각의 나이브한 아방가르드가 물론 자신을 새로운 것의 편에 위치시킬 것이다. 단지 그렇게 되어야 하지, 결코 다르게는 되지 않는다. 절대적으로 현대적이어야 한다고 랭보(Rimbaud)는 모든 현대적인 아방가르드주의자들을 대표해서 말했다. 그러나 만약 한번 낡은 것의 편에서 작동하고 거기서 콘텍스트들 —그 안에서는 구성하는 것이 새로운 것(즉 해체와 재조합, 탈구성과 프레이밍)으로 나타날 수 있다 —을 배열할 때, 훨씬 더 많은 조합적 이득을 실현시킬 수 있다. 그 때문에 박물관, 수집품 그리고 전시회에 대한 관심이 일고 있는 것이다.

현대의 처방에 따르면 따라서 절대적으로 현대적이어야 한다. 아마도 현대의 클래식이 그렇게 애호되는 이유도 우리가 오늘날 그것에 대한 거리를 정말로 남김없이 즐기기 때문이다. 우리는 아카이브에 수집된 것을 "더 이상 우리의 것이 되어서는 안 되는 것"으로서 —즉 "그것은 우리보다 뒤처져 있는 것이다!" —즐기고 있다. 박물관을 방문하는 것은 이러한 거리 두기를 즐기는 것이 되었다.

포스트모던으로 부르는 것이 무엇이든지간에, 그것은 어떤 경우든지 어떤 특히 규정된 중요한 감정을 대변하고 있는 이름이다. 이러한 진실한 감정이 우리에게 말하고 있는 것은 우리의 삶이 미학적 현대 —그리고 랭보에서 아도르노에게로 이르는 그것의 파토스 —를 능가해버렸다는 것이다. 그리고 아주 분명한 것은 '그다음에(danach, post~)' 존재한다는 것은 어떤 해방적인 감정이다. 현대는 자신을 미학적 측면에서는 우리를 행복으로 강제하려 했던 프로젝트의 시대로 이해했다. 이에 따르면 우리는 계몽된 인간, 스스로 사고하는 존재, 자율적인 주체 그리고 성숙한 시민이 되어야 한다는 것이다. 그런데 감히 누가 이 모든 것을 원하지 않는다고 할 수 있겠는가? 수백 년 동안 현대가 가리킨 바에 의하면, 이런 프로젝트는 과도한 요구이자 행복을 강제하는 요구이다. 그 때문에 '포스트'라는 말은 과중한 부담으로부터의 위안인 셈이다. 이 '포스트'와 더불어 드디어 우리는 그런 부담을 뒤로 하게 된다. 이러한 커다란 부담을 덜기 위해 포스트모던은 흔쾌히 하나의 대가를 지급한다. 즉 포스트모던에는 그 어떤 선취 가능한 미래가 존재하지 않는다. 미래는 다름 아니라 그 미래가 자신의 뒤에 남겨놓은 것에서 부담을 덜어내는 탈구성이기 때문이다. 혹은 마리 헤세(Mary Hesse)의 개념을 빌리자면, 포스트모던은 현대의 '재기술(redescription)'이다.

포스트모던은 역사를 '**다양성의 풀**(variety pool)'로 해명하여 그럼으로써 '역사의 해피엔드'를 선포한다. 공산주의의 몰락 이후 역사철학과 진보이념이 궁극적으로 면직 처분되고, **일반적** 역사가 또 다시 수많은 이야기들과 시간의 섬으로 분해된다. 우리는 이제 충족된 시간의 의미 형상을 그리지 않고서 — 즉 역사의 목적과 종말이 없이, 구원의 사건이나 진보가 없이, 전통을 주도하는 형상이 없이, 경험의 기초와 유래의 척추가 없이도 — 학습해야 한다. "우리의 미래는 결코 우리의 과거와 같을 수는 없다. 그 때문에 우리는 행위할 때 부딪히는 것을 결정해야 하며, 인식할 때 만나는 것을 묘사해야 한다. 이것을 수용하는 것이 얼마나 어려운지는 근본주의적인 저항운동, 즉 의미와 자아실현에 대한 절망적인 욕망에서 인식될 수 있다."[71]

열린 미래의 글로벌 플레이어들을 보충하는 차원에서 폐기된 유래에 집착하는 고답적 교리론자가 필요하다. 그들은 미래가 유래로부터 분리되었다는

---

71 N. Luhmann, *Die neuzeitliche Wissenschaften und Phänomenlogie*, S.59.

바로 그 이유 때문에 유래에 집착하고 있다. 속도와 탈속도(느림)는 따라서 서로가 서로를 배제하지 않으며, 그것은 긴밀한 상호 전략적 관계에 있다. 유래와 미래의 연관관계의 특별히 현대적인 붕괴에서는 우연에 더 큰 비중을 두며, 이 우연은 그래서 세련되게 다듬어진다. 교리론자와 느림의 발견자는 유래를 다듬을 수 있는 우연으로 다시 파악한다. 그래서 그들에게는 자신의 과거가 완전히 다른 것이 된다. 바로 글로벌시대에는 유래의 스토리들이 정체성의 숭배를 위한 미디어로서 적당하다. 홉스봄이 '전통의 발명'이라고 묘사했던 메커니즘이 오늘날 기성품을 생산하고 있다. 전통의 발명, 유래의 교리론은 우리를 오늘날 글로벌 플레이어가 되도록 강요하는 그런 이노베이션 문화의 기대를 보충한다. 왜냐하면 유래로부터 미래의 풀림이란 신뢰성으로부터 신뢰의 풀림을 말하기 때문이다. '생활세계'는 한때 응축적으로 신뢰받던 대상을 위한 마법의 표현이었다.

이에 반해 미래는 시간화된 불신뢰의 대상이다. 그리고 개개의 이노베이션은 신뢰된 대상에 대한 불신을 전제로 한다. 시간화된 불신뢰의 대상인 이노베이션 문화는 사회체계들에 일치하는데, 그 체계들은 첫째 자신의 과거를 망각하고, 둘째 항상 반복적으로 그 독특함을 통해 우리를 놀라게 하여 자신의 진화적 분기점에서 과거의 재활용과 같은 어떤 것으로 이른다. 그에 해당되는 것이 사슬이 풀린 역사주의인데, 이것은 역사를 가면무도회에 소모되는 의상의 창고로서 이용하는 것이다. 도덕(예, 정치적 공평성), 종교(예, 불교) 그리고 예술(예, 제프 쿤스, B. Jeff Koons) 역시 오늘날 단지 유행적 분장 — 포스트모던의 거대한 카니발 — 에 지나지 않는다. '전시로서의 세계'에서 즉각 받는 인상은 역사가 오늘날 더 이상 현재화되지 않고 대신 치료제(Remedium)로서 주사된다는 것이다. 그리고 이에 이론적 차원에서 부응하는 것이 의미론적 역사주의이며, 그것은 '다의성'과 같은 정밀한 자기 명칭을 동반하여 무제한적인 해석의 다원론을 선전하고 있다.

모든 수집은 어떤 형식적 주의력을 제도화한다. 이러한 유의미성의 가정을 근거로 박물관, 수집고 그리고 전시장에서 프레임 짜기와 탈구성의 유희가 이루어지고 있다. 박물관은 문화 비교의 테크닉을 통해 자동적으로 '흥미 있는 것'을 공개한다. 인디언은 그들의 머리 장식물을 그렇게 완성했다. 이것이 흥미롭다. 그리고 내일은 고대 중국인의 성생활 테크닉이 중요할 것이다. 좋다, 우리는 계속 비교해왔다. 그렇게 하면서 우리가 배운 것은 신뢰된 대상이 다르게도 가능할지도 모른다는 것이다. 그리고 완전히 다른 것(가령 달에 사람이 사는 것)도 일단은 가능한 것처럼 보였다. 이때 박물관은 자신을 유토피아의 아카이브로서 나타낸다.

문화는 유의미성의 세계이다. 그러면서 문화는 과학의 세계에 의미심장한 대립을 이루고 있다. 주지하다시피 물리적 실재는 계기판 판독을 통해 형성된다. 그리고 그 때문에 우리에게 아무것도 말하지 않는다. 그것은 파스칼이 이미 말했던 것과 같다. 즉 과학의 무한한 공간은 침묵하고 있다. 이러한 진공은 문화적 유의미성으로 채워져야 한다. 그리고 이에 관해 실용 과학은 아무것도 알려고 하지 않는다.

문화는 유의미한 상징의 코드화된 체계와 그러한 상징의 유의미성에 직접 관계된 행위의 측면으로 구성된다. 문화는 따라서 가치 설정의 표준으로 먹고 산다. 우리는 이러한 규범적인 것을 그러나 아주 형태적인 측면에서 관찰해야 한다. 다시 말해서 루만과 바에커가 말하는 의미에서 '테마의 재고(Themenvorrat)'로서 관찰해야 한다. 문화는 커뮤니케이션 테마의 레퍼토리이다. 윤리학과 이것은 아무 관계가 없다. 그러나 형태화는 문화와 관련해서 볼 때 정반대로 유의미성의 상실을 의미하는 것이 아니고 오히려 그 반대이다.

커뮤니케이션 테마들의 레퍼토리로서의 문화라는 구상에 대해 역사주의는 이미 단호하게 작업해왔다. 그 역사적 장소는 수공예예술박물관(1867년 설립)이다. 거기에는 레퍼토리의 근원적 현상으로서의 패턴이 수집되어 있다. 항상 레퍼토리가 도대체 무엇이 형상화 가능성으로서 가시화될 수 있지에 대해 결정적인 것이다. 즉 "반응 레퍼토리가 지각 행위를 통제한다."[72] 그리고 이러한 레퍼토리가 오늘날 전보다 더 크다. 전체 역사가 오늘날 미학적 선택의 레퍼토리로 이용되고 있다.

역사는 진화론적으로 볼 때 특히 베리에이션(변형)을 말한다. 역사는 포스트모던적인 의미에서 '다양성의 풀(pool)'로 이해될 수 있다. 그리고 새로운 것에 이르는 길은 대개 맹목적인 변주 — 우리가 오늘날 시적으로 세렌더피티(Serendipity)라고 부르는 우연한 발견 — 를 거치며, 자신에 대한 평가절상을 앞두고 있는 태도(즉 낙관주의)에 의해 인도된다. 그래서 '흥미 있는 것'에 도달한다. 여기서 나타나는 결정적인 통찰은 진화의 선택 활동이 각각의 판타지보다 다양성 측면에서 더 많은 것을 제시한다는 것이다. 게다가 이것은 또한 유토피아가 이야기들보다 덜 매력적이라는 근거이기도 하다.

우리는 문화의 진화를 관찰하고, 모범을 수집하며 지각세계를 규정하고 지각을 조정하는 형식의 레퍼토리를 형성한다. 우리가 실재적인 것의 카오스에서 또 다시 모범을 발견하는 것은 '의미 추구의 노력'(Bartlett) 덕분이다. 우리는 항상 잃어버린 X를 추구해왔다. 그리고 바로 그 때문에 우리는 결코 감각의 과잉에 의해 질식당하지 않았다. '정보 과잉'은 상상에서나 가능한 문제이다. 제롬 브루너(Jerome Brunner)가 지각을 '제어하는 문(gating)'[73]이라고 불렀던 것 — 다시 말해서 대답되어지는 것만이 항상 다시 질문되는 것 — 이 정확히 예

---

72 K. Weick, *The Social Psychology of Organizing*, S.32.

73 J. S. Bruner, *Beyond the Information Given*, S.26.

술사학자 뵐플린(H. Wölfflin)의 유명한 예술사의 기초개념[다양한 예술의 역사가 몇 가지 기초개념으로 반복된다는 이론]과도 일치한다. 즉 뵐플린에 의하면, 사람은 자신이 찾는 것만 보며, 또한 자신이 볼 수 있는 것만 찾는다고 한다.

모든 것이 항상 시각과 지각의 차원에서 나타난다. 여기서는 원칙적으로 의미 문제가 존재하지 않는다. 어느 경우든지 의미가 현실을 내다볼 때에는 부적(Apotropaion)으로서 기능한다고 말할 수 있다. 따라서 오늘날 '의미 위기' 내지는 그와 유사한 것에 대해 말한다면, 이는 그와는 완전히 다른 관련 문제점, 다시 말해서 복잡성과 우연성을 염두에 둔 것이라 할 수 있다. 그 때문에 의미에 관한 물음에 대해서는 결코 정보로는 대답할 수 없다. "문제점은 무지가 아니라 혼란이다."[74] 따라서 의미는 혼란스러운 상황에서 치료제로서 투여된다.

따라서 박물관은 만약 그것이 자신을 의미의 공간이라고 표현한다고 하면, 마케팅 기술적으로는 훌륭해보일지 모르나, 지적으로는 완전히 잘못된 것이다. 왜냐하면 박물관은 기억의 파괴를 토대로 설립되었다기보다는 기억의 보존을 토대로 설립되었기 때문이다. 그리고 이것은 진화론적으로 관찰해볼 때 단점만 보인다. 로스 애시비(Ross Ashby)는 그 문제점을 다음과 같이 표현하고 있다. "미래가 종종 과거의 반대라 한다면, 기억은 실제로 유익하지는 않을 것이다."[75] 그런데 박물관이 거대한 기억저장소가 아니라면 무엇인가? 아마 놀람의 공간일까? 놀람이라는 것은 자기 스스로를 자극시키는 것을 말한다. 그래서 미래의 박물관은 항상 낡은 사물들을 새로운 맥락에서 새롭게 배열하는 하나의 이노베이션 장치의 모습일 것이다.

74 K. Weick, *Sensemaking in Organizations*, S.27.

75 W. Ross Ashby, "Principles of the Self-Organizing System," S.267.

'뷰토피아(Beautopia)'

퍼트리샤 아케트(Patricia Arquette, 할리우드 미녀 스타), 아우디 TT형 모델 혹은 런던의 밀레니엄 돔. 이 얼마나 아름다운가! 거의 우상숭배에 근접할 정도로 감탄을 자아내는 그런 대상들이 있다. 아름다운 (순정)미는 유혹적이다. 황금송아지에 관한 성서의 이야기가 이것을 가르쳐주고 있고, 청교도주의는 여기에서 급진적인 극기적 결론을 이끌어냈다. 신앙심이 있는 사람에게는 "예술의 고유한 형식 가치에 대한 편견에 사로잡히지 않은 헌신"[76]에서 이미 우상숭배의 싹이 보였다. 악마적으로 유혹하는 것은 형식 유희의 자기 관련성이다. 다른 말로 표현하면, 자율적 예술에 대한 모든 비판에는 미에 대한 숭배를 우상숭배로 간주하고 싶어 하는 신학이 숨어 있다.

미가 신성모독인 데 비해, 진리는 추하다는 것이 대비될 수 있다. 소크라테스는 추하지만, 그는 진리를 이야기한다. 그 이래로 계몽주의는 반수사적 취향의 수사학을 장려했다. 칸트에서 하버마스에게 이르기까지 진리는 나쁜 양식을 통해 자신을 증명한다. 그리고 소크라테스처럼 사도 바울 역시 나약하고 추하며 수사적으로도 서툰 것처럼 보인다. 니체가 그에 관해 다음과 같이 말한 것은 옳았다. "행실 바름, 자부심, 고상함, 특히 아름다움은 그의 눈과 귀를 고통스럽게 했다."[77] 이와 같이 바울에 의해 그 모습이 그려진 예수 — 즉 십자가에 매달린 예수의 설교 — 는 추하다. 신은 비천한 사람들, 세속의 눈으로는 아무것도 아닌 사람들을 선택했다. 이미 구약 이사야(53장 2절)에는 하느님의 종에 관해 "그는 우리가 우러러보고 싶을 정도의 / 아름답고 고귀한 자

---

76 M. Weber, *Wirtschaft und Gesellschaft*, S.367.

77 F. Nietzsche, *Der Antichrist*, § 51.

태는 아니었다. / 그는 우리가 결코 호감을 가질 만한 그런 모습은 아니었다"라고 기록되어 있다.

만약 기독교적 예술이라는 것이 존재했다면, 그것은 단지 십자가에 매달린 예수의 추한 모습만을 테마로 했을 것이다. 그러나 현실은 그 반대였는데, 콘스탄티누스 황제 이래로 예술사에서는 십자가가 승리의 기호이자 황제를 나타내는 상징으로 나타났다. 고통을 받고 따라서 추한 모습이던 예수 그리스도는 점점 배제되었다.[78] 아름다움이 신성모독임이 다시 진지하게 받아들여진 것은 종교개혁 시대에 자율적인 예술을 위한 출발 조건이었다. 종교개혁은 다시 말해서 좋은 작품과 구원의 관련성을 부정한다. 즉 예술작품은 예술의 영역으로 망명하여 아름다운 작품들로 되었다.

아름다운 예술은 이제 자유로운 형식 유희에서 안정된 고유의 가치를 개척할 수 있었다. 힘찬 현대의 휴식기에 이를 때까지. 이제 고전예술의 성찰적 가치(Reflexionswert, 반성적 가치)가 미학적 관심의 중심으로 부상한다. 즉 추미(das Haßliche)가 미학에서 다루어진다. 분명히 말하면, 현대는 추미의 미학에서 자신을 반성한다. 그 때문에 미의 이상은 예술에서 나와 유행과 모델의 무대로 이주한다. 유토피아적으로 아름다운 것은 그 이래로 문화산업의 본령으로 된다. 그래서 우리가 지금 신세 지고 있는 '뷰토피아(Beautopia)'라는 멋진 개념은 트렌드연구가인 수지 쇼벨(Suzi Chauvel)이 제안한 것인데, 현대의 예술에게는 아름다움이 실제로 어떤 장소 없음(Unort)이 된 것처럼 보인다. 우리는 예쁜 소녀나 고상한 디자인을 아름답다고 부르는 데 주저하지 않는다. 그러나 현대의 예술작품에 대해서는 어떠한가?

---

78 N. Bolz, "Leidenerfahrung als Wahrheitsbedingung"과 *Eine kurze Geschichte des Scheins*, S.17ff 참조. J. Taubes, V*om Kult zur Kultur*, S.114~134.

로저 프라이(Roger Fry)는 신성모독적으로 아름다운 것의 신학적 모티프를 생물학적으로 심화시켰다. "생물학적으로 말하면, 예술은 신성모독이다. 우리에게 눈은 사물을 보기 위해 주어진 것이지, 결코 관조하기 위한 것은 아니다."[79] 가령 아름다운 여자를 훑어볼 때 단순한 보기와 관조 사이의 이러한 날카로운 대립이 예술을 비(非)예술과 구별 짓는다. 우리는 예술을 단지 지각만 하는 것이 아니라 그것이 행해진 지각 속으로 수용한다. 이것은 틀 짜기(Rahmung, 테두리) 원칙에 의해 명료화된다. 액자라는 틀 안에 있는 것은 한 장의 그림이어야 한다. 무대의 막이라는 틀이 올라가면 그 안에는 연극이 있다. 책 표지는 이야기가 끝났다는 것을 분명히 한다. 따라서 예술의 형식은 지각을 틀 안에서 안내하며, 나이브한 보기와 듣기를 배제한다. 지금까지 말한 것을 요약하면, 아름다운 미가 유혹하는 힘은 예술에서 구조 특성으로 형태화된다. 예술은 하나의 관찰 행위이며, 이것은 '관찰로 유혹하는 것',[80] 즉 단순히 그냥 보는 것이 아니라 관조하는 것이다.

아름다움에 관한 이야기는 곧 그것에 대한 정의의 실패에 관한 이야기이기도 하다. 존 듀이(John Dewey)에게는 아름다움이 가장 분석적이지 않은 개념이다. 다시 말해서 미는 자신의 오류에 대한 시각을 차단시키는 것을 본질로 한다. 아직 이보다 더 말할 것이 있겠는가? 아마도 만약 미를 2차 등급의 개념으로 소개한다면, 다시 말해서 미를 어떤 정의 자체의 불가능성으로 정의할 경우에만 그럴 것이다. 이러한 의미에서 장 파울은 미를 — 논리적 순환과 비슷하게 — '판타지의 순환'[81]으로 정의했다.

그런데 항상 그랬듯이, 우리가 아름다움의 자명성에서 아주 멀리 떨어져

---

79 R. Fry, *Vision and Design*, S.47.

80 N. Luhmann, *Beobachtung der Moderne*, S.121.

81 Jean Paul, *Vorschule der Ästhetik*, S.43.

있다는 것이 자명하게 된 것처럼 보인다. 그것은 분명히 아직도 마치 잃어버린 낙원처럼 — 이제부터 영원히 전인미답의 영역으로서 — 묘사할 수 있다. 막스 벤제(Max Bense)는 이에 관해 다음과 같은 놀랄 만한 결론을 도출했다. "'미' 개념이 실체는 잃었지만, 기능을 얻는 데는 성공했다."[82] 이 명제는 벤제가 구상했던 것, 다시 말해서 존재론적인 미학에서 의미론적인 미학으로의 방향 전환에 대한 언급으로서만이 아니라 기능주의적으로도 이해될 수 있다. 기능주의적으로 이해한다면 '아름다움'의 반대개념에 대한 물음에 이르게 된다. 전통적인 2진법적 코드에서 그것은 '추한 것'이고, 역사적으로 관찰할 경우에는 '더 이상 아름답지 않은 것'[83]이며, 체계이론적으로는 아마도 '응용된 예술' 일 것이다. 간단히 말해서, 비록 미 개념이 다른 완벽성의 표현, 가령 '건강'이나 '정의'와 비슷하게 분석적으로 사용할 수는 없다 하더라도, 순정미/추미의 구분은 사용할 수 있다.

　이런 입장이 매우 그럴듯하기는 하지만, 그런 만큼 현대 예술의 자기이해에 모순되고 있다. 현대적이라는 것은 현대적인 예술이 다시 말해서 바로 이러한 미/추 구분을 거부하는 정도에 따른 것이다. 제3의 사실이 관건이다. 만약 아름다움이 추한 것을 배제한다면, 현대의 예술에게는 순정미가 더 이상 사용 불가능한 척도일 것이다. 그러나 만약 아름다움이 또한 추한 것이 될 수도 있다면, 미는 단순히 오도하는 개념일 뿐이다. 예술가로 하여금 미/추라는 가치를 매개로 예술을 2진법적으로 구분하는 것을 철회하도록 하는 미학적인 제3의 어떤 것이 존재함에 틀림없다. 제3의 것은 추한 것을 아름다움 속으로 집어넣고 아름다움으로부터 추한 것을 빼내는 것에서 자신을 드러낸다. 추함

---

82 M. Bense, *Aesthetica*, S.260.
83 이에 관해서는 '시학과 해석학'이라는 연구그룹이 유명하다.

의 아름다움, 이것이 바로 현대적 예술이다. 아름다움의 추함, 이것은 문화산업이다(예, 바비 인형).

'소박단순미(Sermo humilis)', 즉 일종의 추함에 대한 기독교적 정당화에 관해서는 이미 언급되었다. 그것은 아름다움의 현재적 가치로서 점점 더 위력을 발휘해오고 있는 숭고미(das Erhabene)의 전(前) 형식으로서 해석될 수 있다. 정확히 여기서, 다시 말해서 이러한 과정의 교정으로서, 오늘날 아름다움의 구제가 착수되고 있는 듯하다. 칸트에서 리요타르(Lyotard)에 이르기까지 숭고미에 대한 철학적 해명은 우리의 사고가 출발점으로 취했던 그런 아주 단순한 경험 — 아 얼마나 아름다운가! — 을 윽박지르려는 것이었다. 현대에서는 아름다움이 숭고함에 의해 테러를 당해왔다![84]

21세기에 현대 예술은 따라서 도발을 위해 미를 완전히 포기한다. 그것은 숭고함의 유산에 발을 딛고 있다. 그런데 오늘날 도발로써 다시 도발하는 것이 점점 더 어려워진다면, 아마도 이목을 끌지 못했던 아름다움에 다시 기회가 돌아갈 것이다. 이것은 물론 문제해결에 대한 관심 — 즉 어떤 수공예적 능력 — 을 전제한다. 이것은 형식 문제에 대한 증가하는 관심에 침전될지도 모른다. 아름다움은 다시 말해서 항상 형식으로써만 설득력 있게 나타난다. 예술 주체, 퍼포먼스, 메시지와는 아무 관계가 없다. 그리고 형식은 우리가 아직 알지 못하는 어떤 문제의 해결책을 설득력 있게 제시한다.

고전 미학을 현대 미학과 구별하는 것은 무엇인가? 이미 벤제를 언급하면서 이에 대해 대답한 바 있다. 현대에서는 미(美)란 더 이상 존재론적이 아니

---

84 역사적으로 최고로 규정된 아름다움의 형식에 대항한 숭고함의 투쟁이 이것을 겨냥하고 있다. 숭고함의 미학은 기술적 아름다움으로부터의 도피, 특히 기술적 영상에 대항한 일종의 반응 형성이다. 이에 관해서는 N. Bolz, "Das grosse stille Bild im Medienverbund" 참조.

라 의미론적으로 규정된다. 이제 중요한 것은 대상이 아니라 기호이다. 여기에서 개념 예술로 이르는 길은 더 이상 멀지 않다. 그 이래로 우리는 보기 위해서 사고해야 한다. 다시 말해서 예술에 관한 텍스트가 그 대상 자체보다 우리의 미학적 요청을 더 잘 만족시킨다는 멋진 사태에 대해서는 빌헬름 보링거(Wilhelm Worringer)가 말한 '사유의 감성(Denksinnlichkeit)'[85]이라는 개념보다 더 정확한 개념은 없다.

여기서 이제 플라톤에게로 이르는 길, 즉 예술이 어떤 경우든 인도할 수 있는 사유의 미에 이르는 길은 더 가까운 것처럼 보인다. 듀이는 플라톤의 입장을 타의 추종을 불허할 정도로 의미심장하게 표현했다. "예술의 목적은 예술을 멀리하도록 우리를 교육시키는 것이다."[86] 그에 의하면 미적 교육은 예술로부터 우리를 해방시킨다. 우리는 정확히 대립된 길을 택하려 한다. 즉 이념의 사유로 난 길이 아니라 비(非)개연적인 것의 지각으로 난 길 말이다.

예술로부터의 플라톤적인 해방은 철학이 아직 그로부터 자유롭지 못하고 있는 사유에 대한 과대평가를 표현한다. 우리는 이 문제에 대해 더 겸손하게 파악할 필요가 있다. 의미론적인 미는 모든 마법적 잔여물로부터 미학적 작품의 해방, 즉 예술이 그 아우라에서 해방되는 것을 말하고 있다. 이것은 알다시피 벤야민이 다루었던 유명한 테마이다. 그러나 그가 제안한 해결책, 다시 말해서 '예술의 정치화' 역시 전부터 더 이상 실행되지 않았고 설득력도 없다. 오늘날 이미 세속화의 극치에 도달했고, 냉정하게 말하면 아우라가 증발한 예술이 바로 디자인이라고 할 수 있는 상황이다.

사물을 이런 관점에서 관찰하면, 아름다움과 관계된 문제점은 아무것도 없

85 W. Worringer, *Künstlerische Zeitfragen*, S. 28.
86 J. Dewey, *Art as Experience*, S. 291.

다. 디자인 과학은 미학을 대체하고 아름다움을 '좋은 형식'이라 정의한다. 그러나 이것으로 아름다움의 문제가 해결되는 것이 아니라 성공적으로 은폐될 뿐이다. 따라서 우리는 예술의 형식유희를 디자인의 '좋은 형식'에서 구분하는 것이 무엇인지를 질문할 수 있다. 클라이브 벨(Clive Bell)의 말을 빌리면, 사용의 맥락에서 나타나는 디자인의 좋은 형식이 예술의 '의미 있는 형식'[87]에서 구별될 수 있다고 한다. 좋은 형식은 정보를 부정한다. 의미 있는 형식은 형식을 하나의 테두리 안에서 조합하여 엮는다. 원칙적으로 표현하면, 디자인은 항상 콘텍스트 안에서의 디자인이다. 예술은 항상 테두리 안에서의 예술이다. 그리고 이것은 디자인이 그것을 사용하는 세계를 추상화할 수 없다는 것을 의미하기도 한다. 반대로 예술은 사용의 세계를 추상화해야 한다. 좋은 형식은 일상적인 지각에서는 (사물을 보기 위해) 나타나고, 의미 있는 형식은 (사물을 관조하기 위해) 2차 등급의 지각을 고무한다.

우리는 방금 예술이 사용의 세계를 추상화해야 한다고 말했다. 이 테제를 문화인류학적으로 심화시키면, 미가 현실의 절대성에 대한 불안에서 생성된다고 말할 수 있다. 예술의 기원에 대한 가장 핵심적인 대답 중 하나는 이에 따르면 "사람들이 신체의 세계에 대해 미학적으로 어떻게 관계하는가?"라는 물음에 대한 대답일 것이다. 그리고 여기서 분명히 두 가지 설득력 있는 대답이 존재한다. (경험으로부터의) 추상화를 통해서 혹은 (형태의) 변용[감정이입]을 통해서이다. 그리고 처음으로 예술작품이 '자연의 차단'[88][추상]을 통해 생성된다는 것을 의미 있게 표현한 사람은 보링거이다.

우리를 실제 세계의 공포에서 구제해주는 예술의 근원에 대한 추상화 작용

---

87 C. Bell, *Art*, S.8.

88 W. Worringer, *Abstraktion und Einfühlung*, S.19[보링거는 『추상과 감정이입』으로 예술사를 설명함 ─ 옮긴이].

은 눈에 보이는 존재의 세계로부터 우리를 분리시킨다. 그 때문에 보링거는 "지각이 아니라 표상이 중요하다"[89]고 했다. 이제 이 명제에 "미에 관한 표상이 존재하는 것이 아니라, 단지 그에 대한 태도와 그에 대한 지각만이 존재한다"[90]는 벤제의 명제를 대비시켜보자.

두 명제는 얼핏 안티테제로 보이며, 서로 양립할 수 없어 보인다. 그러나 그것은 단지 첫눈에만 그렇게 보인다. 보링거는 자연과 관계하고 있기 때문이다. 이것을 염두에 두면, 두 명제는 아주 훌륭하게 융합될 수 있다.

첫째, 예술은 "표상을 위한 어떤 전체성"을 얻기 위해서는 자연으로부터 추상화해야 한다. 중요한 것은 (전체의) 표상이지 결코 (자연의) 지각이 아니다.

둘째, 아름다움은 비개연적이고 따라서 표상 불가능하며, 단지 지각만 가능하다.

우리는 아름다움을 따라서 2차 등급의 지각 영역에서 추구한다. 이것은 만약 우리의 테마를 커뮤니케이션 이론적 관점에서 다루면 아주 쉽게 이해될 수 있다. 다시 말해서 커뮤니케이션은 지각할 수 없고, 예술은 정확히 이러한 커뮤니케이션의 무능력을 보상해주는 것이라는 간단한 사태에서 출발할 수 있다. 다른 말로 하면, 예술은 지각과 커뮤니케이션 사이에 가교를 놓는다. 혹은, 예술은 커뮤니케이션 불가능한 것을 커뮤니케이션 가능토록 한다고 할 수 있는데, 말하자면 미학적으로 본래 목적에서 멀어지게 하는 지각이라는 것이다. 그 때문에 예술의 특수한 커뮤니케이션 기여는 다른 미디어로는 전이될 수 없다. 예술에 의해 제공되는 것은 지각 가능한 것의 연출이다.[91]

언어와 똑같이 예술작품도 의식과 커뮤니케이션을 결합시킨다. 다만 언어

---

89 같은 책, S.77.

90 M. Bense, *Aesthetica*, S.26.

91 N. Luhmann, *Die Kunst der Gesellschaft*, S.83, 227.

의 우회를 조건으로. 이러한 결합은 언어적 결합보다는 느슨하다. 따라서 예술이 언어와 기능적으로 동등하지만, 예술의 커뮤니케이션은 더 많은 운동 자유를 지니고 있다고 말할 수 있다. 예술이 어떤 더 나은 아름다운 사회를 희구하는 — 노발리스였더라면 '아름다운 사교'라고 부름직한 — 전시장으로서 항상 연출된다는 것은 커뮤니케이션 이론가에게는 그 때문에 놀라운 일일 수 없다. 왜냐하면 여기서 예술에 특수한 커뮤니케이션은 지각을 경유하여 진행하기 때문에, 모든 예술작품과 더불어 '부정될 수 없는 사회성'[92]이 생성된다.

다른 말로 하면, 예술작품은 예술에 적합한 관찰을 넘어서는 더 이상 시험되지 않는다. 그러나 이로써 예술은 관찰에 의해 방해받지 않고 오히려 발전하는 현대사회 유일의 체계이다. 예술가는 형식을 고안하고 관찰자가 그 형식을 커뮤니케이션으로서 따르도록 유혹한다. 그렇게 해서 발전된 특별히 예술적인 관찰의 본질은 이제 예술적 형식들을 '양면적 시각'[93]으로 보는 것이다. 여기서도 물론 맹점이 없이는 안 된다. 그러나 이미 에셔(Escher)의 이상한 도형이나 에드거 앨런 포(Edgar Allan Poe)의 『절취된 편지(Purloined Letter)』에서 더 잘 볼 수 있듯이, 예술은 관찰의 맹점을 순환하도록 한다.

"세계는 아름답다." 이것은 현대적으로는 가능하지 않다. 왜냐하면 현대적이라는 것은 드러냄, 편견의 파괴, 모든 것이 겉으로 보이는 것과는 완전히 다르다는 확실성, 다시 말해서 일종의 비판적 근본 의식이기 때문이다. 미적 현대의 근본 조건은 따라서 — 그것도 일종의 향락하는 일이지만 — 난해함을 참아내는 매력에 있는데, 그런 매력은 향락 행위에 대한 극기론적인 근본적 비판에 대한 보상인 것처럼 보인다. "우리는 향락하지 않음 — 즉 세계의 향락 불가

---

92 같은 책, S.36.

93 N. Luhmann, "Gibt es ein 'System' der Intelligenz?" S.70.

능성 — 을 결국 향락한다."[94]

현대가 파악한 것은, 단지 예술이 근원적인 향락성(칸트의 '무관심적 만족')을 포기할 경우에만 그것은 자신의 내적 필연성을 테스트할 수 있다는 것이다. 현대의 예술은 향락할 수 없는 것인데, 왜냐하면 향락이 신뢰성을 전제하기 때문이다. 향락 대신 중요한 것은 길들여진 놀람으로서의 아름다움이다. 이것은 현저히 인지적인 해결이다. 그런 해결은 예술이 "XY에 봉사"할 수 있다는 것을 배제한다. 현대의 예술은 아무 과제도 지니지 않는다. 그것은 지성과 실험하는 것이다.

베이트슨이 미학을 구속력 있는 표준에 관한 학설로 정의할 때, 우리는 자기론적인 개념과 관계해야 한다. 그런 개념은 아름다움에도 해당된다. '아름답다'라는 말이 무엇을 의미하는가를 말하기 위해서는 그것이 다른 말과는 어떻게 관계하는지를 (즉 구속력 있는 표준을) 보여야 한다. 아름다움에 관한 물음에는 대답하지 않았으면 한다는 의미에서 더 쉬운 것에 대해 묻지 말고 더 어려운 것에 대해 물어보라고 한다. 어려움과 예측 불가능한 것은 현대 예술의 전시장이다. 그 때문에 현대 예술에서 배울 수 있는 것은 고도로 복잡한 네트워크와 같이 조직된 세계에서 어떻게 컨트롤을 행사할 수 있는가이다. 아름다운 것은 어떤 복잡한 문제의 해결이다. 다른 말로 하면, 사이버네틱적 의미에서 '컨트롤'은 권력보다는 아름다움과 관계한다.

현대 예술은 삶을 분명히 더 쉽게 하는 것이 아니라 더 어렵게 한다. 그런데도 왜 예술에 관계하려는가? 2차 등급의 지각에 진력하게 하는 인지적 '인센티브'가 있는가? 예술작품을 관찰한다면, 우리 세계에 대해 어떤 것을 배울 수 있는가? 철학자라면 다음과 같이 대답할 것이다. 예술작품에서 지각할 수

---

94 H. Blumenberg, *Die Verführbarkeit des Philosophen*, S.39.

있는 것은 우연성에서 차원이 어떻게 생성되는가이다. 모든 것이 다 괜찮은 것은 아니지만, 다르게 될 수도 있다. 그리고 다르게 하면 잘될 수도 있다. 다시 말해서 예술작품의 질서는 우리가 다른 가능성의 리스크에 관계할 수 있음을 보여준다.

예술작품은 비록 우연적이지만, 필연적인 것처럼 보인다. 이미 노발리스는 이것을 그보다 더 의미 있게 나타낼 수 없을 정도로 표현했다. 즉 "현존한다는 것은 필연성을 동반한다"라고. 예술작품은 세계 그 자체와 마찬가지로 어떤 다른 것으로 '보충될 수 없는 것'[95]으로 나타난다. 모차르트가 오페라 〈코지 판 투테(Così fan tutte)〉에서 너무 많은 음표를 썼다고 지적했던 황제 요제프 2세도 결국 그 어떤 음표도 과다하거나 과소하지 않다고 말해야만 했다. 실제로 그렇게 보인다. 물론 분명한 것은 〈코지 판 투테〉가 각각 다른 음표로 시작할 수도 있었지만, 바로 특정 음표로만 시작한다. 왜냐하면 미적 과정의 본질은 정확히 예술작품이 "자신의 우연성에 대항해서 관철하는 것"[96]에 있기 때문이다. 즉, 예술작품은 그 자체가 산출해놓은 다른 가능성에 대항해서 스스로를 관철시키기 때문이다.

나는 그 때문에 초기 낭만주의적 표현, 즉 프리드리히 슐레겔(Friedrich Schlegel)의 '객관적 자의성'[97]과 더불어 이 논의를 마치려고 한다. 태초에는 이제 시작이라는 절대적 결단주의(Dezisionismus)가 있었다. 그런데 이러한 자의는 모순적으로 객관적일 수 있음에 틀림없다. 예술이라는 것은 시작의 임의성이 지양되어 자기 스스로를 필연적인 것으로 만드는 것을 말한다. 이것은 '자의성의 자기 조건화'[98] 과정이다. 예술은 우리를 따라서 우연성의 필연

---

95 N. Luhmann, *Die Kunst der Gesellschaft*, S.241.

96 같은 책, S.315.

97 Fr. Schlegel, *Philosophische Lehrjahre*, S.407.

성이라는 모순과 대결하도록 한다. 그리고 이러한 패러독스는 예술작품이 우연성 자체를 우연적인 것으로 설정하면서 펼쳐진다. 슐레겔이 객관적 자의성이라는 것으로 의미한 것이 바로 이것이다.

아름다움은 '선언된 우연성'이고, 이것이 '내적 필연성'을 설득한다.[99] 이를 위해 예술은 작품을 경험으로부터 추상화시켜야만 하고, 자체적으로 고안된 형식을 변형시켜 관찰자를 형식 유희로 유혹해야 한다. 이것이 성공할 때마다 예술은 일상의 산만함으로부터 우리의 주의력을 돌린다. 예술은 '정상적인 지시 관계'를 파괴하고, 세계가 그것의 현재 모습처럼 그렇게 필연적인 것은 아님을 가리킨다. 아름다움은 따라서 세계가 아니라 예술작품이 필연적이라는 인상을 나타내는 이름이다. 세계로는 충분하지 않다.

---

98 N. Luhmann, *Die Gesellschaft der Gesellschaft*, S. 354.

99 N. Luhmann, *Soziologische Aufklärung*, Bd. III, S. 250.

삶의 인공성

디자인 정신에서 철학의 부활

오늘날 우리는 인공지능 테크놀로지에 의존하는 낙원이긴 하지만, 도덕적으로나 사회적으로는 악몽인 상태에서 살고 있다. 왜냐하면 진화의 지능적 수준이 투쟁 속에서 사회적 수준으로부터 자유롭게 되어, 생물학적 수준에 대한 통제를 유지하는 데 사회적 수준의 역할을 무시해왔기 때문이다.

— 로버트 피르식[1]

센스메이킹으로서의 디자인

어디 아프거나 뭔가 즐기려고 한다면 이론상으로는 마법의 마실거리와 먹을거리를 섞어 복용하면 된다. 가령 느타리버섯에 마늘을 섞어 적포도주에 휘휘 저어 마시면 두통이 어떻게 되는지 한번 보라. 사과를 얇게 썰어 백포도주에 담가 치즈를 얹어 오븐에 구워 맛을 보라. 실제로 이렇게 하는 사람은 드물다. 그러나 수많은 다른 사람이 수천 년 동안 그런 조제를 시도했고, 그 성과가 전승되어왔다는 것을 우리는 알고 있다. 다시 말해서 처방이라는 형태로. 처방에서는 유용성이 확실하다. 그 유용성은 이미 끊임없이 증명되어왔다.

---

1 R. M. Pirsig, *Lila*, S.353.

처방은 증명된 유용성을 행위 지시로 코드화하기 때문에, 처방의 형식은 확신하지 못하는 모든 사람을 유혹한다. 그것은 정보이론에서 말하는 슈퍼 기호와 같이 '프리 패스'(오스왈드 노이베르거, Oswald Neuberger)를 약속한다. 만약 우리가 이런 사태를 방향 탐색적 관점에서 다시 표현한다면, 처방은 자기 확신의 테크닉이라고 말할 수 있다. 다시 말해서 기대의 확실성이 처방을 사용하고 믿는 모든 사람에게는 실현가능성의 문제보다 더 중요하다. 중요한 것은 기대를 관철시킬 수 있는 것이 아니라, 그것을 유지할 수 있다는 것이다. 따라서 규범과 비슷하게 처방은 불확실성을 흡수하고 속임수에 넘어가지 않도록 한다.

불확실성은 조정되고 결정되는 곳 — 즉 경영(Management) — 에 대부분 존재한다. 그 때문에 매년 열리는 도서박람회에서 예상되는 새 베스트셀러 도서가 『~~경영』이라는 이름으로 출간될 정도라는 것을 기정사실로 받아들여도 될 것이다. 그런 책들이 제공하는 것은 항상 처방이다. 그러나 우리 사회는 그 복잡성 때문에 성공을 기약하는 처방이나 승자의 게임 규칙을 배제하고 있다. 그래도 처방에 관한 필요성은 그 증명의 불가능성과 더불어 증가된다. 여기서 처방과 처리방식의 차이점이 탈출구를 제시한다. 처방전을 쓰는 것은 의사 - 환자의 상호작용을 끝맺는 하나의 제식(Ritual)이다. 결국에 환자는 대부분 거의 알아볼 수 없게 쓴 마법적 공식으로 가득 찬 쪽지를 받는다. 요리처방(조리법)에는 요리를 강제하는 것이 없는 반면에, 의사의 처방을 따르지 않을 때는 상당한 리스크를 안고 결단을 내려야 한다. 처방전 발행의 이와 같은 절차화 과정 덕분에 게다가 소위 '플라시보 효과'[가짜 약을 투약하여 환자의 심리적 효과를 기대하는 것]까지 거둔다. 즉 효과로 작용하는 것은 실체가 아니라 하나의 제식이라는 것이다. 이런 논리에 의하면 오늘날 모든 위급상황에서 가치들을 위약으로 처방하도록 노력한다.

여기서 세 가지 인간형을 구분할 수 있다. 계몽된 인간은 스스로 생각하고, 보통 사람은 처방을 선택하며, 확신을 하지 못하는 사람은 어떤 처방에 따른다. 그런데 흥미 있는 것은 스스로 생각하는 사람조차도 어떤 명령에 복종하는 사람이라는 것이다. "스스로 생각하는 데 주저하지 말라(Sapere aude)"라는 말은 주지하다시피 칸트에 의해 유명해졌다. 그리고 조지 스펜서 브라운(George Spencer Brown)은 오늘날 "하나의 구별을 그어라"[2]라고 처방했다. 처방에 대한 대안은 없는가? 하여튼 처방할 수 있는 것은 "처방을 불신하라"는 처방이다. 이것은 물론 모순적인 지시이며, 일종의 '자발적으로 행하라!고 명령하는 패러독스(Sei-spontan-Paradoxie)'를 연상시킨다. 어떻게 이런 패러독스를 풀 수 있을까? 그것을 어떻게 디자인할 수 있을까? 디자인은 고귀한 서비스 활동의 패러독스를 풀어야 하는데, 그것도 미적으로 우아하게 해야 한다. 훌륭한 디자이너에게는 저마다 웨이터나 미용사의 자질 — 즉 서비스에 전심전력하는 탁월한 능력 — 이 잠재되어 있다.

기능주의는 존재(Was)에 관한 물음을 방법(Wie)에 관한 물음으로 사고방식을 단순히 바꾸면서 해방적 영향력을 얻어왔다. '본질(Wesen)'로부터 바로 그 다음 단계의 해방은 바로 위에서 언급한 조지 스펜서 브라운의 차이 논리학(Protologik) 덕분인데, 이 논리는 "~가 무엇인가(ti esti)"라는 물음을 "하나의 구별을 그어라!"는 지시로 대체한다. 그런데 바로 이것을 의미하는 것이 '디세뇨[Disegno, 이탈리아어로 디자인]'이다. 우리는 여기서 세계의 시작과 디자인의 시작에 있다. 그런 시작 이전으로는 더 이상 소급되지 않는다. 우리는 "하나의 구별을 그어라!"라는 보편 처방을 가지고 있다. 다르게는 되지 않을 것처럼 보이고, 아무것도 가능하지 않을 것처럼 보인다. 우리는 차이가 보전되

---

2   G. Spencer Brown, *Laws of Form*, S.3.

는지 보기 위해 차이를 만들 수 있을 뿐이다. 예술가에게 이것이 의미하는 바는, 직관을 말하는 사람은 차이를 회피하려 한다는 것이다. 그리고 형이상학자에게는 '가치의 전도'보다 더 근본적인 것은 새로운 차이로의 이행이라는 것을 의미한다.

디자이너 역시 인간이고, 그 때문에 '인간'의 중요성에 쉽게 감명받는다. 인간이 가운데 중심에 놓여 있고, 그럼으로써 인간은 방해물이 된다. 그 때문에 사회학자들은 디자이너에게 "'인간'에게서 거리를 두라"라고 충고할 수도 있다. '완전한 인간'은 형상화의 '척도'로 사용하기에는 너무나도 복잡한 체계의 집합체이다. 내 육체의 한계가 아니라 내가 사용하는 장치의 한계가 내 세계의 한계이다. 그런데 장치, 즉 기술적이고 조직된 대상을 이해하기 위해서는 그것이 어떻게 사용되는지를 연구해야 한다. 오틀 아이허(Otl Aicher)는 그 때문에 비트겐슈타인(L. Wittgenstein)의 유명한 명제 — "어떤 단어의 의미는 언어 속에서 그 사용이다"[3] — 를 디자인에도 적용시킬 수 있었다. 디자이너는 예술적인 형식과 관계하는 것이 아니라 생활형식과 관계한다. 따라서 디자인은 테크닉(기술)의 해석학이다. 사용에 대한 주의가 사물 자체의 언어를 지각하도록 한다는 것이다.

아이허에 의하면, 현대의 인간은 그가 점점 알기 어려운 세계로 던져져 있다고 한다. 지나간 세대는 우리보다 삶의 좌표를 더 쉽게 설정할 수 있었다. 오늘날에는 사전에 미리 주어진 해답은 더 이상 존재하지 않는다. 그 때문에 결정적인 것은 질문하는 방법을 배우고 발견하는 법을 훈련하는 것이다. 하이데거의 말을 빌리자면, 이것은 "존재 능력을 지향하는 기투하는 존재 (entwerfend-sein zu einem Seinkönnen)"[4]이다. 우리는 우리 자신을 불특정의 가

---

3 L. Wittgenstein, *Philosophische Untersuchungen*, S. 311(#43).

능성들로 기투한다. 디자인은 삶을 형상화한다. 다시 말해서 그것은 사물, 인간 그리고 환경 사이의 균형이다. 아이허는 명시적으로 '생활 디자인'—즉 '삶의 형식의 최적화'—에 관해 말하고 있다. 디자인은 따라서 더 이상 개별 대상이 아니라 체계를 지향하고 있다. 구조, 스크린 망, 패턴, 네트워크, 이들은 현대의 생활조건에 부응하는 비선형적 디자인 과정의 핵심 개념이다.

　이러한 디자인 개념에 내포된 인간학을 더 분명히 표현하면, 인간이 결코 자연적 존재가 아니며, 그 때문에 인간의 인간됨은 그 테크닉의 이노베이션에서 완성된다는 것이다. 디자이너는 인간을 생물학적으로가 아니라 체계이론적으로 파악한다. 즉 "인간은 현존하지 않으며, 인간은 설치되어 있다 (……) 비로소 장치들, 그런 만들기나 커뮤니케이션이 우리를 완성하며, 우리를 우리의 인간성에 정착시킨다. 인간, 각각의 개별자는 그의 정확한 장치의 척도에 따라 자신을 계발한다"[5]라는 것이다. 그런데 디자인은 단지 선험적 인간으로부터만이 아니라 또한 그가 가장 아끼는 피난처, 즉 예술로부터도 벗어나야 한다. 디자인은 이론의 의무가 있으며, 독특한 형태의 아름다움인 '기술미(Technikschöne)'를 지니고 있다. 인공적인 것의 과학으로서 디자인학은 분석과 미학 사이에서 아직 연구되지 않은 중간에 자리 잡고 있다.

　대중에게 어떤 것을 묘사하여 책으로 생산하는 모든 저자는 저마다 보편적이고 단순하며 동시에 정확하기를 원한다. 그러나 이렇게 하기는 힘들다. 보편적이고 단순할 수는 있으나, 바로 그 때문에 정확성은 포기할 수 있다[실용서적]. 보편적이고 정확할 수는 있으나, 그 때문에 단순성을 희생시켜 복잡할 수 있다[학술서적]. 단순하고 정확할 수는 있으나, 디테일한 것에 대해 맹목적

4　M. Heidegger, *Sein und Zeit*, S. 336.

5　O. Aicher, *Analog und digital*, S. 27f.

으로 빠져들어 보편성을 희생시킬 수 있다[저널리즘 또는 사례연구].[6] 우리는 항상 어떤 측면을 희생시키면서 결단을 내려야 한다. 그러나 시대정신은 디자인으로부터 결단을 박탈한다. 왜냐하면 세계가 복잡하면 복잡할수록 단순성은 더 막강한 위력을 지니고, 또 디자인은 항상 단순해야 하기 때문이다. 그 때문에 디자인은 결코 그 보편성을 세부적 정확성과 결합시킬 수 없다. 이것은 취향의 문제에서, 그리고 취향의 문제로서 나타난다.

디자이너는 그 때문에 결코 그 고객의 취향이 아니라 디자인의 기능을 신뢰해야 한다. 여기에서 나는 매우 광범위한 테제를 제시하려 한다. 즉 종교에 대한 기능적 등가물로서의 디자인 개념이다. 종교의 가장 중요한 활동은 불확실성의 흡수이다. 현대사회의 복잡성과 불투명성은 존재나 본질적인 것이 부족한 불확실성에 원래 부착되어 있고 또 그 불확실성은 측정 불가능할 정도로 증가되어왔다. 적어도 오늘날에는 삶은 '**확실성의 추구**(the quest for certainty)'[7]이다. 인간은 유혹될 수 있는 존재이다. 그는 그 어떤 본능적 확실성도 가지고 있지 않으며, 그 때문에 외부의 지렛대를 필요로 한다.

바로 여기에서, 인간학적일뿐 아니라 사회학적인 불확실성 흡수 필요성에서 디자인이 발단될 수 있다. 디자이너는 사용(소비)을 유혹하려고 하며, 그 때문에 그는 기술 — 불투명한 장치들 — 에 대한 인간의 불안을 떨쳐내야 한다. 디자인은 그 때문에 오늘날 더 이상 기능주의적 - 즉물적 투명성이 아니라 안정성과 세계 신뢰를 목적으로 한다. 그럼으로써 디자인은 계몽의 편보다는 오히려 종교의 편에 서 있다.

소비행위는 전부터 더 이상 존엄하지도 자명하지도 않다. 우리 모두는 사

---

6 W. Thorngate, "'In general' vs. 'it depends'."

7 J. Dewey의 책 제목이기도 하다.

용자(user)라는 자발적인 노예상태에 처해 있다. 약간 덜 시적인 표현으로 말하면, 이해는 못 하지만 사용은 해야 하는 그런 장치에 우리는 복종한다. 경제와 정치의 세계에서와 마찬가지로 오늘날 기술적 대상성에서도 이해가 동의에 의해 대체되고 있음에 틀림없다. 자비롭게도 사용자 인터페이스는 우리에게 장치의 논리적 심층을 감추고 있다. 디자인은 오늘날 더 이상 사물에 대한 앎이 아니라 **사용자 편의성**(user friendliness)이다. 사용자 편의성이 디자인의 자율성 원칙이다.

사용자 편의성은 간단히 말해서 구조적으로는 복잡하지만 기능적으로는 단순한 것, 다시 말해서 이해하기는 어렵지만 쉽게 사용할 수 있는 것을 말한다. 생산품의 지능은 바로 비이해의 심연, 논리적 심층을 평면화하는 데 달려 있다. 그래서 사용행위가 이해행위에서 해방된다. 오늘날 지능적 디자인에 관해 말하는 사람은 어떤 인공품의 사용이 자신을 설명하는 것이라고 생각한다. 그런데 이러한 설명은 이해로 이르지 않고, 마찰 없는 원활한 기능 작용으로 이른다. 사용자 편의성은 우리의 무지를 성스럽게 하는 테크닉의 수사학이다. 그리고 이러한 디자인에 특수한 수사학은 우리에게 오늘날 세계에 대해 **사용자라는 착각**(user illusion)을 일으키게 한다.

즉물성으로부터의 이러한 이별, 즉 우리가 사물을 **인터페이스 가치에 따라**(at interface value)[8] 취해야 한다는 통찰은 감성 디자인을 위한 형상화의 장을 마련하고 있는데, 감성 디자인은 두 가지의 위력적인 부정적 힘 ─ 우리의 기술적 세계의 측정 불가능성과 거대한 감정의 진공 ─ 을 원천으로 한다. 디자인은 오늘날 더 이상 의식이 아니라 의식의 면역체계 ─ 감정 ─ 를 겨냥한다. 감정

---

8 S. Turkle, *Life on the Screen*, S. 23. "우리는 불투명한 테크놀로지에 적응해왔다. (……) 우리는 사물을 인터페이스 가치로 취하는 법을 배워왔다."

이 행위모범에 맞추어지고, 특정한 방식으로 학습된다. 그 때문에 감정을 모델화하는 것이 가능하다. 감성 디자인은 감정의 모범을 형상화하고, 대상 없는 감성에 대해 외적 지렛대를 마련해준다. 그것은 감정의 공식을 제공한다. 고전적 고대세계에서, 즉 서양문명의 문턱에서, 감정은 인간 내부에서 자발적으로 생성된 것이 아니라 신들에 **의해** 인간에게 각인된 것이다. 오늘날 우리는 이와 비슷하게 말할 수 있다. 즉 감정은 디자인에 **의해** 우리에게 각인되었다고.

현대의 인간은 옵션들로 과부하에 걸려 있고, 그에게서 현실이란 항상 선택의 강요를 의미한다. 현실은 따라서 더 이상 저절로 이해되지 않는다. 그리고 이와 같은 자명성 상실이 그 자체 이미 자명하게 되었다. 그 이래로 우리는 세계를 기투하면서 해명하는 디자이너를 필요로 한다. 하이데거가 아주 성스럽게 "사물들이 세계를 낳는다"[9]라고 표현했을 때, 그것은 또한 디자인을 위한 표현이기도 했다. 즉 세계를 낳는 사물을 형상화하는 것이다. 디자인은 더 이상 유효한 형식이 존재하지 않을 때 생성된다. 그것은 인간에 대해 그가 의미 있게 실존할 수 있도록 해주는 인위적인 환경을 창조하고 있다.

비코가 인간을 인공품의 신으로 정의했을 때, 그는 이미 디자이너를 예견했던 것처럼 보인다. 오늘날 이러한 창작활동(포이에시스)에 인공적인 것의 과학을 비교하고 있는 것 같다. 그러나 이런 일은 독일에서는 좀 어렵다. 왜냐하면 적어도 독일에서는 인공적인 것이 자연적인 것과 불행한 안티테제 관계이기 때문이다. 간단히 말해서, 이러한 관계는 인간에 의해 만들어진 것이다. 인공적인 것은 독일 문화에서는 퇴행적인 뉘앙스를 풍긴다. 비록 문화가 물론 이런 인공품의 총체 개념이기도 하지만 말이다. 이러한 패러독스는 아

---

9 M. Heidegger, *Unterwegs zur Sprache*, S.24.

마도 예술과 디자인의 구분을 통해서 풀 수 있을 것이다.

— 예술은 외부적 유용성이 없다. 어떤 경우든 얘기할 수 있는 것은, 예술에 몰
  두하는 사람은 [잠재적 구조와 기능을 파악하는] 잠재성 관찰(Latenzbeobachtung)
  이라는 고난도의 기술을 트레이닝한다는 것이다. 예술은 '탈구성'의 의미
  에서 관찰을 수행한다.

— 디자인은 **센스메이킹**[10]이다. 구체적으로 말하자면, 디자인은 사용자 편의
  적이며 또 그래야 한다. 다시 말해서 디자인은 표면의 계발에 머문다. '심
  층적 디자인'이라는 표현은 엄청난 자기오해일지도 모른다.

예술은 그 영향의 측면을 무시해도 된다. 반대로 디자인은 영향을 행사하
는 표면, 즉 인터페이스에 다름 아니다(그런 점에서 인터페이스 - 디자인이라는
개념은 동어반복이다). 가령 아도르노의 미학이론은 예술의 진리내용을 규정
하려고 했던 반면, 디자인 이론은 분명히 다른 테마 — 즉 진리 대신에 영향력
— 를 다룬다. 이러한 디자인 이론의 문제는 원인과 그 영향 사이의 일종의
불확정성 관계에 있다. 모든 인과성은 단지 계산의 결과이고 그런 점에서 '정
치적'이라는 것을 오늘날 우리는 알고 있다. 오늘날 우리는 — '나비 효과'라는
말에서 볼 수 있듯이 — 출발 조건에서의 미세한 차이가 나중에 엄청난 결과를
야기할 수 있다는 점을 알고 있다. 그리고 부작용이 없는 작용은 없고, 역기
능이 없는 기능도 없으며, 반대 테마가 없는 테마도 없고, 편리해서 쓰기는 하
지만 위험성이 잠복되지 않은 인공품은 없다.

문제해결이 또 다른 문제를 결과로 야기한다고 말할 수도 있다. 문제의 이
러한 문제는 분명히 '원칙에 입각해서' 해결될 수 있는 것이 아니라 단지 진화
적인 과정 속에서 해결될 수 있다. 그 때문에 디자인에 대해서 '적자생존'이라

---

10 Karl Weick, *Sensemaking in Organizations*의 의미에서임.

는 다원주의적 원칙이 적용된다. 합목적적인 것은 사용형식의 유희 속에서 살아남은 것, 그에 적합한 것이다. 이것은 사용에서 생존의 선택 원칙이다. 그런데 이것은 영향이 형식 진화의 원인이라는 것을 말한다. 여기서 디자인 이론은 사이버네틱적이 된다. 즉 원인 - 결과의 연관관계 대신 규칙 순환이 나타난다. 그리고 정신과학적 관찰 대신에 제스처와 인터페이스의 역사적 의미론이 등장한다. 디자인 역사에서는 개념사와 마찬가지로 사회의 문화적 의미론이 읽혀질 수 있다.

먼저 방아쇠를 당겨 쏘라, 그리고 조준하라. 아무렇게나 하라! 어떤 것이든지 된다. 애플 매킨토시(Apple McKintosh) 프로덕트 매니저인 가이 가와사키(Guy Kawasaki)의 말을 빌리면, "먼저 측정하는 리드 사격을, 그다음 조준 사격을, 소리를 듣고, 응사하고, 다시 리드 사격을 하라"는 것이다. 이것은 분명히 반전략적인 지시이다. 반전략적인 이유는, 전략이란 배울 의지가 없는 것이기 때문이다. 그 때문에 전략가와 도덕론자는 서로 잘 결탁한다. 그들은 리얼리티에 대한 당위성 요구에서 서로 만난다. 규범은 배울 의지가 없음을 고귀한 것으로 삼는다. 규범 때문에 선택적 행위가 반드시 적응해야 할 강제의무로 부가된다. 그렇게 되면 우리는 굳이 배울 필요가 없어진다! 가치가 애호되는 것은 그것이 논증될 필요성이 없기 때문이다. 가치들은 '불가침의 단계(inviolate levels)'[11]에 있으며, 그럼으로써 그것은 반성을 중단시키는 규칙이다. 혹은 가치의 활동이라는 관점에서 표현하면, 가치는 불분명한 것과 교류하는 데에서 명령으로 기능하는 선호의 규칙이다.

그러나 그것이 꼭 필요한가? 다른 식으로도 가능하지 않을까? 내가 생각하기는, 사용자 편의성에서 그 자신의 자율성의 원칙을 발견했던 디자인이라면

---

11 D. Hofstadter, *Gödel Escher Bach*, S.686.

도덕을 포기할 수 있을 것이다. 디자이너가 도덕에 거리를 취하기만 하면, 그는 배울 수 있으며, 다시 말해서 스스로 현실에서 가르침을 받을 수 있을 것이다. 그런데 이제 도덕에 대해 그런 식으로 거리를 취하는 사람은 독일에서 냉소주의자로 간주된다. 아마도 도덕에 대해 거리를 취하는 사람의 이러한 정형화된 도덕화는 도덕 비판적이 아니라 사회학적으로 논의함으로써 분쇄될 수 있다. 우리 사회가 가치의 노동분업과 더불어 작동해야 하고 그 역사가 가치 선호도의 순환을 특징으로 한다는 것을 알게 되면서, 이미 우리는 도덕에 대해 거리를 취하고 있는 셈이 된다.

우리는 세계의 과도한 복잡성과 불투명성에서 출발했다. 도처에 패러독스와 다의성이 잠복되어 있다. 애매성은 그 자체 애매한 개념이다. 그것은 무지 아니면 혼란에서 기인하는 것이다. 새로운 정보 테크놀로지의 압력 아래서 물론 모든 문제점을 무지의 문제로 해석하는 경향이 있다. 그리고 구원의 약속은 "당신의 손끝에서의 정보"를 말한다. 그런데 센스(Sinn, 의미)와 관련된 문제는 정보를 가지고서는 대답할 수 없다. 이 책의 주요 모티프는 "문제는 혼란이지, 무지가 아니다"[12]이다.

고도로 복잡한 세계와 희소한 자원인 주의력을 매개하는 것은 센스의 구성이다. 세계와 센스 사이에서 체계가 매개한다. 디자인에 특수한 것은 여기서 뜻깊음(Prägnanz)의 체험으로서의 센스(의미)의 생산이다. 디자인은 자신을 센스 유한회사(Sinn GmbH)로 구성하는 사회의 가시적 표면에 대해 책임이 있다. 디자인은 차이를 통해 의미를 묘사한다. 그것은 세계 해명의 미디어이다. 다른 말로 하면, 디자인은 방향 좌표를 창출하고 그 자체 좌표이다. 그 때문에 디자인에는 결코 의미의 문제가 없으며, 디자인이 이미 의미의 문제에 대

---

12 K. Weick, *Sensemaking in Organizations*, S. 27.

한 해답이다. 디자인이 보여주는 것은 의미란 어떤 무엇(Was)이 아니고 주어진 것의 방식(Weise)이라는 것이다. 인간학적으로 표현하면, 의미는 인간에게 환경을 보충한다. 그리고 인간의 태도와 기획은 세계를 의미 있게 해명한다. 그 때문에 사이먼은, "인류에 대해 타당한 연구는 디자인의 과학이다"[13]라고 말했는데, "인간이란 무엇인가"라는 칸트의 질문에 대답하려는 사람은 따라서 디자인을 연구해야 할 것이다.

'우연에 방치된 존재'

인간과 인공적인 것. 이 테마는 그 규모 면에서 볼 때 그것의 선례인 신과 세계라는 테마와 맞먹는 크기이다. 우리는 그 때문에 이 테마를 먼저 정확히 재단해야 한다. 이러한 목적을 위해 인공적인 것이 특별히 의미심장하게 나타나는 네 가지 영역을 다음과 같이 구분할 수 있다.

— 1. **예술**. 예술은 현대적이고 아무런 외부적 유용성도 없다. 바로 그 때문에 예술은 사람들이 어떻게 잠재성 관찰을 수행하는지 우리에게 보여줄 수 있다. 먼저 그것은 픽션과 리얼리티의 구별을 통해서 이루어진다. 픽션적인 리얼리티 배가를 통해 비로소 '현실적인 현실성'을 발견하는 것이 가능해진다. 그로부터 두 가지 서로 상이한, 그러나 정확히 아귀가 맞는 결론들이 도출될 수 있다. 즉 '현실적' 현실성은 항상 어떤 신비화의 결과이다. 그러나 또한 진리 속에서 현실적인 것은 픽션을 가리킨다. 괴테는 이에 관해 '현실적인 것의 진리를 위한 판타지'[14]라고 언급한 바 있다. 상상적인 것은

---

13 H. Simon, *The Sciences of Artificial*, S.138.
14 Goethe an Eckermann, 25. Dezember 1825.

두 경우 모두 리얼한 것과 대립하지 않고, 대신 상징적인 것의 틈 사이에서 생성된다. 현대에서는 포에지(시)가 산문적으로 되었다. 그리고 우리가 곧 살펴보겠지만, 현실성이 시적으로 되었다.

— 2. **디자인**. 디자인과 예술의 관계는 지식과 신앙의 관계와 같다(오틀 아이허). 그런 점에서 디자인은 이론적 의무가 있으며, 독자적인 미 형식인 기술미를 가진다. 디자인 생산품의 지성은 바로 무지의 심연, 논리적 심층을 은폐하는 것이다. 그렇게 해야 모르면서도 사용은 할 수 있는, 즉 사용이 이해로부터 해방된다. 오늘날 지적인 디자인에 관해 말하는 사람은 어떤 인공품의 사용이 자기 설명적이라고 생각한다. 그런데 이러한 설명은 이해에 이르는 것이 아니라 마찰 없는 기능작용에 이른다.

— 3. **테크닉**. 이미 인용된 "인간은 인공품의 신이다"라는 비코의 말에 의하면, 신은 기술 역사의 정화된 영웅이라는 것이다. 그러나 그는 불행한 신이다. 그리고 이것은 또한 '인공신(Prothesengott)'[15]이라 요약될 수 있는 프로이트의 문화이론도 증명하고 있다. 인간은 본질적인 것이 결핍되어 있어서 그 때문에 보조 구성물에 의존할 수밖에 없는 존재이다. 다른 말로 하면, 인공적인 것을 도움으로 인간이 비로소 인간으로 된다는 의미에서 인공적인 것은 인간됨의 미디어이다.

— 4. **순수한 형식의 숭배**. 이것이 의미하는 것은 어떤 삶의 예법(Lebensartistik)이라는 미디어이다. 이것은 헤겔주의자 코제브(Kojève)가 1950년대 일본 여행 중 발견했고 미국적 생활방식이라는 세계병(즉 문화 AIDS)에 대한 치료제로 이해했던 것이다. 가령 일본의 다도(茶道)나 노 공연(No-Spiel), 혹은 축구를 생각하면 된다. 변증법적 부정성의 저편에서는 순수하게 형식적인

---

15 S. Freud, *Das Unbehagen in der Kultur*, S.451.

가치에 대한 속물적 숭배에서 하나의 새로운 부정적 잠재력, 즉 완전히 형식화된 가치의 기능으로서의 삶이 열리는데, 그 속에서 사람들은 인간 현존재의 최소한의 긴장을 확실히 하기 위해 스스로를 (순수한 형식으로) 자기 자신에게 마주 세운다. 왜냐하면 주체 - 객체 대립은 더 이상 존재하지 않기 때문이다. "포스트역사의 인간은 형식과 내용의 분리를 계속 유지해야 한다. 그렇게 함으로써 최종적인 것을 더 이상 능동적으로 변형시킬 수 없다. 그러나 자기 자신에 대하여, 그 자신과 타인이 순수한 형식인 것처럼 그 어떤 내용이든지 지니고 있다."[16] 다시 말해서 사람들은 생활세계에 잃어버린 삶의 긴장을 순수하게 형식적으로 다시 주사하려고 한다. 일본인은 분명히 총체적으로 형식화된 가치에 따라 생활한다. 그 형식은 그 내용에서 이탈되어 있고 단지 자기 자신과만 관계한다. 여기서 중요한 것은 차이의 순수한 내용 의존적인 설정인데, 이는 문화가 단지 차이의 배열로서만 가능하다는 의식에서 비롯된 것이다. 인공적인 것에 대한 가장 강력한 변호는 아마 포스트역사의 이론 — 형식의 자기 관계 속에 있는 삶 — 일 것이다.

그런데 예술과 디자인의 생산품, 테크닉의 업적 그리고 형식에 집착하는 속물근성의 유용성이 유쾌하고 삶에 도움을 주지만, 인공적인 것에 대한 우리의 관계는 단절된 상태이다. '인공적'이라는 말은 퇴행적으로 들린다. 그것은 간단히 말해서 인간이 자신의 생산품을 불신한다는 것이다. 그 배후에는 아마도 다음과 같은 혼란스러운 감정이 있을 것이다. 즉 현대에서는 복잡성, 우연성 그리고 인공성 사이에 결코 해체될 수 없는 연관관계가 존재한다는 감정 말이다. 말하자면, 부작용이 없는 작용, 역기능이 없는 기능, 반대 테마가 없는 테마, 편리해서 쓰기는 하지만 위험성이 잠복되지 않은 인공품은 없

---

16 A. Kojève, *Introduction à la lecture de Hegel*, S. 437.

다. 따라서 확실한 것은 단지 불확실성뿐이다. 그리고 틀림없는 것은 다른 사람들도 확신하고 있지 않다는 것이다. 이러한 배경에서 측정될 수 있는 것은, 현대의 세계로의 진입과 결부된 인지적 요청 — 즉 '자연적이고 필연적인' 것에서 '인공적이고 우연적인' 것으로의 사고방식의 전환 — 이 얼마나 크냐는 것이다.

시가 현대의 세계에서는 산문적으로 된다는 앞에서 언급한 테제는 단순히 소설의 형식을 지적해보면 증명된다. 그런데 이것은 이 테제의 단지 일부일 뿐이다. 그 테제의 나머지는 현실도 시적으로 된다는 것이다. 우리는 이것을 오늘날 모든 차원에서 재현 대신 장면 연출이 등장한다는 사실을 지적하면서 증명할 수 있다. 여기서 가장 중요한 것은 다음과 같다.

— 인터랙션의 의식과 소비지향적으로 형성된 라이프스타일이다. '스타일에 맞는지 시험하는 것'은 단지 옷을 고를 때만 적용되는 것이 아니라 라이프스타일이나 세계관을 선별할 때도 적용된다. '철학 브랜드'의 시장에 공급된 **라이프스타일 패턴**은 이때 마치 토테미즘적 조종사처럼 기능한다.

— 사회적 장식물로서의 장면이다. 이것들은 사회적 잉여를 확고히 하고, 개별성에 대한 평가절상을 가능케 한다. 여기에 잘 들어맞는 것이 발달심리학자 에릭 에릭슨(Erik Erikson)의 '**유사 종 분화**(pseudo-speciation)' 개념이다 [문화적 차이 때문에 인간들이 상이한 사회그룹으로 분할된다는 가설. 차별이나 인종학살과 같은 비인간화도 이 개념의 한 파생현상임].

— **자기 연출**(Self-fashioning)이다. 이것은 이질성[주류와 다름, 튀는 것]과 타협하는 사람들의 실존미학이다. 그것은 '겉으로 과시하는 연극적 차이남의 유희'[17]를 통해 자신의 개성을 정체성으로 구축한다.

---

17 O. Marquard, *Skepsis und Zustimmung*, S.80. 이에 대한 상세한 분석은 N. Bolz, *Die Konformisten des Andersseins*를 참조하라.

— 이벤트 문화(Event-Kultur)이다. 즉 사건은 오늘날 인과관계가 없이도 일어난다. 즉 '자체 폐쇄적 이벤트(self-enclosed event)'[18]로서.

— 미디어에 의해 형성된 현실이다. 이것은 '고유한' 리얼리티의 기대를 산출한다. 미디어는 모든 것을 가상화한다. 이에 대응해서 형성되는 것이 현실적으로 현실적인 것의 물신주의, 시뮬레이션이 불가능한 '자연 상태'의 것에 대한 향수이다. 섹스와 범죄, 리얼리티 TV, 포르노물이 범람하는 현상이 이를 설명해주고 있다. 이 모든 형식에서 실재는 강박증으로서, 즉 육체가 기형적으로 보이는 모습으로 나타난다. 아마도 원칙적으로 주장할 수 있는 것은 시뮬레이션의 세계에서는 실재가 강박증이 된 다는 것이다.

이것은 논란의 여지가 없는 현상이다. 그런 현상을 이론화할 수 있게 하는 풍부한 개념이 이미 존재한다. 가능한 세계에서 가능성의 세계로의 특별히 현대적인 과도기를 지칭하는 '가상현실(Virtual Reality)'이라는 의미 있는 개념이 오늘날 존재한다. 우리는 그 개념을 낭만적으로 읽을 수 있다. 다시 말해서 현실성에 대한 가능성의 우위를 표현하는 것으로서 말이다. 이것을 역사적으로 심도 있게 표현하면, 가상현실은 현실 의식이 하나의 안정된 꿈일 수도 있다는 바로크적 테마를 다시 현재화하고 있다.

다시 말해서, 시뮬레이션과 가상현실은 가상(Schein)이 아니다. 만약 진리를 포기하면 그 어떤 가상도 더 이상 위협이 되지 않는다. 다르게 표현하면, 기만하는 가상이 어떤 밀도 있는 생동감을 상실하면 그것은 놀라게 하는 기능을 상실한다. 그리고 정확히 이것을 가능케 하는 것이 시뮬레이션의 테크닉이다. 이러한 테크닉은 '현실성'이라는 우상으로부터의 해방을 가져오고 있다. "광범위한 규모의 사회적 실재는 사람들이 그것이라고 상상하는 것에

---

18 Z. Bauman, *Postmodernity and its Discontents*, S.89.

뿌리를 내리고 있지 결코 다른 것에 뿌리를 내리고 있는 것은 아니다. 사회적 과정들의 시뮬레이션은, 현재 그것이 이루어지고 있듯이, 어떤 자기 확인적 리얼리티의 고정화에 기여한다."[19]

가상 작용의 발진은 한편으로는 실재적 대상의 저편에 있는 컴퓨터그래픽에서, 다른 한편으로는 눈으로 볼 수 없는 것을 가시화하는 데서 이루어진다. 이러한 테크닉은 인간적인 체험 가능성을 도저히 볼 수 없는 것으로까지 확대시킨다. 그러나 물론 가상적인 것의 점령은 확실히 컴퓨터 앞에서 시작한다. 그 스펙트럼은 성취의 가상적 체험(오늘날 이것이 가장 잘 눈에 띄는 것은 사이버 섹스이다)에서부터 가상적인 성취의 체험에까지 이른다. 연극공연장이나 영화관에 갈 수도 있다는 그런 의식이 나를 만족시킨다. 모두가 알고 있는 것은, 깊이 있게 느끼기를 원하는 사람은 영화관으로 가야 한다는 것이다. 가상성이 육체에 대한 불안의 짐을 벗는다. 아니면 축구경기장으로 가야 한다. 거기서 축구 팬들을 열광시키고 자극하는 것은 게임의 흐름과 운동에 가상적으로 동참하는 것이다. 경기 공간은 항상 가상적 운동 중에서 하나의 공간이다. 그리고 이것은 경기에 임하는 선수나 관중 모두에게 똑같이 적용된다.

이미 오래전에 경제 역시 가상적인 것의 이러한 힘을 인식했다. 디즈니랜드, 워너브라더스 무비월드, 몰오브아메리카[Mall of America(MOA), 소위 Mega Mall, 미네소타 소재]는 모두 똑같은 것을 겨냥하고 있다. 즉 테마적으로 구조화된 영상의 세계는 체험을 초현실적으로 — 현실보다 더 현실적으로 — 농축한다. 그리고 이러한 기대는 철저히 비현실적인 것이 아니다. 도대체 무엇이 영상세계에서 매혹적인가? 그것은 현실보다 시각적으로 더 뜻깊고 의식에 더 부합되는 것이다. 여기서 가상현실은 황당무계한 영역으로 진입한다. 즉 사

---

19 A. Rapoport, "Reality-simulation: a feedback loop," S.141.

이버 스페이스에서는 픽션도 살아남을 수 있고, 신화가 분출할 수 있다. 똑같은 논리에 따라 실제 삶에서도 장면이 기능한다. 장면은 생명력이 부여된 픽션이고, 다시 말해서 프레임과 스크립트에 의해 엄격하게 경계가 그어진 체험 단위, 사회적 가상성이다. 그리고 시종일관하게 바로 오늘날 그에 보상적으로 형성되는 것이 가상적인 사회성(인터넷에서의 커뮤니티들)이다.

표상과 전시로서의 세계는 삶이라는 것을 다양한 여러 옵션의 총체 개념으로 제시한다. 그런데 우리는 단 하나의 삶만을 가지고 있다. 요컨대 나를 위해 존재하는 유일한 통일체는 내가 소유하는 삶이라는 하나의 통일체이다. 그럼으로써 삶의 시간은 모든 부존자원 중에서도 가장 희소한 자원이 된다. 다양한 가능성의 세계에서는 일상적인 시간 희소성이 삶을 어떤 주의를 끌려는 경쟁장으로 변화시킨다. 그래서 우리에게 가상현실은 야누스적 얼굴을 보이고 있다. 한편으로 그것은 우리를 세계의 음울한 산문성에서 해방시키는 면이 있다. 그러나 다른 한편으로 그것은 불확정적인 가능성의 지평(사이버 스페이스에서 길을 잃음)을 통해 우리를 위협한다.

다양한 가능성의 세계에서 따라서 우선 의미 있는 선택의 세계를 하나 만들어야 한다. 그리고 실제로 그것은 위험한 선택행위를 통해서 이루어진다. 선택의 행위에서는 근원이 무근거임이 드러난다. 현존하는 것에서는 다시 말해서 그 어떤 선택도 존재하지 않는다. 세클(G. L. S. Shackle)은 다음과 같이 멋지게 정의했다. "의미 있는 선택, 즉 **시발**(beginning)의 선택이 일어나는 세계는 행위하는 상상력이 상상되지 않은 것을 발생시키는 그런 곳인 다채로운 세계이다."[20] 개개의 선택은 제한된 불확실성과 구제 불가능한 무지에 직면해서 이루어진다. 가상현실에 정확히 일치하는 것은 이러한 보편적인 모험성

---

20 G. L. S. Shackle, "Imagination, Formalism, and Choice," S.31.

이다. 그리고 이것은 우리를 다음과 같은 놀라운 중간 결산으로 유도한다. 즉 가상은 관찰의 불확실성을 재현하고 실재는 그것의 한 부분집합이다.

키르케고르는 『이것이냐 저것이냐(Entweder/Oder)』에서 단지 실존의 예술가만이 다양한 가능성의 세계에서 살 수 있다는 것을, 다시 말해서 다른 사람은 아무도 그럴 수 없다는 것을 분명히 지적한 바 있다. 결단과 구별이 없으면 아무것도 될 수 없다. 현실성이란 선택에의 강제를 말한다. 현실성이라는 개념으로써 우리는 주변 환경을 테스트한다. 그리고 이것은 결코 메타포적으로 의미한 것이 아니다. 물리학자로부터 우리가 배우는 것은 물리학에서는 리얼리티가 계기판 판독을 통해서 생성된다는 것이다. '물 자체' 대신 우리는 항상 모니터나 디스플레이 화면의 계기판만 읽는다. 우리 모두는 심해 탐사용 잠수정과 같은 것 속에서 살고 있다. 눈은 초당 2기가바이트의 정보를 전달한다. 그런데 의식은 이에 비해 기껏해야 초당 40비트만 처리한다. 의식은 따라서 상당량의 정보를 무시해야 한다. "의식, 그리고 특히 자기의식은 정보 약탈자이다."[21] 지각(Perzeption)과 통각(Apperzeption)의 비율은 따라서 약 1:100,000 정도로 측정된다. 다른 말로 하면, 하나의 감각적 자극에 대해 두뇌에서는 10만 번의 뉴런적 과정이 일어난다. 이것은 의식이 자기 자신을 위한 뇌의 사용자 환상이라는 다니엘 데네트(Danil C. Dennett)의 테제를 정당화하고 있다.

현실의 연출은 따라서 이미 지각의 차원에서도 발단되고 있다. 지각을 감각운동적 고리로 파악하고, 그 고리의 순환에서는 '운동미학적 이미지 도식'(Mark Johnson)이 질서를 '저기 바깥의' 세계로 각인시킨다고 파악한다면, 지각이 장면 연출에서 더 이상 분리되지 않는다. 그리고 우리는 우리가 몰두하고 있는 세계에서 점점 더 멀리 떨어진다. 즉 지각은 어떻든지 간에 통각은

---

21 G. Günther, "Kritische Bemerkungen," S.338.

아니다. 일단 의식은 자신이 가지고 있는 주의력의 탐조등을 지각된 것을 향해 비추도록 해야 한다. 그리고 오늘날 지각에 나타나는 것은, 특히 세계 지각을 점점 더 커뮤니케이션 지각으로 대체하는 세계에서는 항상 미디어라는 필터를 통과하고 있다. 선택은 항상 이미 선택들을 전제로 한다. 주변 환경은 항상 사전에 그 유형이 정해져 있다. 혹은 웨이크의 표현을 빌리면, "반응 레퍼토리가 주의 작용(noticing)을 통제한다."[22]

존재냐 비존재냐, 이것은 이미 오래전부터 더 이상 문젯거리가 아니다. 오늘날 오히려 중요한 것은 모든 것이 다르게 될 수 있음(das Anders-sein-können)이라는 문제 설정이다. 이 때문에 진위성이 또 다시 숭배할 만한 가치로 부상할 수 있었다. 아도르노가 미적인 것을 바로 현재의 것과 다른 것일 수 없는 어떤 것이라고 정의했을 때 이는 진위성과 같은 의미에서이다. 진위성은 따라서 세계의 우연성에 정확히 반대되는 안티테제이다. 구성주의적 체계이론에 비밀스러운 파토스가 존재한다면, 그것은 모든 것이 다르게 될 수 있다는 이러한 새로운 햄릿적 고뇌에서 표시됨에 틀림없다. 그리고 실제로 루만은 '우연에 방치된 존재'[23]라는 것에 관해 말하고 있다. 이 표현은 체계이론이 냉혹하다는 인상이 전혀 들게 하지 않는다. 그것은 오히려 인간에 특유한 모든 특성과 번민을 아무 도움이 없이는 버틸 수 없는 유아의 원초적 상황에서부터 유도하는 프로이트의 멜랑콜리한 문화이론을 연상시키고 있다. 우리는 근본적으로 힘이 없었고 또 항상 도움을 받아야 하는 유아적 상태로 다시 퇴보하는 위협을 받고 있기 때문에, 이 도움의 구축이 없이는 안 된다. 사회학적 용어로 번역하면, 이것은 모든 사태가 현재 그것과 다른 것으로 될 가

---

22 K. Weick, *The Social Psychology of Organizing*, S. 32.
23 N. Luhmann, *Soziologische Aukärung*, Bd. III, S. 105.

능성이 있는 세계에서는 단지 이런 상태를 참을 수 있게 만드는 도움 구축의 필연성만 존재한다는 것이다. 그런 점에서 개개의 구성주의는 모두 근본적이다. 그것은 인간의 뿌리를 움켜쥔다. 다시 말해서 그것은 우연에 방치된 존재를 보상한다. 규범성은 참을 수 있는 것의 사회적 구성이다. 그리고 사회학자는 이러한 규범적인 것의 비개연성에 대한 의미를 일깨워야 하는 과제를 지니고 있다.

현실성은 결코 그 자체로 저절로 이해될 수 없다. 그리고 이러한 자명성의 상실이 그 자체 이미 자명하게 되었다. 시민은 너무나도 처세에 능하기 때문에 현실성이 예측에 아마도 역행할 것이라는 것을 전제할 수 있다. 그리고 과학자가 만약 실재적인 것을 '반대의 확실성(contradictory certainties)'이라고 정의한다면 그는 결코 다른 것을 생각하지 않는다. 만약 규범성과 구별되는 '현실적인' 현실성이라는 것에 관해 묻는 사람이라면 결국 그 자신이 자기 고유 세계의 방해물을 향하고 있음을 보게 된다. 왜냐하면 실재적인 것을 단지 표본으로서가 아니라 쇼크로서 경험하기 때문이다. 꿈으로서의 실재적인 것이라는 테마는 자크 라캉(Jacques Lacan)이 몰두한 큰 주제였다. 그러나 이 경험은 결코 진품성의 경험이 아니라 공허함의 경험이다. 앤디 워홀(Andy Warhol)은 자객의 탄환에 맞았을 때, 철학자로 변신했다. 그리고 워홀은 철학의 본질이 현실적으로 닥치는 것은 전혀 느낄 수 없다는 통찰, 그것이 비현실적으로 작용한다는 통찰, 반면에 강력하고 진짜인 감정들은 단지 극장에서만 느낄 수 있다는 통찰을 하게 되었다.

그런데 언젠가 영화는 끝난다. 그런 다음 우리는 또 다시 꿈과 시뮬레이션으로 이루어진 실재적인 것의 참을 수 없는 한계 가치 사이에서 살아남기의 미디어를 추구해야 한다. 인간을 결핍된 존재라고 정의하는 철학적 인간학은 실재적인 것이 별 유용성이 없다는 전제, 즉 자연은 우리 인간을 사랑하지 않는다는 전제에서 출발한다. 즉 최초의 생존 조건은, 따라서 현실성과 직접적으로 대면하도록 해서는 안 된다는 것이다. "동물 상징은, 그것이 현실을 대변하도록 해서, 사람에게 정말로 치명적인 현실을 극복하게 한다. 그 상징은 비밀스러운 것에서 친숙한 것으로 그 사람이 시선을 돌리도록 한다."[24] 이것은 재앙을 막으려는 테크닉으로서, 공포에 주눅이 들지 않도록 하는 것이다. 실재의 치명적 위협에서 눈을 돌리고 그것을 다른 것으로 대체하도록 하는 것이 한 측면이다. 그런데 인간은 결코 순수한 가상 속에서만 살 수는 없으며, 그 가상 자체를 리얼한 것으로 체험한다. 그 인간에게 관건이 되는 그의 존재 자체는 따라서 하이데거가 바로 존재망각의 징후라고 했던 것, 즉 대체 가능한 존재(Ersetzbarsein)에 지나지 않는다. "한때 '리얼'하다고 간주했던 것이 더 이상 존재하지 않게 되자마자, 그 리얼한 것의 대체물 자체가 리얼한 것으로 된다."[25]

사물을 그렇게 보는 사람은 광신도나 냉소주의자에 대해 똑같이 거리를 취한다. 왜냐하면 광신론은 의심의 여지가 없는 주어진 의미를 현실에 대항하여 동원하는 것이기 때문이다. 그리고 반대로 냉소주의는 모든 형태의 추정된 의미와 현실을 서로 반목시키는 것을 말한다. 서로 양극단에 있으면서 서로를 보완하는 이러한 악의적 태도에서 벗어날 수 있는 길은, 구성주의에 잠복되어 있는 나르시시즘적 병폐를 수용할 준비가 되어 있을 때이다. 말하자면 우리에게 그 어떤 진정한 세계 모사도 존재하지 않는다는 사실을 수긍할 때이다. 물론 결코 침묵해서도 안 되는데, 단지 그럴 만한 충분한 이유가 없기 때문이다.

---

24 H. Blumenberg, *Wirklichkeiten in denen wir leben*, S.116.
25 같은 책, S.120.

이러한 현대에 특유한 사태에 일치하는 이론은 그 다원론적 콘텍스트성과 반성성을 특징으로 한다. 그러나 이것은 유일 이성으로부터의 작별을 의미한다. 기든스는 **"반성성이 이성을 전복시킨다"**고 멋지게 말했다. 그리고 이로부터 그 어떤 특권적인 사고 방향도 존재하지 않으며, 단지 노동분업적인 합리성만 존재한다는 생각이 도출된다. 예나 전이나 우리는 인식의 가능성의 조건에 대해 묻고 있다. 그러나 이제 배제의 규칙이 없이는 그 어떤 선험적인 것도 존재하지 않는다는 점을 의식하고 있다. 사람은 보기만 하는데, 왜냐하면 다르게 보지는 않기 때문이다. 다시 말해서 맹점이 선험성(아프리오리)을 대체하고 있기 때문이다. 그리고 어떤 사람이 선험적인 주체에 관해 묻는다면, 그 주체가 미디어 체계와 그 필터에 관해 묻도록 해야 한다.

이러한 배경에서, 우리가 2차 등급의 사이버네틱 개념을 가지고 경험적/선험적이라는 고전적 구분을 1차 등급과 2차 등급의 관찰이라는 구분으로 대체할 때 우리의 테마와 관련해서 어떤 인식의 이점이 있느냐가 분명해진다. '현실적인 현실성'이라는 개념으로 의미하는 것은 1차 등급의 관찰에서 나타나는 것이다. 표면의 배후에서 어떤 깊이 있는 심층을 찾는 것은 1차 등급의 관찰에 특징적인 것이다. 그리고 '라이브 중계'라는 말은 미디어가 만들어낸 완벽한 환상이다. 철학적으로 이것은 생활세계라고 말할 수 있는데, 그 의미는 '체험이 주어지는 방법의 세계'[26]이다. 진짜에 대한 모든 희망이 정확히 겨냥하고 있는 것은, 그것이 가능할지는 의문이지만, 시뮬라크르의 홍수로부터 사람들을 구출하여 "라이프 월드(생활세계)라고 부르는 그런 라이프 보트(구명정)"[27]로 갈아타게 하는 것이다.

---

26 E. Husserl, *GW VII*, S. 232.

27 W. Rasch, *Niklas Luhmann's Modernity*, S. 3.

그러나 이런 낙원으로 되돌아가는 길은 없다. 일상인은 생활세계와 같이 나이브한 것을 단지 재구성할 수만 있는데, 이는 그 스스로가 '감상적으로' 처리하기 때문이다. 일상인은 '현실적으로 현실적인 것'을 위대한 의미 추구의 미지수(X)로 이해할 수 있는데, 왜냐하면 그 스스로가 무질(Musil)이 말하는 가능성 의미를 계발하기 때문이다. 그 때문에 존재에 대한 하이데거의 찬양은 최후의 것이다. 이제부터는 단지 세계 생성의 방식만 존재한다. "~라는 존재가 존재한다(Es gibt-Sein)"라는, 즉 자기 드러냄으로서의 'phainestai'라는 그리스적 나이브함에 대해 롤랑 바르트(Roland Barthe)는 유일하게 주어진 것은 다른 어떤 것을 취하는 종류와 방식이라고 간결하게 표현했다. 다른 말로 하면, 정체성은 항상 구성물이다. 모든 통일성은 관찰자가 만든 '주어진 것(Gabe)'이다. 그런데 "~가 존재한다(es gibt~)"고 할 때, 이 비인칭 주어 'es'가 누구냐? 바로 체계(System)가 그것이다!

주체의 죽음 이후에 따라서 통일성의 형식 ― 즉 이원성(Zweiheit) ― 만 존재한다. 그리고 "~가 무엇인가(ti esti)"라는 물음의 그리스적 나이브함에 대해 조지 스펜서 브라운은 "하나의 구별을 그어라!"라는 처방을 제시했다. 그것이 어떤 처방이냐는 관계없다. 왜 이 차이를 선택하고 다른 차이는 선택하지 않느냐는 논증은 또 다시 논증되지 않은 차이, 다시 말해서 이런 차이와 저런 차이 사이의 차이를 함축하고 있기 때문이다. 이런 차이로써 일상인이 무엇을 행하든 간에 하나의 맹점이 설정된다. 그리고 데리다의 **디페랑스**(différance) 개념[차연, 차이+연기]은 그 차이를 끝내려는 하나의 테크닉이다. 즉 맹점의 연기이다. 일상인은 차이를 내고, 그럼으로써 세계가 그 안에서 등급을 갖추고 의미 있게 나타나는 하나의 테두리를 얻는다. 그런데 일상인이 2차 등급의 관찰에서 보는 것은 이러한 1차 등급이 맹점 덕분이라는 것이다. 맹점을 그런데 '비판적으로' 연기할 수 있다. 다른 차이의 사용, 즉 '프레임'의 탈구성을 통해서. 그래서 방향설정의 다원주의는 센스메이킹과 탈구성의 끊임없는 진동을 매개로 작용한다.

육체의 복귀?

기독교적인 육체/영혼 구별 때문에 육체는 서양문화에서 의미론적으로 궁핍해진 상태가 되었다. 이 점은 철학적으로 독자적인 경지에 올랐던 니체도 바꿀 수 없었다. 비로소 20세기가 되어 우리는 의약품, 화장품, 스포츠, 섹스 ─ 심지어는 폭력 ─ 를 통해 육체를 새롭게 평가절상하고 있음을 관찰하고 있다. 우리 사회가 포르노그래피라는 극단적인 가치와는 나름대로 평화를 유지하고 있는 반면, 폭력이라는 테마에 대해서는 불관용으로 반응할 수밖에 없다. 왜냐하면 폭력에서는 정치체제를 현상적으로 안정시키는 공생적 메커니즘이 관건이기 때문이다. 폭력은 권력이라는 정치의 미디어의 안정성을 유지하는 토대이기 때문에, 개개인의 폭력 행위는 권력을 약화시킨다. 다른 말로 하면, 폭력을 잠재적으로 보유해야만 권력을 구축할 수 있다는 것이다. 그런 점에서 육체에 대한 구체적인 폭력은 타인들의 행태에 관한 권력과 대립될 가능성이 굉장히 크다.

이 테마는 현대사회의 경계를 구획하기도 하는데, 왜냐하면 육체에 대한 폭력은 배제된 인간이 인정을 받기 위해 사용하고 싶어 하는 수단이기도 하기 때문이다. 현대의 사회는 인격체로서의 인간은 포함시키고, 육체로서의 인간은 배제한다. 그래서 인간은 육체로서는 배제를 통해 이목을 끌게 된다. 인간이 배제되는 곳에서는 사회적으로 상호 호혜적 기대를 대신해서 육체의 직접적인 관찰이 등장한다. 스킨헤드들을 항상 눈여겨 관찰해야 한다. "물리적 폭력, 성 그리고 말초적이고 충동적인 욕구 충족이 자유롭게 방임되고, 상징적 치환을 매개로 문명화되지 않는다면, 그것들은 직접적으로 의미 있게 된다."[28]

여전히 육체가 중요하다면, 그것은 삶에 위험한 것이 된다. 그렇게 되면 빨리 바뀌는 사건의 지각이 커뮤니케이션보다 더 중요해지기 때문이다. 단지 이러한 콘텍스트에서 콰인(Quine)의 다음과 같은 '철학적 - 인간학적' 명제가 의미를 얻는다. "인간과 다른 생명체들은 자연 선택을 통해 육체에 맞추어져 있다. 왜냐하면 이러한 특성은 도시와 원시림에서 살아남을 만한 명백한 가치를 가지고 있기 때문이다."[29] 이것은 오늘날 특히 배제된 인간의 세계에 타당하다. 인간이 육체로서 사회에서 배제되는 곳에서는 공간이 필요하다. 인간이 인격체로서 포함되는 곳에서는 공간이 더 이상 큰 역할을 하지 않는다. 예를 들면 텔레커뮤니케이션에서. 미디어의 세계는 결코 육체의 세계가 아니기 때문이다.

사회적 배제는 육체를 내던지는데, 그러면 일상인은 기차역이나 라인 강 다리 밑에서 그 육체[가령 노숙자]와 우연히 마주치게 된다. 그러면 도대체 어떻게 '육체의 복귀'(디트마르 캄퍼)가 사회의 경계 이편에서 설명될 수 있을까? 이 대답을 위한 나의 시도는 이 사회의 추세에 대한 하나의 보상적 모델의 성격을 띠고 있다.

— 자율적인 사회적 체계들의 세계에서는 단지 기능, 역할 그리고 커뮤니케이션만 고려되기 때문에, '인간'이 문화적 자기이해의 중심으로 부상한다.
— 가상현실이 우리 포스트산업적 일상의 미디어기술적 인프라 구조로 되었기 때문에, 육체의 숭배, 안락함의 생활철학, 실존의 새로운 미학이 — 비물질화에 대한 해독제와 같은 것으로서 — 존재한다.

28 N. Luhmann, *Die Gesellschaft der Gesellschaft*, S.633.

29 W. V. Quine, *Wurzeln der Referenz*, S.83.

— 유전공학이 21세기의 주도과학으로서 육체의 완벽화 가능성에 관한 문제를 제기하고 동시에 '인간의 골동품화'라는 귄터 안더스가 제기한 물음을 새로운 맥락에서 조명하고 있기 때문에, 인간 자신에 관한 염려가 증대되고, 유한한 자기 자신을 돌보는 것이 또 다시 철학적 관심의 핵심으로 부상한다.

우리의 현대적 세계에 관해 사회학은 다음과 같이 이야기한다. "사회체계들은 눈앞에 있는 현전성(Anwesenheit)을 커뮤니케이션적 도달 가능성으로, 즉 순전히 인터랙션 가능성으로 대체하고 있다."[30] 육체와 공간은 상관없게 된다. 이제 '인간'은 그에 대해 어떻게 반응하는가? 혹은 사회학적으로 거칠지만 정확히 묻는다면, 사회적으로 기초가 다져진 정보적 커뮤니케이션이 이러한 새로운 미디어 조건에서 어떻게 변화될까? 나는 이 문제를 다음에서 더 고도로 추상화하기를 원하고 미디어 현실과 육체 숭배 사이의 상호 상승관계에서 출발한다. 따라서 나는 우리 사회가 점점 가상현실과 텔레커뮤니케이션의 테크닉을 통해 각인된다는 것을 전제한다. 그러나 바로 그 때문에 나의 근본 테제에 의하면, 다이어트 기술, 스포츠, 화장술, 유전조작 기술 그리고 의약품과 같은 육체의 완벽화를 위한 테크닉이 차지하는 중요성이 증가한다. 우주 비행의 성과는 푸른 위성 지구의 발견이었다. 가상적인 세계를 개척한 성과는 화려한 육체의 발견이 될 것이다.

---

30 N. Luhmann, *Soziologische Aufklärung*, Bd. II, S.33. 이러한 맥락에서 아주 유익한 사실은 바로 오늘날 지적인 서비스들이 전보다 더 육체적 현전에 의존하고 있기 때문에 가령 노르트라인 - 베스트팔렌 주 정부는 교수들에게 현전[출근]의 의무, 즉 미국인이 "face time"이라고 부르는 것을 규정하고 있다는 것이다. 미국에서 한번 공부했거나 가르쳤던 사람은 누구나 미국 대학에서는 독일과는 달리 학생과의 대면접촉을 위해 교수가 출근해야 한다는 압력을 알고 있다. 분명히 이런 강요된 대면 접촉은 인터페이스 문화(스티븐 존슨의 거짓투성이인 책이 이런 멋진 표현을 제목으로 달고 있다)가 부과하는 스트레스에 대한 일종의 치료약으로서 투여되는 것 같다.

그 어떤 인간도 자아, 자기 자신 혹은 인격의 정체성이 무엇인지를 모른다. 그 때문에 겉모습의 육체에 집착하고 육체를 보호하고 잘 가꾸며 건강하게 유지할 수 있다.

그러나 육체를 자기실현의 미디어로 이용하려 할 때는 형식으로서의 육체와 부딪친다. 이 문제점은, 자기 확실성을 기준 없는 자기 관계 속에서 주장함으로써, 즉 나는 내가 존재하는 대로 존재한다는 그런 주장으로 일종의 자기 아이러니를 통해 은폐할 수 있다. "술에 취하면 이것이 멋진 육체로 보인다." 다른 사람들은─마치 시지푸스처럼─자기 일에 몰두하고 있음에 틀림없다.

철학적 인간학자 헬무트 플레스너(Helmut Plessner)적 스타일의 인간학은 인간을 그 육체와 투쟁하는 것으로 그려 놓고 있다. 만약 "인격을 육체로부터 규정하려고"[31] 한다면, 육체는 양면성을 지닌 형태, 즉 차이임이 증명된다. 가령, 운동선수는 이기거나 진다. 다이어트를 계속하거나 다시 살이 찌게 된다. 자기 번뇌가 쾌락을 준비하고, 건강에 대해 의식하다보면 점점 더 많은 질병의 원인을 발견하게 된다. 모순적이게도 자신의 육체에 대한 극도의 가치평가 때문에 자신을 현재의 자기 육체와 동일시하는 것이 배제된다.

다시 한 번 가장 중요한 원칙적 테제를 요약해보자. 21세기의 경제와 사회는 컴퓨터, 텔레커뮤니케이션 그리고 '가상현실'의 표시를 달고 있다. 이러한 뉴미디어의 세계에서는 인간의 육체에는 단지 '웨트웨어(wetware)'라는 경멸적인 명칭만 남는다. 그리고 실제로 육체와 그 현재성은 우리 사회의 기능작용에 점점 덜 중요해지고 있다. 중요한 것은 눈앞에 있는 현전이 아니라 커뮤니케이션적 도달 가능성이고, 기능이지 실체가 아니다.

---

31 N. Luhmann, *Soziologische Aufklärung*, Bd. VI, S. 152.

이것들은 우리 모두에게 일상적인 의무인데, 그런 의무는 만약 그 반대편에서 균형을 이루도록 하는 것이 존재한다면 참을 수 있는 것이기도 하다. 그 때문에 가상화라는 우리 문화는 동시에 육체 숭배의 문화이기도 하다. 즉 인간의 육체가 의미의 전시장으로 마법화된다. 이러한 관점에서 의학(미용 성형 수술), 유전공학, 다이어트, 휘트니스/웰니스(Fitness/Wellness) 그리고 화장술 사이에는 긴밀한 연관관계가 있다.[32] 모든 사람이 육체의 최적화에 몰두하고, 건강과 아름다움을 약속한다. 물론 그 결과에 대한 전망이야 완전히 다르지만. 의학은 건강이 무엇인지 모른다. 유전공학은 우생학의 금기에 놓여 있다. 다이어트는 사람들이 자신의 생활태도를 변화시킬 수 있다는 것을 전제로 한다. 스포츠는 많은 사람에게는 그저 단순히 힘들다고 여겨진다. 화장술은 표피에만 머물고 있다. 이에 대해 더 자세히 살펴보자.

언어적 동물로서의 인간(Zoon logon echon). 인간은 자신을 이처럼 항상 생물계에서 특별한 위치를 차지하는 존재로 정의한다. 그런데 인간은 오히려 손을 가진 동물이 아닐까? "인간의 손은, 인간을 다양한 대상을 지닌 세상과 마주 서도록 하여, 고착된 본능들을 분출하는 데 기여해왔다."[33] 손으로 세계가 탐색되고 그것이 손에 의해 제스처로 표현된다.

제스처(몸동작)는 분명히 언어처럼 이해될 수는 없다. 제스처를 이해하기 위해서는 그것이 식별되어야 한다. 문장은 그렇지 않다. 그럼에도 오늘날 인

---

32 "관광여행, 화장술 그리고 고전적인 의료적 치료 사이의 경계들"이 희석되고 있다는 것은 엘리자베스 니이야르가 내린 결론이기도 하다("Wachstum durch langes Leben," S.95 참조). 정보의 시대 이후에 우리는 아마 건강 서비스업의 시대를 기대해야 할지도 모르겠다.

33 G. M. Mead, *Geist, Identität, Gesellschaft*, S.414. 이미 아낙사고라스는 인간의 현명함을 문자 그대로 자신의 손아귀에 넣었다. 이에 대해서는 J. Mittelstrass, *Leonardo-Welt*, S.13를 참조하라.

간학자들 사이에서 합의를 보고 있는 사실은 제스처가 커뮤니케이션의 원초적 형식이라는 점이다. 그리고 실제로 인간 커뮤니케이션은 탐색행위에서 생성되었다는 사실이 밝혀지고 있다. 그래서 조지 허버트 미드(George Herbert Mead)는 자신의 중심 사고에서 일상 커뮤니케이션의 사회 안정적인 기능을 설명하기 위해 '제스처로 하는 대화'에 관해 말하고 있다. 제스처는 경험의 상징화와 타인에의 적응을 가능케 한다. 그리고 이것은 모든 행위 코디네이션의 조건이기도 하다. 사물을 그렇게 본다면, 사회적으로 적합한 행위를 가령 '의식'과 같은 미심쩍은 현상과 관련시키지 않고서도 설명할 수 있다.

비트겐슈타인은 언젠가 어떤 단어의 의미는 언어 속에서 그것의 사용이라고 말한 적이 있다. 그리고 이와 유사하게 표현하면, 어떤 제스처의 의미는 타인에 의한 그것의 해석이라고 할 수 있다. 기능주의적으로 고찰하면, 제스처는 따라서 반응을 유발하는 기제이자 동시에 사회적 근본 뿌리(Radikal)이다. 우리는 제스처를 배움으로써 우리를 사회적 존재로 만드는 것, 즉 다른 사람의 역할을 수용하는 것 — 모방적 역할 수용 — 을 연습한다. 우리의 자아 핵심은 타인의 모방에서 생성된다. 혹은 미드의 중립적인 표현을 쓰면, 아이덴티티는 '일반적·체계적 표본의 개성적 반영'[34]이다.

바로 행위 스타일의 인격적 색깔은 따라서 표현 유형과 열정(파토스)의 형식을 준비하는 어떤 사회적 선택 과정의 결과이다. 개성적인 것의 아우라는 단순히 행위를 태도로 성공적으로 양식화하느냐에 달려 있다. 개성은 다시 말해서 언어에서보다는 제스처에서 더 용이하게 유지될 수 있다. 그리고 그 이유는 간단히 생각할 수 있다. 즉 비구두적 커뮤니케이션은 말로 표현될 수 없기 때문이다. 언어적 커뮤니케이션이 항상 부정의 위협에 처해 있는 반면,

---

34 같은 책, S. 201.

자기 자신을 묘사하는 제스처는 비판에 대해 면역력이 있다. 그 누구도 미국 작가 스콧 피츠제럴드(Scott Fitzgerald)보다 정확히 이를 간파한 사람은 없다. 그에 의하면 "인격은 성공적인 제스처의 어떤 중단 없는 연속이다." 그 때문에 축구선수로서 세계적 스타가 되는 것은 쉬운 일이나, 과학자로서는 그럴 가망이 거의 없다.

"육체의 사회적 사용"(루크 볼탄스키, Luc Boltanski)은 그것을 전제하는 육체의 생물학적 질량과는 아무 관계가 없다. 육체가 사회적 체계들 속으로 진입할 수 있기 위해서는 심리적으로 훈련되어야 한다. 제스처가 존재한다는 것은 일이 괜찮게 진행되고 있다는 것을 보여준다. 육체가 서로 엮여 들어가야 한다. 다시 말해서 결코 의식적이지 않은 방식으로 자신의 행태를 조정할 수 있어야 한다는 것이다. 가령 축구선수나 심지어 무용수도 이것을 연기하고 있다. 스포츠는 제도화된 육체 관찰이다. 스포츠의 긴장감은 육체성이 얼마나 멀리 통제되고 조정될 수 있느냐는 의문으로부터 일어난다.

스포츠는 순수한 현재이다. 특히 구기 종목을 매력 있게 만드는 것은 육체의 코디네이션이 순전히 지각을 통해서 이루어진다는 점이다. 한마디로 커뮤니케이션은 쓸모가 없다는 것이다. 운동경기는 우리에게 세밀하게 서로 조율된 육체를 보여주며, 그 육체의 역동성은 의식의 통제 없이 전개된다. 의식된 통제와 계획은, 트레이너와 그들이 세우는 '전술'에는 유감스럽겠지만, 단지 육체에 부차적인 역할만 수행한다. 의식적 통제와 계획 대신 스포츠 경기에서는 침착한 마음가짐이 결정적이다. 그 때문에 축구경기가 무엇인지를 '말'로는 할 수 없다. 누군가가 이에 관해 묻는다면, "한번 가서 보라!"는 답변만 들을 것이다. 중요한 것은 육체의 지배와 육체의 미세 조정(fine tuning) 사이의 경계이다. 축구를 이해한다는 것은 경기 흐름에 가상적으로 동참하는 것을 말한다.

섹스와 마찬가지로 스포츠는 활기찬 육체와 정화된 젊음의 전시장이다. 젊음은 여기서 소진될 수 없는 부존자원으로 나타나고, 육체성은 새로 발견된 의미의 대륙으로 나타난다. 결국 건강에는, 그것이 휘트니스이든 아니면 축소되어 웰니스이든, 다른 것이 연상될 것이다.[35] 웰니스는 논증할 필요가 없다. 이상형의 휘트니스에서는 이와는 반대로 항상 '무엇을 위한 휘트인가'라는 물음이 따라붙는다. 즉 '건강 진흥'이라는 합리화를 일단 제쳐놓는다면, "국민 대다수가 즐기는 종목의 선수들"에게서는 단지 트레이닝, 즉 자발적이고 향상될 수 있는 성과만 남는다. 따라서 어떤 경우든지 말할 수 있는 것은, 스포츠 선수는 우리 사회가 아직 그들에게 요구한 적이 없는 그런 성과를 트레이닝한다는 것이다. 진화 이론가들이라면 이런 문맥에서 '사전적응적 발달(preadaptive advance)'이라고 말할 것이다. 이것은 1905년 게오르크 푹스(Georg Fuchs)가 "미래의 미학은 체조와 마찬가지로 트레이닝이 될 것이다"라고 언급한 것이 얼마나 선견지명인지를 보여준다.

그런데 스포츠는 미래의 미학일 뿐 아니라 가장 설득력 있게 구성된 현재의 보조물이다. 스포츠는 일상의 감각 불확실성을 보상하는데, 스포츠는 다른 사람에 의해서도 센스가 있다고 지각된 육체적 행태로의 정돈된 퇴각을 가능케 하기 때문이다. 우리가 추측할 수 있는 것은, 생활세계가 가상적이고 비물질적일수록 스포츠의 기능이 더 중요해진다는 것이다. 이것은 특히 극한 상황에 도전하는 그런 종류의 스포츠에서 분명하다. 번지점프, 스키다이빙 그리고 그와 비슷한 스포츠가 보여주는 것은 미래의 미학이 리스크의 미학이라는 것이다. 극한적인 스포츠에서 위험을 무릅쓰고 기회를 잡으려는 사람은

---

35 "웰니스는 순전히 우리 시대의 행복 약속, 즉 생활형식으로서의 건강 의식의 선전이다"라는 주장은 로즈마리 노악에게서 읽을 수 있다("Auf der Wohlfühlwelle," S.65).

자기 몸의 강인함을 느끼고, 그럼으로써 의미를 발견하려는 사람이다. K2 봉정상에 오르고 수백 미터 절벽 아래로 낙하하면서, 결국 자아가 무엇을 해야할지를 알게 된다. 나이스빗(Naisbitt)은 이것을 '집중의 강렬한 감정(intense feeling of focus)'이라고 부르고 있다.[36]

거룩한 성스러움이 스포츠적 육체에 깃들어 있다. 스포츠는 순수한 육체성의 고유한 복잡성을 통해 가상화와 비물질화를 보상한다. 스포츠 적대자이자 사회학자인 소스타인 베블런(Thorstein Veblen)에게 동의할 수 있는 것은, 그가 스포츠의 특성을 '본질적인 난센스'와 '체계적인 낭비'라고 언급했기 때문이다.[37] 물론 비스포츠적인 관점에서 보면, 스포츠는 '의미 없는 것(sinnlos)'이 된다. 그래서 스포츠는 자기 자신의 센스(의미) 층을 만들고 있는 것이다. 더 분명한 것은, 스포츠에서는 육체가 센스(의미)의 전시장으로 된다는 것이다. 바로 그 때문에 우리의 과학과 기술에서 스포츠는 아무 역할도 못 하는 것이다.

스포츠를 금욕이 도치된 버전으로 정의할 수도 있을 것이다. 즉 스포츠는 의미를 육체로서 그리고 육체 속에서 표현한다. 비스포츠적인 사람에게는 스포츠와 기능적으로 유사한 등가물이 있는데, 금욕적인 버전도 있고 금욕과 상관없는 버전도 있다. 스스로 금욕에서 면제되고자 하는 사람은 아름다움(순정미)을 설정해야 한다. 아름다움을 보호하는 것이 화장술이다. 다이어트나 휘트니스 프로그램과는 달리, 화장술은 확실히 기만술이다. 화장술은 항상 성공해왔는데, 그 성공의 비결은 그것이 육체의 표면에 매달리기 때문이다. 성, 단백질, 엔도르핀과 같은 심연 속으로 돌진하기보다는, 화장술은 피부 표면에 머물며, 거기서 그리스인들이 코스모스(Kosmos)라고 불렀던 '아름다

---

36 J. Naisbitt, *High Tech — High Touch*, S.62.

37 Th. Veblen, *Theorie der feinen Leute*, S.191f.

운 질서'를 창조하고 있다. 화장술의 어원인 'kosmetos'는 아름답게 걸치는 것을 말하며, 코스모스란 질서와 치장의 통일체라는 뜻이다. 니체가 그리스인을 염두에 두면서 이미 이야기한 바와 같이, 화장술의 고객은 표피적이다. 그것도 그 심층에서부터 표피적이다. 화장술은 문자 그대로 마스크를 끼는 것이다. 그리고 이러한 표피성이 깊이 있는 것은, 바로 그것이 그 마스크 뒤에 진정한 자아가 숨어 있는 것이 아니라, 단지 또 다른 마스크만 있을 뿐이라는 것을 알고 있기 때문이다. 화장술의 마스크가 부리는 마법은 따라서 '너 자신을 알라!'라는 격언과 정확히 반대되는 안티테제이다.

오늘날 자신의 몸을 집중적으로 가꾸는 사람은 그것을 어떤 컬트의 중심, 삶의 의미의 전시장으로 만든다. 그 때문에 화장품은 더 이상 약국(Drug Stores)이 아니라 컬트의 전당에서 판매된다. 거기서는 화학이나 생물학이 아니라 성스러운 에센스가 제공된다. 그리고 화장술에서는 특히 이와 같은 정신적인 잉여가치가 존재하기 때문에, 컬트 상표의 화장품을 구매하기 위해서는 비싼 돈을 투자해야 한다. 이는 여자에게만 해당되는 것은 아니다. 최근에는 남자도 가슴 털을 면도하고 자신의 피부에 맞는 보디 크림을 찾고 있다.

육체의 정신화는 특히 화장품 광고에서 분명하게 나타난다. 그 광고에서는 오늘날 더 이상 슈퍼모델이나 가슴 큰 여자 그리고 요부 같은 전통적 모델이 점점 덜 등장하고, 대신 천사 같은 여자가 더 자주 등장한다. 이것을 이해하기 위해서는 일단 이와 연관된 일련의 단어를 분석해야 한다. 무원죄, 처녀, 처녀성, 순수성, 천진난만함, 무한성 등. 방향제 상표들은 천사(Angel), 천상(Heaven), 영원성(Eternity) 등의 이름을 달고 있다. 이 모든 개념은 자신의 고유한 의미를 논쟁적인 반대개념으로 얻고 있다. 이것들은 현대적 일상의 복잡성, 시간 희소성, 세속성, 불투명성에 대립하는 세계를 나타낸다. 순수성은 변화, 애매성, 타협 등과 같은 말에 적대적이다. 천사라는 강한 인상을 주는 경력이 이 문맥에서 말하는 것은, 자연에 대한 컬트적 숭배 이후에는 초자연에 대한 숭배가 나타난다는 것이다. 천사는 성스러움(거룩함)의 메신저이기 때문이다.

그러나 화장으로 가려질 수 없을 정도로 추한 사람이나 아름다움을 고리타분한 이상형으로 간주하는 사람도 조만간 화장술에 신세 지게 될 것이다. 반사회적이고 병리적인 모습도 다시 말해서 화장술로 가꾸게 되고 시장화되기 때문이다. 꾸미지 않은 사람은 원래 통합되기를 원치 않는 사람임을 나타낸다. 그런데 바로 이것이 오늘날에는 선호되는 태도로 되었다. 가령 '3일 동안 손질하지 않은 수염'이나 '헤로인 룩(Heroin-Look)'과 같은 스타일처럼, 자기 자신에 대한 부정을 자기 자신에게 통합시키는 것, 즉 안 꾸민 것 같으면서도 실제로는 꾸미면서 그런 안 꾸밈을 최후의 저항으로 표시하는 것이 유행과 화장술이라는 면에서 모두 성공을 거두고 있다. 소녀가 성숙한 여성으로 성장하기를 거부하는 소위 애나 콤플렉스[Anorexie, 신경성 거식증]와 같은 병리학적인 현상도, 소위 트위기[Twiggy, 1960년대 미니스커트를 선보인 모델 이름에서 따온 패션 경향] 이래로는 '아름답게 걸친 것'이 된다. 그리고 오래전부터 말라깽이 같은 병적인 증상이 문화의 이상으로 인정받고 있다.

여성으로 성숙하기를 거부하는 사람이 아니라 의사에게서 그런 이상형을 처방받으려는 사람이라면 '이상적인 몸무게'를 지향한다. 날씬함에 대한 집착과 쓸데없는 군살에 대한 건강을 염두에 둔 투쟁은 구분되어야 한다. 그리고 이로써 우리는 화장술의 금욕적 버전, 즉 다이어트에 다다른 셈이다. 이러한 영역에서는 자신의 육체에 대한 책임감이 체중이라는 수치로 수량화된다. "자신이 달고 있는 비곗덩어리에서 관찰자는 자기 몸을 발견한다."[38] 마치 질

38 D. Baecker, *Die Form des Unternehmens*, S.112.

병과 비슷한 증상이다.

다이어트는 육체를 행위의 성과물로 만든다. 이상으로부터의 일탈은 이로써 다이어트에서 비곗덩어리의 제거를 추구하는 사람들의 책임이다. 그리고 사람들이 대부분 다이어트 처방을 경시하기 때문에 다이어트는 사람들에게 죄의식을 양산한다. 적은 항상 자신의 몸 안에 숨어 있으며, 그 적과 싸우지 않는다는 것은 곧 자신의 몸을 죄로 타락시키는 것을 말한다. "지방질은 본질적으로 외래의 몸체인데, 무장된 성채 안에서 활동하지만 성벽 밖의 적의 명령에 따라 그리고 또 그를 위해 활동한다. 지방은 몸 **안에 있지만 결코** 몸은 **아니다.**"[39] 다이어트는 따라서 자신의 몸과 외래의 몸(지방)을 구분한다. 그럼으로써 그것은 스스로 풀어야 하는 문젯거리를 만들고 있다. 게다가 다이어트는 다이어트를 전혀 공격하지 않는 사람에게도 관심이 있다. 다이어트 프로그램은 이상형의 상태에 얼마나 가까이 있는지 가르쳐준다. 즉 나는 내 몸 안에 있는 적을 언제든지 정복할 수 있다는 것이다. 여성잡지는 이런 것으로 먹고 산다.

화장술과 다이어트의 콘텍스트에서 기술이 물론 시야에 들어오는데, 그 기술을 가지고 사람들은 육체를 기만하려고 한다. 개별자의 삶이 더 이상 원만하게 굴러가지 않은 이래로, 유한한 삶은 아무 의미 없이 나타난다. "나이 먹고 사는 데 싫증나서" 죽는다는 아브라함식의 행복은 우리에게는 딴 세상의 이야기로 들린다. 종족 번식, 즉 어떤 가계의 지속적 생산도 삶의 의미로서는 이미 오래전부터 더 이상 설득력이 떨어진다. 삶의 의미에 대한 종교적인 해결책 역시 더 이상 설득력이 없다. 죽음은 분노가 되었기 때문이다. 죽음은 더 이상 더 나은 세계로 향하는 문이 아니다. 죽어가는 사람은 더 이상 그들

---

39 Z. Bauman, *In Search of Politics*, S.45.

자식의 품 안에서 임종하지 않는다. 그는 오늘날 스스로를 더 나은 사회를 위한 고귀한 희생물이라고 더 이상 느낄 수 없다. 우리가 죽을 운명이라는 것은 오늘날 전적으로 고통스러운 스캔들이다.

그 때문에 늙은 사람들은 자신의 유한성에 대항하는 데 몰두한다. 그런데 어떻게 구체적으로 나이 먹어서도 나이 먹지 않은 것처럼 보일 수 있을까? 바로 여기에 육체를 기만하는 모든 테크닉이 집약되어 있다. 가령 얼굴 주름살 수술, 성형수술, 인공치아 등. 서류 양식에서 나이를 표시하는 항목이 지워지거나 숨겨지며, 인간과 기계의 시너지 장치가 육체의 나약함을 억제한다. 이것들은 문화적 문제를 더 잘 해결하려는 절망적인 노력이다. 그래서 인간이 나이를 먹는 것이 오늘날 그 육체의 노화를 의미하는 것은 아니게 된다.[40]

'무의미성' 혹은 '불안'과 같은 형이상학적으로 사치스러운 문제와는 정반대로 육체는 우리에게 우리가 싸울 수 있는 구체적인 근심거리를 선사하고 있다. 사회적 불안정성이 이와 같이 개인화된 것이 "육체에 강박증적으로 포로"가 된 것이다.[41] 현대사회 전체에 특징적인 것은 안정성에 대한 욕구가 증가한다는 것이다. 그러나 자기 육체의 완전무결성에 대한 불안이 심화되고 있다. 먹고 숨 쉬는 모든 것에 대해, 노출되는 모든 광선에 대해 전문가들은 주의할 것을 경고한다. 그 때문에 우리는 육체와 적대적인 세계 사이의 경계에서 미래의 새로운 비즈니스가 이루어질 것이라고 추측할 수 있다.

자기 자신에 대한 근심은, 질병이라는 그 부정적 아우라를 다루는 의료적 실천의 한 극과 가정에서의 영양섭취에 대한 의식과 스포츠센터에서의 웰니스를 오가며 건강한 삶을 축복하는 다이어트적 실천의 다른 극 사이에서 움

---

40 *Der Spiegel*, #44, 1999, S.43. "보험기술적으로 볼 때 나이는 임신이나 출산과 마찬가지로 결코 자연적인 삶의 한 국면이 더 이상 아니다. 그것은 질병과 같은 것이다."

41 Z. Bauman, 같은 책, S.46.

직이고 있다. 이런 건강 숭배와 육체 숭배가 특별히 분명하게 보여주는 것은 건강을 추구하는 우리 문화가 점점 더 '행복하십시오 패러독스'에 휩쓸리고 있다는 것이다. 걱정 마, 잘될 거야!라든지 건강하십시오!와 같은 당부형의 인사말을 할 수는 있지만, 그에 대해 올바른 처방을 할 수는 없다. 확실히 이런 구원의 약속은 매우 성공적으로 시장화될 수 있다. 그래서 아니타 로딕(Anita Roddick)은 자신이 운영하는 바디숍(Body Shop)의 비밀을 "교육과 고객에 대한 염려를 위한 나의 열정"이라고 고백했다. 즉 고객이 자기 자신에 대해 염려하도록 교육된다는 뜻이다.

자기 자신에 대한 근심 때문에 전문치료사로부터 지속적으로 조언을 받는다. 치료사는 현대사회에서 신뢰를 향유하는 사람인데, 그런 신뢰는 과거에는 단지 친분 있는 사람의 조언에서만 가능한 것이었다. 그래서 사회학은 다음과 같이 표현하고 있다. "치료술(theraphy)이 친밀성을 일반적인 차원에서 보충하고 있다."[42] 이때 결정적인 것은 단지 환자만이 자신의 체험에 대한 통로를 가지고 있다는 것이다. "나는 아픈 것 같아요"라는 문장에 대해서는 "나는 불안해요"라든가 "나는 행복합니다"와 같은 문장에 대해서와 마찬가지로 우리는 논박할 수 없다.

전통적으로 건강은 기관들의 침묵상태이다. 질병은 따라서 소음상태이고, 의사는 그 소음을 알아들을 수 있게 번역한다. 따라서 증상은 설명이 필요한 기호인데, 그 기호는 일상적인 커뮤니케이션으로서는 해독할 수 없다. 의료인은 그 때문에 증상의 영역에서 의미 구축자로서 등장한다. 성직자와 마찬가지로 누구든지 구원을 약속하는 사람이면 치료사가 된다. 그리고 성직자가 자신의 커뮤니케이션을 단지 원죄에만 연계할 수 있듯이, 의학적 커뮤니케이

---

42 T. Parsons, *Political and Social Structures*, S.15.

선은 분명히 단지 질병에만 연계될 수 있다. 그러나 건강은 이와는 달리 고전 의학에서는 하나의 공허한 개념이다.[43] 이런 의학의 공허한 개념으로서의 건 강은 따라서 당사자에게서는 쾌락 종교의 부재하는 신으로 기능한다. 심지어 독일의사협회 회장 외르크 - 디트리히 호페(Jörg-Dietrich Hoppe)조차도 건강은 많은 사람에게 종교의 대용물이 되었다고 고백해야 했다.

고전적인 의학은 침묵하고 단지 고통만이 말한다. 고통 속에서는 육체가 의식과 커뮤니케이션한다. 고통은 의미의 마지막 전시장인 육체에 초점을 맞 춘다. 고전 의학의 질병 이미지는 그러나 그 기술적 수준에 비추어볼 때 자기 자신을 규제하는 체계로서의 육체에 대해서는 전혀 모른다. 고전 의학에서는 대개의 경우 말로 표현되지 않고 — 사실상 수수께끼와 같이 — 기록되고 처방 된다. 우리 모두는 고전 의학의 침묵의 행위 — 진단, 처방, 처방전, 이해할 수 없 는 약품의 이름 — 를 알고 있다. 여기서 커뮤니케이션은 결코 아무런 역할도 수행하지 않는다. 정확히 의사와 마찬가지로 영혼도 건강한 육체를 무시한 다. 단지 고통만이 이러한 평상적인 무관심성으로부터 우리를 잡아당긴다. 의식이 육체에 대해 흥미를 가지기 위해서는 고통의 기능적 등가물을 필요로 할 것이다. 미래의 의학적 커뮤니케이션의 큰 과제는 따라서 육체에 대해 고 통으로부터 자유로운 관심을 갖도록 하는 것이다.

미학적 커뮤니케이션은 이미 이 점에서 성공을 거두었다. 의미의 전시장으 로서의 육체에 대한 우리의 의문은 예술에서 하나의 근본원리적 차이에 이른 다. 한편으로는 물질을 형상화하는 예술이 존재하는데, 그것들은 우리가 현대 예술이라고 흔히 말할 때 생각하는 그런 테크놀로지적 예술이다. 그리고 다른

---

43 "아무도 건강하지 않다. 단지 많은 사람들이 불충분하게 진찰되고 있다"고 보도하고 있 다(*Der Spiegel*, #44, 1999).

한편으로 또한 인간의 육체를 미디어로 이용하는 예술, 가령 무용이나 노래, 연기 그리고 최근 다시 각광받는 문신과 같은 예술도 있다. 그리고 분명히 포스트모던에서는 예술의 미디어로서의 육체에 되돌아가려는 경향이 있다.

— 팝 문화에서 이것이 분명히 나타나는 것은 테크노 뮤직의 전신운동이다. 여기서는 귀로 듣기보다는 횡격막으로 듣는다고 할 수 있다. 분당 180회까지 이르는 저음의 박자가 육체를 조종한다.

— 부르주아 문화는 페스티벌에서 스스로 매혹당하는데, 페스티벌은 축제 중에 자기 변화를 두 가지 안정된 체험형식 — 멋지게 치장하기와 포식하기 — 으로 축소시킨다.

— 예술 체계의 예술은 가령 체액을 예술의 재료로 투입하는 생체 표본 예술(Specimen Art)로 쇼크를 일으킨다. 바로크 종교 회화에서 삶의 덧없음을 상징하는 두개골 모티프(Vanitas-Motif)의 포스트모던적 변형인 셈인데, 생체 표본이 인간을 정보로 보는 인간관에 대항하는 논쟁적 안티테제로서 설정되고 있다. 생체 표본 예술은 인간을 유전공학적으로 완벽하게 할 수 있다는 프로젝트에 반대하는 비완벽성의 선언이다.

이 모든 경향은 가상현실과 대비시켜 관찰할 경우 그 의미와 전망을 얻는다. 사이버 스페이스에서는 육체의 창조성이 성공적으로 추방되었기 때문이다. 우리의 컴퓨터광들 사이에서는 인간 육체가 웨트웨어(wetware)로 경멸당하는 것이 이유가 없는 것은 아니다. 육체는 가상세계에서 내비게이션할 때, 마치 바다 항해에서 마실 물주머니처럼, 없어서는 안 되지만 무거워 방해되기만 하는 것이다. 그리고 실제로 가상현실에서는 육체의 나이가 그 성별만큼이나 중요하지 않다. 셰리 터클(Sherry Turkle)은 이러한 맥락에서 소위 시라노 효과[Cyrano, 17세기 프랑스의 시인이자 검객으로 유난히 코가 큰 남자에서 유래. 누구든지 여러 가지 모습의 자아를 만들 수 있다는 것. 일종의 자기 연출]에 관해 말했다. 즉 가상세계에서는 어떤 버전의 자아든지 기투될 수 있다. 마치 미국인이 자기 연출이라고 말하는 것인데, 여자든지, 흑인이든지, 장애인이든지 아니면 68 세대든지 모두 다 가능하다. 소설의 주인공과 같은 인생, 현실의 미학화, 실현된 예술. 사이버 스페이스는 이것들을 기술적으로 가능케 한다.

고대 그리스 신화에서 우리가 알고 있는 사실은 신들이 지상으로 내려와 거기서 자신이 원하는 대로 하나의 육체를 엄선했다는 것이다. 신적인 것의 이러한 육체와의 힌두교적인 변형이 오늘날 다시 유행하고 있다. 가상현실에서. 아바타(Avatar)는 원래 힌두신의 현현(Epiphanie), 즉 힌두신이 지상에서 인간과 유사한 형태로 나타난 것이다. 멀티미디어 사회의 용어에서 그 개념은 사이버 스페이스에서 커뮤니케이션 파트너의 가상적 등장을 지칭한다. 세상의 신과 마찬가지로, 인간이 사이버 스페이스로 들어가 거기서 자신의 멋진 육체를 엄선한다. 따라서 중요한 것은 가상적 현실에서 마스크를 쓰고 변장하며 치장하는 가능성이다.

조롱과 격분은 사이버섹스라는 테마에 대한 정상적인 반응이다. 도대체 왜 그런가? 물론 모든 계몽된 인간은 오늘날 사이버 스페이스와 화해할 준비가 되어 있으며, 성적으로도 어쨌든 해방된 상태이다. 그런데 사이버와 섹스의 연결은 분명히 하나의 금기에 도전하는 것이다. 사이버는 미디어적인 것, 비물질적인 것 그리고 시뮬레이션이 이루는 하나의 긴장된 새로운 세계를 위한 암호이다. 반면 섹스는 육체성, 타인과의 쾌락적인 관계 그리고 가능하다면 행복을 위한 암호이다. 섹스는 비트와 바이트들이 파도처럼 밀려와 부닥치는 실재의 바위인 것처럼 보인다. 거기서는 그 어떤 영상 화면도 빛나지 않으며, 그 어떤 기계도 존재하지 않는다. 간단히 말해서, 섹스는 무매개적인 직접성에 대한 우리의 통념을 나타내는 극히 간명한 표현이다. 그리고 정확히 이러한 통념을 깨는 것이 사이버섹스라는 매혹적 단어이다.

사이버섹스에서는 직접성이 손상되지 않으면서 벌거벗는 부끄러움도 아낄 수 있다. 사랑의 번뇌란 원래 상상적인 것에서 발현하기 때문이고, 익명성이 그 즐거움을 더 증가시키기 때문에 사이버섹스가 기능한다. 육체적 직접성을 추구하는 팬들은 미디어적인 것의 안락함과 직접 접촉하지 않는 것의 장점을 안다. 사이버섹스는 욕망의 가상적 실재이다. 다시 말해서 그것은 현실성에 대한 가능성의 낭만적 우위를 사랑에서도 관철시킨다. 이것을 경멸하는 사람은 뷰티플 피플(Beautiful people, 그들에게 세상은 그들의 몸에 맞추어 재단되어 있다)의 부류이거나 아니면 예민한 부류들(이들은 아름다운 삶과 사랑을 아직 그것들이 한 번도 존재한 적이 없었던 곳, 즉 실제 현실 속에서 추구하는 사람들이다)일 것이다.

휴머니즘에서 인조인간 호문쿨루스로

독일에서 하버마스와 쌍벽을 이루면서 하버마스 이후의 철학자로 평가받는 '냉소주의적 이성'의 철학자 페터 슬로터다이크(Peter Sloterdijik)의 「인간 농장을 위한 규칙(Regeln für den Menschenpark)」(2001) 논문을 둘러싼 논란은 일종의 무기고의 성격을 띠고 있다. 로켓이 이념의 하늘을 비추고, 도덕적 분노로 가득 찬 폭발이 건강한 의미를 마비시켰으며, 모든 사람이 현혹되었다가 곧 모든 것이 마치 유행처럼 아무것도 아닌 것으로 되어버렸다. 이는 매우 유감스러운 일인데, 왜냐하면 슬로터다이크 신드롬은 우리에게 21세기로 이르는 길을 열어주는 분석적 에너지를 분출하도록 할 수도 있었기 때문이다. 슬로터다이크의 텍스트는 다양한 서로 다른 문제가 불운하게 서로 중첩되어 복잡하게 얽혀버렸다. 그러나 나의 생각으로는 비록 그가 제기한 문제가 모두 철학적 성찰의 품위를 지니고 있기는 하지만, 일련의 연관관계 속에서 더 의미 있게 토의될 수 없게 되어버렸다. 그가 제기한 요점은 다음과 같은 맥락에서 토의될 수 있다.

— 1. 철학적 진단 : 휴머니즘의 죽음
— 2. 현실 진단 : 현대 문명이 다시 야만으로 돌아간다는 것. 그리고 이에 대한 치유책으로 제안된 엘리트 양성
— 3. 종족번식, 인종 그리고 유전학과 관련된 모든 것을 나치즘과 관련을 짓는 독일에 고유한 금기사항
— 4. 유전공학 기술을 통한 우리의 문화적 자기이해의 '도전'과 윤리적 비판의 형태로 이루어진 '응전'

　1항과 관련. '휴머니즘의 죽음'이라는 철학적 진단은 확실히 정확하지만, 그러나 결코 새로운 것은 아니다. 그것은 이미 하이데거와 아도르노, 푸코와 루만 등 다른 부류의 사상에서도 발견할 수 있다. 이들 비판자의 공통분모는 휴머니즘이 비인간성의 이데올로기라는 것이다. 즉 '인간 일반'을 주장하는 휴머니즘과 같은 정념적(sentimental) 철학은 인간 일반이라는 본질 규정에 부합되지 않는 모든 구체적인 개인에 대해서는 항상 '비인간'이라는 낙인으로 다루기 때문이다. 이것은 특히 '인권'이나 심지어 '휴머니티의 이름'으로 수행되는 모든 전쟁이 이것을 증명하는데, 이는 법철학자 칼 슈미트의 위대한 연구 테마이기도 하다. 그러나 이미 모차르트의 〈마술피리〉에서도 계몽주의자들로부터 배웠던 것은, 이런 가르침에 만족하지 않는 바로 그런 사람들이야말로 '인간'이라는 칭호를 받을 자격이 없는 사람들이라는 것이다.

　2와 관련. "다시 야만으로 돌아간다는 것"과 같은 현실진단이 실제 유행하고 있다. 우리 모두 가죽 부츠를 신고 야구방망이를 든 극우적 스킨헤드들이 개시한 행동을 그동안 봤으며, TV토크쇼와 같은 미디어의 실상이 오래전부터 정신의 절대적인 제로(영점) 상태에 진입했음을 보고 있기 때문이다. 그러

나 나는 이러한 평가에 대해 잘못된 것으로 간주한다. 슬로터다이크는—그이전 중세 말 브루노 바우어(Bruno Bauer)와 세기 초 오스발트 슈펭글러(Oswald Spengler)가 했듯이—고대 말과 현대 사이의 '위대한 유사성'이라는 철학적 매력에 너무 깊이 빠져 있다. 그리고 '엘리트 양성'이라는 그의 치료 제안은 단지 철학자가 대중보다 무엇이 문화를 위해 좋은지를 더 잘 알고 있다고 생각하는 고집불통의 민중교육자라는 것만을 증명한다. 이러한 생각을 뒤엎기 위해서는 "누가 결정하는가?"라는 물음으로 충분하다. 엘리트를 선망하는 사람은 대중민주주의와 화해할 수 없는 사람이다. 슬로터다이크의 문화 비판에는 따라서 가장 광범위하게 전염된 질병 중의 하나가 바로 '진단'이라는 이름의 질병이라는 칼 크라우스(Karl Kraus)의 명제가 적용된다.

3과 관련. 나치즘 터부는 예나 지금이나 수많은 사유의 금기사항을 부과하고 있다. 이것은 아마도 독일 철학으로서는 영원히 끌어안아야 할 뜨거운 감자이다. 나는 그 때문에 이 테마를 단지 언급만 하고 괄호 속에 묶어버리려 한다. 이에 대해 공개적으로 언급하기만 하면 본의 아니게 바로 뜨거운 논란에 휩싸이기 때문이다. 우리가 친유태인적 지식인에게서 종종 듣는 것은, 독일인은 스스로 처벌받기를 원하고 있으며 다른 사람이 그들을 용서하는 것을 독일인이 전혀 원하지 않는다는 것이다. 홀로코스트 대기념비[44]를 둘러싼 과거 20년간의 논쟁을 한번 생각해보라! 더 이상 말하지 않겠다. 이에 대해서는 판단 중지이다.

이제 4번과 관련된 문제만 남는다. 이것은 핵심적인 테마로서, 유전공학 기술의 가능성과 그에 수반되는 문제점에 대한 우려에 관한 문제이다. 나는 다

---

44 제2차 세계대전 종전 60주년을 맞아 2005년 베를린 브란덴부르크 토어 인근 구 나치 선전부 건물 부지에 건립된 유태인 대량학살 희생자를 위한 기념비. 분단되었던 콜 정부 시절 논의되어 우여곡절의 논란 끝에 20년 만에 완공됨. — 옮긴이.

음에서 윤리학이 이에 대해 적절한 해답을 제시할 수 있느냐는 문제에만 전적으로 집중하려 한다. 그리고 만약 윤리적 비판을 계속 더 수행해야 한다고 믿을 때 어떤 결과가 벌어지는지에 대해서도 논의하려 한다.

권터 안더스는 이미 20세기 중엽에 테크노크라트적인 현대를 '인간의 골동품화'라는 논쟁적 표현으로 지칭했다. 기술의 완벽화 추세 앞에서 결핍된 존재로서의 인간은 단순히 태어나기만 했지 결코 만들어지지 않았다는 프로메테우스적인 수치심에 휩싸인다. 그리고 실제 개인을 전자 회로판과 비교한다면, 인간은 대개는 조잡하게 생산된 멍청한 네트(Netz)임이 증명된다. 그래서 스타니슬라프 렘(Stanislaw Lem)이 다음과 같이 확신한 것은 결코 단순히 아이러니한 것만은 아니다. 즉 "인간 중 몇몇은 논리적 사고에 결함이 있는 회로판으로 되어 있고, 다른 몇몇은 자기 컨트롤 장치에 결단능력이 입력되어 있는 반면, 또 다른 부류는 피드백 작용의 안정성이 부족하여 특정한 목적을 추구하기보다는 결단성 없이 그리고 아무 생각 없이 삶의 밀림을 헤매고 있다."[45]

권터 안더스는 청교도적 육체 증오와 그것의 세속적 잔영 속에서 '휴먼 엔지니어링'이라는 추진력을 추정했는데, 이것이 오늘날 유전공학 기술에서 그 위대한 종착단계에 도달했다. 철학자들은 지금까지 육체를 다양하게 해석만 해왔다. 그런데 이제 유전공학자들에게 중요한 것은 육체를 변혁하는 것이다. 묵시론적 예언자 권터 안더스의 눈에는 이런 사태가 다음과 같이 묘사된다. 니체가 마지막 인간이라고 세례를 했던 유한한 존재인 '호모사피엔스'라는 동물은 스스로 하나의 창조주(Demiurg)를 고안하고, 이 존재는 인간을 '도구적 존재'로 규정한다. 현대적 테크닉의 틀 안에 있는 우리의 감금상태는 따라서 우리 스스로의 책임일지도 모른다. 아니 우리 스스로가 그렇게 자초한

---

45 S. Lem, *Dialoge*, S. 256.

것이다. 이러한 생물학적 비관주의의 출발점은 1828년 화학자 뷜러(Wöhler)의 요소합성 실험 성공이 괴테의 『파우스트 2부』에서 '호문쿨루스(Homunculus)'라는 인조인간의 이름으로 문학적으로 반영된 것이다. 호문쿨루스는 형태로서의 최후의 인간에 특유한 문제이다.

지금까지는 인간의 본질에 대해 우화로만 기술했지만, 유전학(Genetik)은 오늘날 인간의 내면을 순환이라는 사실 연관들로부터 방법적으로 규정하고 있다. 그 순환의 과정을 나타내는 형상은 최초의 것의 폭발적인 생성이다. 그것은 결코 역사적인 것이 아니고 불연속적이다. 새로운 특성은 갑자기 나타나고 폭발적으로 튀어나온다. 소위 창발성 이론에 관해 생각해보면 된다. 이런 과정은 전통적인 과학개념을 내부적으로 바꾸고 있다. 유전공학적으로 제조된 인간은 자연의 책(das Buch der Natur)을 다시 쓰게 한다. 이것은 실제로 과학의 황혼을 재촉하고 있는 것처럼 보인다.

유토피아는 공상과학 소설에서 오래전부터 과학적으로 제시되고 있다. 그리고 이제 반대로 유전학에서 과학이 유토피아적으로 동원된다. 인간 복제(Cloning)에서 인간학은 구체적으로 이상주의로 된다. 인간학은 인간을 그 육체의 골동품적 성격에서 해방시키고 있다. 여기서 중요한 것은 정보를 통한 형태구성(Formation durch Information)이다. 정보는 물질도 아니고 에너지도 아닌 어떤 실재이다. 그리고 그것은 자연적인 물질량의 증가라는 엔트로피 법칙과는 반대되는 것이다. 그 때문에 인간의 진화는 정상적인 자연적 과정의 흐름을 거스르면서 이루어진다. 따라서 유전공학을 자연 진화에 대한 사보타지라고 매도하는 것은 아무 의미가 없다. 오히려 정반대이다. 즉 "진화는 생물학적 유전공학이다."[46]

---

46 H. Markl, *Evolution, Genetik und menschliches Verhalten*, S. 19.

바이오공학적으로 계산된 인간의 자기생산은 자유의 계획가능성에 관한 오랜 문제를 첨예하게 제기하고 있다. 1924년 슈페만(Spemann)과 만골트(Mangold)에 의해 개발된 종자번식 기술은 생명의 법칙이 일반적인 물리·화학적 법칙의 변형이라는 종래 기계론적인 사고에 근본적으로 작별을 고한다. 그 이래로 자유와 운명 사이의 투쟁은 인간 세포의 가장 깊은 내부로까지 이르게 된다. 유전조작의 고통 없는 폭력은 생명에 관한 정보이론적 해석과 종족번식의 조작가능성 사이의 비판적 지대에서 작동하고 있다.

우리의 생명은 하나의 명령텍스트에 기입되어 있다. 아마도 유전학은 생명의 알고리즘이다. 염색체들은 그 자체 집행력을 지니고 있는 하나의 입법서—즉 통용되는 문서—로서 이해된다. 어떤 유전자의 정보내용은 그 문자에 생물학적으로 활동성을 부여한다.

배아세포 내에서 정보가 순환하고, 그 정보의 내적 피드백이 그 배아세포의 발전을 형성한다. 수정된 난세포는 따라서 마치 조립설명서처럼 기능하여 피드백의 시스템으로서 이러한 조립을 동시에 실현시키고 있다.

주지하다시피 1953년 이런 연관관계를 하나의 명료한 모델로 조명하는 데 성공했다. 이중나선 DNA 구조가 그것이다. 첫째 이 모델은 종을 그것의 재생산, 재조합 그리고 물질대사의 기능적 조정의 작용에서 묘사한다. 둘째 이것은 어떻게 종이 자신의 정보를 유기체에 대한 기능적 명령으로서 지속적으로 제시하는지를 보여준다. 이러한 토대에서 사이버네틱적 생물학으로서 가능한 것은 인간의 행태를 완벽하게 공식으로 표현하는 것이다. 그리고 우생학은 수정란 세포에서 인간 본질(Humanum)도 계산 가능하도록 하는 포인트를 파악하고 있다.

하이데거가 종의 구조에의 이러한 침투를 원자적 파괴와 비교한 것은 정당했다. 그는 두 가지 세계 시대를 구별했다. 즉 아직도 확립되지 않은 '호모 사피엔스'라는 동물의 시대와 자기 자신의 진화를 조정하는 포스트역사적 동물의 시대가 그것이다. 유전자 코드가 비로소 처음으로 풀렸을 때, 생명의 텍스트가 새롭게 쓰게 된다. 우리는 '시행착오'의 시대로 넘어가는 문턱에 있는데, 즉 지구라는 시험관 속에서 인간이라는 물질을 가지고 시험하는 곳, 즉 종 - 자본(Gen-Kapital)을 가지고 번식을 하는 곳에 서 있다.[47]

원자물리학과 마찬가지로 유전공학은 낡은 유럽적 인간 개념에 대해 필사적인 공격을 개시했다. 가령 현대의 철학적 프로젝트와 같은 것이 존재한다면, 그것은 여기서 생명의 기술적 대상화 속에서 완성될 것이다. 인간은 여기서 창조주이자 동시에 그 창조의 원재료이다. 완전히 비은유적인 의미에서 인간은 제3의 자연을 산출한다. 인간은 원자폭탄과 더불어 복제에서 자신의 본질을 근본적으로 의문시 하는 제2의 기술적 가능성을 파악했다. 그리고 세계사회가 이전에 원자폭탄에 대해 했던 것과 마찬가지로 복제를 터부로 설정한다 할지라도, 자기 스스로를 의문시하는 인간의 이러한 급진성에는 아무 변화가 없을 것이다. 유전공학의 발전은 치료적 목적에서 유행으로 끊임없이 진행되고 있다. 피임약을 발명함으로써 아이를 생기게 하지 않는 섹스의 가능성을 열어놓은 반면, 오늘날 유전공학은 섹스가 없이도 아이를 만들 수 있게 했다. 섹스 없이도 아이를 만드는 유전공학은 디자이너 베이비들(Designer Babies)을 소망하고 있다. 그런데 무엇이 유전학을 우생학(Eugenik)과 구별 짓게 하는가?

이러한 관점에서는 나치즘 시대의 우생학적 실천가들이 자행했던 공포(Horror) 역시 인간 육체에 대한 어떤 일반적인 침투의 징후로 나타난다. 이러한 정치적 좌표축에서는 의미 있는 비판이 되려면 원자와 세포의 핵에 대한

---

47 S. Lem, *Dialoge*, S. 42 참조.

공격에 지향될 수 있다. 단순히 윤리적인 형태의 비판은, 이미 한스 요나스(Hans Jonas)의 비판처럼, '정치의 야만 상태'[48] 앞에서 뒤로 물러서기 때문에, 비판이 강하면 강할수록 반대로 점점 더 무위에 그칠 수밖에 없다. 왜냐하면 요나스는 현대의 구체적인 바이오 정책에 관해 무지했기 때문에, 권력과 책임에 관한 물음을 "아주 위대한, 총체로서 행동하는 슈퍼 주체, 오늘날의 기술적 - 문명화된 인류"[49]와 같은 사회학적 환상과 관련시켰다. 이에 대해 자세히 살펴보자.

인간들에게 자기 자신뿐 아니라 전체 인류에 대해서도 의무를 부과하는 것이 오늘날 이미 흥미 있는 자명성으로 되었다. 요나스의 '책임의 원칙'은 윤리학에 대해 모든 가능한 대상 중에서도 가장 큰 대상—즉 인류의 미래라는 큰 짐—을 지우고 있다. 여기서 중요한 핵심은 미래의 사실(daβ), 즉 살아남기이다. 생명 전체에 대한 어떤 점성론적 책임을 느끼는 이러한 흥미 있는 신화는 다음과 같이 형성된 것이다. 요나스는 사물의 기술적 상태를 항상 그가 어떤 직접적인 신학적 성격을 획득하면서 얻는 것과 같이 묘사했다. 그의 신학에 의하면, 신이 아니라 기술이 인간에게 '창조의 파수꾼'[50]이라는 직무를 부여한다는 것이다. '책임의 원칙'은 따라서 순전히 어떤 종교적 욕구에서 생성된 것이다. 즉 탈마법화된 세계의 한가운데서 '인간 본질'이라는 미스터리가 다시 타당성을 얻는다. 이러한 희망은 인간이 소위 말하는 '자연적 욕구의 대리인'[51]이라는 신앙과 동반하며 그와 더불어 사멸한다. 그런데 이러한 욕망의 종교적으로 내밀한 인식은 과학의 진행과정에 대한 윤리적 비판에 대해 정당

---

48 H. Jonas, *Technik, Medizin und Ethik*, S.10.

49 같은 책, S.275.

50 같은 책, S.47.

51 H. Jonas, *Technik, Medizin und Ethik*, S.85.

성을 부여하고 있다.

휴머니즘의 종교적 근본구조는 요나스의 윤리학에서 매우 분명하게 나타난다. '책임의 원칙'은 공포와 터부, 인간성과 거룩함의 주변을 맴돌고 있다. 유전공학은 인간의 창조성에 대한 터부에 손대고 있다. 이것이 요나스에게는 세계의 과학적 탈마법화에 대한 공격 전반을 지탱하는 아르키메데스적 지점이다. 그리고 이러한 휴머니즘은 항상 근본주의로 역전될 준비가 되어 있다. 그래서 요나스는 분명히 요구하기를, "우리의 완전히 탈마법화된 세계는 자신의 새로운 권력 유형에 직면하여 자발적으로 새로운 터부를 설정해야 한다."[52] 분명히 요나스는 '자발적인 터부'라는 말로써 우리에게 공포(두려움)를 가르치는 지침을 의미했다. 왜냐하면 불안은 요나스 윤리학의 척도이기 때문이다. 즉 우리는 우리가 할 수 있는 것을 두려워한다는 것이다. 그리고 이것은 '책임의 원칙'의 결정적인 수사학적 트릭 중 하나이다. 즉 요나스는 제작 가능성에 대한 맹목적인 불안감을 인간 가능성에 대한 두려움으로 고쳐 해석한다. 인간은 여기서 스스로 사악한 조물주가 되었고, 그에 대항해서 인간은 터부적인 안전조치를 준비해야 한다. 다른 말로 하면, 자신의 기술적 가능성을 지닌 인간은 인류의 최후이자 고유한 적으로 양식화된다. 분명히 요나스는 "우리 자신의 힘에 대한 두려움의 윤리"[53]에 관해 말한다. 불안의 문화는 현재의 자연과학적·기술적 지식을 인간화 시킨다고 한다. 이로써 불안은 시

---

52 같은 책, S.218. 이것은 다수의 독일 철학자에게서 오늘날에도 여전히 그들의 테마를 장식하는 최후의 단어이다. 뤼디거 샤프란스키의 「터부에 대한 의지」도 "우리는 그 때문에 터부에 대한 인간우호적인 의지를 사용한다"(S.9)라는 문장으로 마치고 있다. '도덕적 보수주의'를 여기서 단지 태어나기만 했지 제작되지는 않았다는 것에 대한 귄터 안더스의 수치심을 '인간의 권리'로 편안히 바꿔 해석한다. 서양에서는 새로운 것이란 아무것도 없다.

53 H. Jonas, *Technik, Medizin und Ethik*, S.299.

민의 제1의무가 된다.

불안을 설교하는 윤리학은 반박될 수 없다. 그러나 그것을 분석할 수는 있다. 종교 체계에서 항상 그러는 것처럼 불안과 터부는 성스러움의 핵심 상태를 가리킨다. 객관적으로 요나스에게서는 다음과 같은 문제점이 제기된다. 우리는 성스러움을 사용한다, 왜냐하면 우리는 또 다시 공포와 전율, 두려움과 경외심을 필요로 하기 때문이다. 그러나 과연 어떻게 성스러움을, 유태교나 기독교의 신으로 소급시키지 않고서도, 복권시킬 수 있을까? 이제 그것은 낡은 철학적 전통인데, 이는 공허하게 되어버린 신의 자리를 인간성으로 채워놓는 것이다.[54] 인간 자체는 절대성의 최후의 보루이다. 인간성, 생의 의미, 인간의 품위 그리고 신적 이미지(imago dei)는 단지 똑같은 신적 대용품의 서로 다른 이름에 지나지 않는다.

세포핵과 원자 핵 속으로 돌진함으로써 인간에게는 조물주적 자유가 부여되는데, 그런 자유의 결과로 낡은 유럽적 규범과 인간상이 그 효력을 상실하게 되었다. 요나스는 항상 인간의 형상에 대한 유전공학적 사악함, 인간 자신의 본질과의 단절에 관해 말하고 있다. 그리고 이에 맞추어 그는 철학에 대해 이러한 형상과 본질을 다시 심사숙고하는 '점성론적 과업'[55]을 제시한다. 다시 말해서 철학은 휴머니즘적 인간상을 기술적 행위로써 다시는 침해할 수 없는 터부 도식으로 설정해야 한다는 것이다. 물론 신이 없이 신의 형상 앞에서 경외심을 말해야 하는 것은 자발적인 터부의 의미와 마찬가지로 납득하기

---

54 이것은 계몽주의의 전제조건의 하나이다(Clifford Geertz, *The Interpretation of Cultures*, S.5). "우리는 형이상학적 실체 즉 대문자 M으로 시작하는 Man을 추구하고 있고, 우리가 실제로 마주치는 경험적 실체, 즉 소문자 m으로 시작하는 man을 희생시킨 것에 관심이 있다."

55 H. Jonas, *Technik, Medizin und Ethik*, S.40.

힘들다. 요나스에게서는 인간성이 과학에 의해 탈마법화된 세계에 대항한 어떤 대항 마법이라는 물신이 되었다. 이 때문에 요나스가 마치 중세기에서 그랬던 것처럼 지적 호기심도 부도덕한 행위 목록에 포함되기를 바라고 있다는 것은 그로서는 당연한 결과이다.

이런 태도는 사유상의 금기사항, 적어도 — 주지하다시피 우리가 무지라고 부르는 — 무식에의 적나라한 의지의 차원을 넘어서고 있다. 무지라는 기본권이 우리의 프로메테우스적 고통을 치유한다는 것이다. 다시 말해서 우리는 쓸데없이 너무 많이 안다는 것이다. 무식에의 의지는 요나스에 의해 어떤 극기적 윤리학의 수단으로 투입되는데, 그는 그런 윤리를 가지고 과학들의 판도라 상자를 봉인할 수 있다고 본다. 가령 그가 복제에 관해 "이 복제의 단계로 더 발전해야 할 그 어떤 진정한 정당한 지적 관심도 설득력이 없다"[56]고 주장할 때, 누가 지적 관심의 타당성을 결정하느냐가 물론 흥미 있게 경험될 수 있을 것이다.

우리가 현대의 기술공학을 우리의 고유한 문제의 형태로서 인정하지 않는다면, 그런 한에서 우리는 그 기술의 감옥에 갇힌 죄수들이다. 사이버네틱적 세계 기투에서는 낡은 유럽적 표상(Vorstellen)이 종말을 고한다. 왜냐하면 그 표상들은 생산(Herstellen), 즉 제작 능력에 더 이상 필적하지 못하기 때문이다. 이것은 원래 귄터 안더스를 그토록 흥분시켰던 것이다. 세포핵과 원자 핵

---

56 같은 책, S.307. 가령 다음과 같이 분명하고 신념에 가득 찬 목소리를 여기 이 독일에서는 좀처럼 들을 수 없다. "인식 과정의 통제를 위해 윤리위원회를 소집하는 것은 제도상으로 너무 낡았고 반시대적이다. (……) 전체 민중의 소비태도를 특징으로 하는 현대의 대중민주주의에서는 그들의 생활을 꾸려나가는 결정사항이 결코 도덕적인 면허교부를 위해 소집되는 특정 전문가 그룹에 위탁되어서는 안 된다"(Peter Weingart, *Der moderne Menschenpark*, S.27).

속으로의 침투는 그로서는 총체적 제작 가능성 — 기술적 자기 생산과 자기 부정 — 이라는 불행의 징후이기 때문이다.

종의 조작과 원자적 위협에 관한 바로 이런 예언자들은 그러나 그 핵 속으로의 침투의 의미를 제대로 파악할 수 있는 가능성을 차단해버렸다. 왜냐하면, 설령 원자 에너지의 평화적인 이용에 성공하고 자발적인 터부들이 세포 핵의 불가침성을 보호할 것이라고 해도 기술공학적 세계의 형이상학적 지배란 점에서는 그 어떤 변화도 일어나지 않을 것이기 때문이다. 히로시마와 복제양 돌리와 더불어 그 때문에 어떤 새로운 시대라든가 새로운 종말이 시작하는 것이 아니라, 현대의 완성이 등장한다. 원자공학과 유전공학은 위협으로서의 현대에 고유한 문젯거리이다. 비로소 복제된 인간에서 헉슬리가 말한 멋진 신세계(Brave New World)로서의 유토피아가 과학으로 될지도 모른다. 이 인간 복제가 따라서 미래에는 헉슬리가 컨디셔닝(conditioning)이라고 요구했던 의무 — 즉 체념적으로 적응하는 것 — 를 면제할지도 모른다. 최후의 인간은 모든 것에 맞출 수 있는 사람이기 때문이다.

20세기의 폭력적인 과학·기술적 진보와 점점 더 요란하게 그에 대한 윤리적 규제를 주창하는 호소 사이에 어떤 연관관계가 있을까? 원칙적으로 타당한 것은 기술이 위협을 리스크로 변형시킨다는 것이다. 그래서 점점 더 많은 리스크들이 존재한다. 왜냐하면 점점 더 많은 위험 회피의 가능성이 존재하기 때문이다. 그 때문에 우리의 현대적 기본 정서는 불확실성이다. 리스크 문제에서는 그 누구도 확실하고 있지 않다. 우리가 가지고 있는 확실성이란 고작 타인도 확신하고 있지 않다는 정도이다. 이것을 분명히 하는 사람이라면 또한 과학기술적 진보를 이룩한 우리 시대가 왜 동시에 종교적·윤리적 근본주의의 시대인지를 이해할 것이다. 근본주의는 바로 원칙적 불확실성의 도전에 대한 가장 단순한 대답이다.

사물들을 그렇게 보는 사람이라면 윤리학 대신 리스크 연구에 몰두할 것이다. 그러나 또한 이러한 해결책도 또 다른 문제점을 수반한다. 왜냐하면 리스크 연구는 그 자체가 리스크하기 때문이다. 위해(Gefahr, 危害)의 인식에 다시 말해서 항상 하나의 새로운 위해 — 즉 불안이라는 수반된 문제 — 이 상존하기 때문이다. 유전공학이 이에 대한 교훈적인 사례를 제시한다. 즉 어떤 질병의 리스크를 미리 발견하는 유전적 진단법은 근심거리라는 또 다른 해악을 낳고 있기 때문이다[리스크/위해 — 루만에 의하면 아직 알려지지 않은 미래를 고려한 결정은 '리스크'로서 그 결정자에게는 '위험부담'이고, 그 결정에 해당하는 사람에게는 '위해'로 나타남].

우리의 현대사회에서는 따라서 일련의 불확실성의 포인트가 존재하며, 바로 거기에 도덕적 당위 요구가 닻을 내릴 수 있다. 그리고 가치는 불안에 기생한다는 것을 알 수 있다. 전에는 종교가 불안 극복의 독점권을 가지고 있었다. 오늘날에는 종교적 제안이 더 이상 설득력이 없다. 그리고 오늘날 독일 고등학교에서 종교 과목을 선택할 때 실제 배우는 것이 바로 윤리학이라는 것은 결코 우연은 아니다. 우리는 이제 도대체 사회적 문제점에 대한 도덕적 파악이 방향을 제대로 잡는 데 어떤 이익이 있는지 한번 자문해보아야 한다. 가령 클론, 원자력 혹은 전쟁이 일어난 다른 나라에 자기 나라 군대를 투입하는 것에 관한 공개적인 토론을 어느 정도 거리를 두고 추적해본 사람이라면 가치가 반성을 중단시키는 규칙으로서 기능한다는 것을 확신할 수 있을 것이다. 즉, 도덕은 결코 부정되어서는 안 될 어떤 것을 부동의 고정점으로 취한다. 오해의 소지를 없애기 위해 첨언한다면, 물론 어떤 사회도 그렇게 고정된 자산이 없이는 실존할 수 없을 것이다. 그러나 또한 가치는 사유에 대해 적대적이라는 점도 간파해야 한다. 가치를 가지고 논증하는 사람은 자신의 입장과 반대되는 입장의 사람과는 전혀 커뮤니케이션하려 하지 않기 때문이다.

그리고 이 점에서 독일에는 진정으로 그런 경향이 지배적이다. 논쟁의 문화 ─ 즉 "합리화하는" 여론 ─ 대신 우리는 도덕적 잣대로 겨루는 여론에 둘러싸여 있다. 과학과 기술은 여기서 자동적으로 방어자의 입장에 선다. 그리고 현대사회가 이룩한 성과에 대한 끊임없는 공격이 '도덕'이라는 타이틀 아래 진행되고 있으면, 그 어떤 과학자나 공학자도 이에 감히 용기 있게 말하지 않는다. 더 자세히 살펴보면, 우리 사회는 따라서 결코 새로운 가치나 낡은 가치에 대한 더 개혁된 지향을 필요로 하는 것이 아니라 그 반대로 윤리에 맞서 진보를 보호하는 것과 같은 것을 필요로 한다. 여기서 과학은 정치를 신뢰해야 한다. 그리고 거기서 철저히 낙관적일 수 있다.

정치는 결코 지식을 기다릴 수 없다. 그러나 또한 도덕도 기다릴 수 없다. 왜냐하면 가치를 가지고는 그 어떤 결과물도 있을 수 없기 때문이다. 결과물은 항상 가치 갈등의 결단이다. 정치는 따라서 가치 선호도의 순환성을 인정하는 것을 전제한다. 훌륭한 정치가라면 그 때문에 "만들 수 있는 것은 만들어라, 그렇지 않으면 윤리적인 규제가 가해진다"는 점을 인식할 것이다. 이러한 확신은 우리를 막다른 골목으로 내몬다. 오히려 중요한 것은 사회의 학습 준비자세이다. 그리고 사회는 오늘날 특히 다음과 같은 교훈을 배워야 한다. 과학은 우리 세계의 초석, 다시 말해서 물리적 세계에서는 원자를, 정보의 세계에서는 비트를 그리고 생명의 세계에서는 유전자를 발견했다.[57] 그리고 오늘날 우리는 이 세 개의 차원에서 과학적 분석의 단계로부터 기술적 종합의

---

[57] 이에 대한 적절한 문제의식에 의하면 "우리의 자체 촉진적 사회 진화는 우리를 특정의 코스로 안내하고 있는 것처럼 보이는데, 우리 내부에 아직 존재하는 초기 유인원적 특징은 그런 코스를 반겨서는 안 된다. 종들을 무한대로 유지하기 위해, 우리는 총체적 지식을 향해 상향하고, 뉴런과 유전자의 수준으로 하향하지 않을 수 없다"(Edward O. Wilson, *Sociology*, S.575)고 한다.

단계로 나가고 있다. 호문쿨루스는 이미 괴테가 만든 용어였는데, 오늘날 이에 대한 표현은 사이버 스페이스이다. 이런 새로운 세계가 던지는 문제점이 서양적 도덕이라는 기초적 수단으로 해결되리라고 기대하는 것은 너무 순진하다. 과연 그 문제를 가령 사회생물학의 인식 압력을 통해 자기반성에 이르게 하는 데 성공할 수 있을까?[58] 만약 그렇지 않다면, 우리는 서양 과학자들의 면허를 가지고 도덕 전반을 육체에서 분리시킨 후, 그 대신에 어떤 새로운 인공성의 과학에 몰두해야 한다.

신과의 커뮤니케이션 문제

사회가 점점 더 현대화되고, 다시 말해서 더 독립분화되고 노동분업화되면서 동시에 더 불투명하게 되면 될수록, 통일성과 전체성에 대한 동경이 더 강력해진다. 신은 세계의 통일성을 나타내는 전통적인 표현이다. 이것은 다음과 같은 호기심을 자아낸다. 즉, 과연 어떻게 내가 — 내 자신도 그 안에서 발견되는 — 그런 통일성을 관찰할 수 있을까? 신은 과연 자기보다 큰 바깥쪽을 견딜 수 있을까? 왜냐하면 그 바깥에서는 신도 관찰 가능할지도 모르기 때문이다. 신이라는 테마에서는 따라서 결국 자기 스스로가 속한 그런 전체에 관해 하나의 형상을 만들어낼 수 있느냐 하는 가능성이 문제된다. 이것은 신비학이나 비의론, 즉 전체를 주문으로 불러내는 그런 것으로써 쉽게 할 수 있다. 그런데 전체에 대해 하나의 형상을 만드는 것이 어려운 상황인데, 다시 말해서 과거 그노시스파(Gnosis)가 했고 오늘날 비판이론이 수행하는 전체에 대한

---

58 에드워드 윌슨은 다음과 같이 계속 주장하고 있다. "과학자와 휴머니스트들이 모두 다 함께 윤리학이 일시적으로 철학자와 생물학자들의 손아귀에서 제거되어야 할 시간이 도래하고 있다는 그런 가능성을 심사숙고해야 한다"(Sociology, S.562).

비판으로써는 힘들다. 전체는 비진리이기 때문이다.[59]

신을 인지하기 위해 물론 그의 이력을 연구하는 것도 추천할 만한 방법일 수 있다. 이미 성서의 첫 페이지에는 다음과 같은 사실이 명시되어 있다. 신은, 자기 자신은 구별될 수 있도록 하지 않은 채, 구별의 세계를 창조했다고 명시되어 있다. 그리고 신은 구별할 필요가 없이도 인식할 수 있다. 인간은 그러나 구별을 해야 하기 때문에, 신적인 것을 단지 역설적으로만 커뮤니케이션할 수 있다. 여기서 개념을 가지고 벌이는 교리(도그마)론의 서커스가 시작한다.

혹은 더 간단히 할 수 있을까? 빈민구제와 영혼의 보살핌은 신이 인간과 더 가깝게 커뮤니케이션하는 것처럼 보인다. 그리고 실제 교회의 모습에서 오래 전부터 관찰할 수 있었던 사실은, 빈민 구제적 요소가 도그마적 요소를 추방한다는 것이다. 즉 수많은 작은 세상의 십자가들이 '십자가 일반'을 보이지 않도록 한다. 코소보와 실업이 교회한테는 로마서보다 더 중요한 것처럼 보인다. 선언적으로 표현하면, 빈민구제가 사회적 문제를 개인화시키고 위대한 구원에의 약속을 희생시키면서 현실과의 접촉을 유지하려고 한다. 여기서 종교는 사회의 희생자들에게 관련성이 있다는 디자인을 제공한다. 종교는 따라서 다른 체계('운명')의 풀릴 수 없는 부수적 문제에 전념하고 있다. 그리고 배제된 자를 안으로 포용하는 것이야말로 종교의 사회적 기능이라고 할 수도 있다.

그런데 빈민구제냐 교리론이냐? 종교의 매력은 항상 의미를 눈에 보이게끔 하는 것이다. 그러나 종교적 커뮤니케이션은 항상 의미가 원래 이와는 다른 어떤 것이고, 그것은 사회 속으로 부합되는 것은 아니라고 말한다. 그리고

---

59 N. Luhmann의 저서 *Die Funktion der Religion*과 논문 "Die Ausdifferenzierung der Religion" 및 "Läßt unsere Gesellschaft Kommunikation mit Gott zu?"를 참조.

교리론은 이에 정확히 일치하여 현실적인 사회 개념과 반대되는 하나의 독특한 사회 개념 — 즉 신의 나라 — 을 내세운다. 신앙의 마지막 단어는 따라서 다른 것, 즉 현재와는 다른 것이다. 더 정확하게는 표현할 수 없다. 그리고 바로 이러한 부정확성이 더 기능적인 것임이 증명된다. 종교는 말하자면 신앙인들에게는 회의에 대한 면역을 키우는데, 왜냐하면 신이 불확정적이고 우리가 모든 것을 다 믿을 필요는 없기 때문이다. 부활을 믿을 수 없는 사람이라도 단지 그 때문에 굳이 교회를 탈퇴할 필요는 없다. 신앙은 모든 개개인에게는 패치워크(조각보 맞추기)와 같은 것이다. 통일성은 성서의 통일성으로 충분하다. 궁극적으로 중요한 것은 하여튼 우리가 믿는다는 사실이다.

무신론의 역사는 관심이 있는 불신자를 조심하도록 경고한다. 설명 자체가 종교적으로 되지 않은 채 종교를 설명할 수 있을까? 특히 신을 부정하는 사람은 종교가 바로 그에 대한 부정을 매개로 증명된다는 패러독스에 사로잡혀 있다. 종교의 문제점은 따라서 계몽주의나 무신론에 그 본질이 있지 않고, 다음과 같은 경험적 사실, 즉 사람이 그 종교 없이도 살 수 있다는 것에 있다. '신에 관해' 말할 때 단지 어깨만 들썩이며 반신반의하는 사람들도 있다. 그들은 아직도 자신이 '불신자'라는 것을 전혀 모르고 있다. 왜냐하면 단지 신자에게만이 불신자가 존재하기 때문이다. 그리고 단지 신자만이 일상적인 것을 초월한 것의 경험이 일상적인 것을 변혁시킨다고 주장할 수 있기 때문이다. 다른 사람은 그와 같은 것을 주장하는 사람이 존재한다는 것을 경험하기만 할 수 있을 뿐이다.

커뮤니케이션의 문제점이 강화되는 것은 지식이 신앙을 대상으로 설정할 때이다. 종교사회학은 자신의 대상인 종교가 그 이론인 사회학을 전혀 인정하지 않고 있는 모순에 처해 있다. 만약 종교를 사회학적으로 이해할 수 있다는 사실을 믿지 않는 사람들 — 즉 신앙인들 — 이 존재하지 않는다고 한다면,

이와 마찬가지로 종교도 전혀 존재하지 않을 것이다. 신앙을 가진 사람은 종교의 사회적 기능에 관해 아무것도 모르는 사람이다. 신앙인은 따라서 종교의 테마가 가장 최신의 테마인 복잡성이라는 것을 전혀 모르고 있다. 그리고 실제로 개인화된 형태의 복잡성, 즉 불안과 불확실성으로서의 복잡성이 종교의 테마이다. 종교적 커뮤니케이션은 이해가 안 되는 것은 우회할 수 있다고 단언한다. 마치 불투명한 세계를 그 바깥에서 관찰할 수 있기라도 하는 것처럼.

신에 대한 커뮤니케이션(신학)은 성스러움 대신에 나타났다. 신학은 신이 커뮤니케이션한다는 것(계시)과 우리가 신과 커뮤니케이션할 수 있다는 것(기도)을 주장해야 한다. 이것은 언술행위인데, 그것은 그 자신이 가정하는 것을 무엇보다도 먼저 산출한다. 신은 존재한다, 왜냐하면 그렇지 않을 경우에는 신과 커뮤니케이션할 수 없을지도 모르기 때문이다. 신에 관해서 말한다는 것, 이것이 사회의 저편에서 커뮤니케이션한다는 것을 말하는 것일까? 이러한 패러독스로부터 '신학적으로' 빠져나오는 길은 신에 관해서가 아니라 신 개념에 관해 말함으로써이다. 종교사회학자들에게 이것이 의미하는 것은 신 개념 속에서 사회는 — 자기 자신을 알지도 못한 채, 말하자면 초월성으로서 — 자기 자신과 관계를 맺고 있다는 것이다. 그래서 사회를 그 바깥에서 정확히 묘사하는 것이 가능할지도 모른다는 환상 — 즉 큰 그림(the big picture) — 이 그려지게 된다.

신학이 존재한다는 것은 특히 신 역시 인식에서 벗어나 있음을 말한다. 신학자들은 신의 커뮤니케이션을 계시의 텍스트로 축소시켜왔다. 그들에게 신이 현대세계에서 무엇을 중요시하는지를 물을 수는 없는 노릇이다. 우리가 해석할 수 있는 텍스트가 존재하고, 신은 그 텍스트의 보편 저자이다. 그 때문에 위대한 신학적 테마가 이미 오래전부터 더 이상 신학에서는 효력을 상실했고, 대신 예를 들면 문예비평에서 그나마 명맥을 유지하는 것은 결코 우연이 아니다. 그래서 신학을 문예비평이나 사회학으로 해체하는 데 몇몇은 동의하는 실정인데, 이는 과학 체계에서는 신학이 설 자리가 없기 때문이다.

신학이 정말로 진짜 과학이려 한다면, 그것은 끊임없이 어떤 새로운 것에 관해 — 즉 계시에 관해 — 말해야만 할 것이다. 그리고 그것은 신을 부정할 수도, 즉 신에 대항해서 논증할 수도 있어야 한다. 그 때문에 차이를 장려하라!고 충고해야 할지도 모른다. 신학은 그것이 결코 과학이 아니라는 점을 인정해야 하며, 과학도 그것이 종교의 기능을 충족시킬 수는 없다는 점을 인정해야 한다. 다른 말로 하면 신학은 과학은 아니지만, 종교에 대한 과학의 존경심을 기대할 수는 있다.

루만에 의하면, 과학적 정신은 불신앙의 신앙고백이라는 패러독스라고 한다. 과학자라도 실험이 성공하게 해달라고 기도할 수 있다. 그러나 실험 중에 그는 신에게서 거리를 취해야 한다. 이와 비슷한 사례는 윤리학과 관계해서도 적용된다. 과학자는 생쥐를 실험실에서 괴롭힐 때 양심의 가책을 가질 수 있다. 그러나 과학에서는 도덕적 판정은 있을 수 없으며, 연구 금지는 의미가 없는 일이다. 신앙과 지식에 관한 물음의 배후에는 대개 과학을 또 다시 도덕적 판정에 굴복시키려는 의도가 숨어 있다. 왜냐하면 종교에게는 지식이 유혹적으로 보이기 때문이다. 사과 한 입의 달콤함이라고나 할까. 그 때문에 오늘날 유전공학에 일종의 '신들이 하는 놀이'라는 악마적 명칭으로 부르고 있다.

종교의 입장에서 엄격히 보면, 과학의 자유는 곧 과학의 악마적 성격이라는 것을 말한다. 신에 대한 관찰이 금지되어 있는데, 과학이 이를 행하는 것은 결코 인정할 수 없다는 것이다. 신학자도 물론 신을 관찰하지만, 경외심을 가지고 하는 것이다. 그러나 종교사회학자들은 이와는 아주 다르다. 그는 신이 비밀을 가지고 있음을 알고 있지만, 과학자로서 그 비밀을 결코 존중할 수 없다. 금지 명령이 그 위반을 자극하고, 비밀이 계몽을 자극한다. 그리고 과학이 '신적인 것'과 마주할 때, 과학의 진단은 항상 "그것은 단순히 (……) 일 뿐이다"라는 식이다.

아마도 사회학이 신학보다 더 잘 알고 있지 않을지도 모른다. 과학은 신을 말할 수 없다. 과학은 단지 다른 사람들이 신을 어떻게 하는지 묘사만 할 수 있다. 어떤 사람은 신이 결코 반박될 수 없으므로 신을 믿을 수 있다는 것에 만족한다. 다른 사람은 신이 증명될 수 없으므로 그것을 무시하는 데 만족한다. 물론, 과학자라도 신앙을 가질 수 있다. 그러나 과학자의 자격으로서는 종교의 의미 요청에 대해 항상 "'그것 참 흥미 있기는 한데 (……)"라는 식으로 말할 수 있다.

신으로부터 과학의 거리 두기는 정확히 돈이나 권력으로부터 과학의 거리 두기만큼 커야 한다. 여기서 아이러니가 허용된다면, 다음과 같이 말할 수 있다. 즉 신은 모든 것을 알지만, 단 하나 — 즉 그 자신도 오류를 범할 수 있다는 것 — 는 모른다. 오류는 인간의 본성이다!(Errare humanum est!). 오류는 인간에게 특별한 능력이다. 그리고 그것은 정반대로 오류를 범하지 않을 가능성이란 과학의 관점에서 보면 하나의 범죄행위와 같은 것이라고 할 수 있다. 과학은 따라서 신에게서 거리를 두어야 한다. 과학은 내재성과 초월성으로부터의 거리를 포기함으로써 이것을 수행하고 있다. 초월성은 말하자면 정확히 과학이 수행하는 구별들의 세계를 초월한다는 것을 말한다. 이것은 신뿐만 아니라 계몽의 신 — 즉 이성 — 에게도 해당된다. 우리는 오늘날 이성의 통일성이 신으로부터 파생된 것이었다는 것을 알고 있다. 그리고 니체의 말을 약간 변형시키면, 우리가 여전히 이성을 믿는 한에서는 결코 신으로부터 자유로울 수는 없다.

철학은 오늘날 바로 이 이성을 포기하고 스스로를 다시 물음의 예술로 이해하는 법을 배우고 있다. 그리고 내가 생각하기로는 신학 역시 그것이 물음을 묻는 데 전념할수록 더 훌륭하게 조언할 수 있으리라 본다. 왜냐하면 그 어떤 해답을 제시하더라도 신학은 오늘날 절망적으로 과학의 구별 속에 휩쓸려, 자신의 권위를 상실하기 때문이다. 이에 반해 종교적인 물음은 의미에 대한 물음을 일깨운다는 긍정적인 의미를 지니고 있다. 그리고 그때 우리가 확신해도 되는 것은, 과학이 의미에 대해 아무것도 말할 것이 없다는 것이다. 종교적 묻기는 따라서 우리의 주의력을 신앙의 맹점에서 지식의 맹점으로 향하도록 안내한다. 그렇게 되면 우리는 다음과 같은 사실을 인식할 수 있을 것이다. 신은 과학의 맹점에 대한 하나의 상징이라고.

독자의 이해를 위하여

윤종석

> 오늘날 주류(메인 스트림)란 소위 말하는 '주류'와의 다름에 의해 규정된다.
> — 노르베르트 볼츠

1. '포스트 68 세대' — 비판이론에서 체계이론으로

이 책의 저자 노르베르트 볼츠 교수는 독일 괴테인스티튜트가 '독일의 대표적 싱크탱크'로 선정한 가장 주목받는 철학자이자 미디어 이론가이다. 그의 지성적 방향은 독일 지식사회에서 흔히 주류라고 일컬어졌던 소위 '68 세대'의 유산과 비판적으로 대결하는 것이라고 볼 수 있다.

2008년, 40주년을 맞은 '68 혁명'을 주도한 세력은 이미 은퇴했거나 은퇴하고 있는 노장세대이다. 그들의 공과에 대해서는 2008년 서구 언론을 중심으로 활발하게 이루어진 바 있고, 특히 프랑스에서는 샤르코지 대통령이 '68 청산'을 주장하여 정치적 논란을 일으킨 바도 있다. 독일의 경우, 철학자 하버마스(1929년생)와 작가 귄터 그라스(1927년생)로, 정계에서는 슈뢰더 전 총리와 요슈카 피서 전 녹색당 당수로 대표되던 일련의 진보적 그룹이 이 세대에 해당한다. 68 세대의 공과에 대해서는 이미 훨씬 전부터 다양한 평가 시도가 있었다.

1960년대 학생운동과 1970년대 독일의 근본적 민주화를 주도한 '68 세대'는 일단 나치와 관련이 없거나 사후에 태어난 전후세대이다. 현실 정치적으로는 중도우파와 중도좌파, 녹색당, 급진좌파 등으로 다양하게 분화되었지만, 지성사적으로는 '프랑크푸르트학파'의 비판이론과 긍정적이든 부정적이든 불가피하게 관계할 수밖에 없었던 세대였다. 기본 슬로건은 '현대의 철학적 프로젝트'(하버마스)로서, 이성과 비판을 무기로 정치적 앙가주망과 민주화에 주력했다.

저자 볼츠 역시 베를린 자유대학에서 박사논문을 쓰던 1980년대까지는 프랑크푸르트학파의 전통 속에서 '비판이론'에 몰두했다. 그의 박사논문 주제도 '아도르노의 미학이론'이었으며, 벤야민의 유작들을 편집, 출판하는 등 비판이론과 관계했다. 그러나 1989년에 발표한 그의 교수자격 논문은 비판이론의 계보학을 정리한 『탈마법화된 세계로부터의 탈주』였다. 그는 1920년대 바이마르 공화국 당시 독일 좌/우파의 철학적 극단주의(블로흐 / 루카치 / 벤야민 / 아도르노 등 좌파 유토피아 혁명이론 대 하이데거 / 윙거 / 슈미트 등 우파 보수혁명이론)가 실은 모두 베버의 '세계의 탈마법화' 진단에 따른 "현실로부터의 미학적 엑서더스 충동"이라는 공통분모로 묶어버렸다. 독일 68 세대의 정신적 뿌리인 바이마르 공화국 시대의 좌파 유토피아주의가 실은 1920~1930년대 독일 보수주의 내지 보수혁명가의 진단과 정신적 유사성을 지니고 있고, 서로 화해할 수 없는 것처럼 보이지만 양극단에서 밸런스를 맞춘 것이라는 테제는 당시 큰 논란을 불러일으켰다.

베를린 장벽이 붕괴하고 사회주의가 몰락한 1989년은 전후 세계사에서 큰 획을 그었던 시점이다. 특히 독일 지식인에게 동독과 사회주의의 붕괴는 정신사적으로 큰 영향을 미쳤다. 그 전까지 지배해왔던 68 세대의 시대정신을

'물구나무 세운' 〈포스트 (68)〉의 시작을 여는 시기였다(이 68이라는 숫자를 거꾸로 세우면 89가 된다). 이 시기는 68 세대가 서서히 은퇴를 준비하는 시기였고, 89년부터 다시 20년이 지난 현재 대부분 현장에서 물러났다. 그들이 사회적으로 퇴장한 후 공교롭게도 시대정신의 보수화와 맞물려 있다.

1990년대 볼츠를 비롯한 세대의 작업은 앞 68 세대 중 특히 프랑크푸르트 학파의 비판이론과의 대결로 요약된다. 이들 세대는 1980년대 이후 데리다, 들뢰즈(G. Deleuze) 등 프랑스 후기구조주의를 일부 수용했다. 가령 볼츠의 지도교수인 유태계 출신의 저명한 종교 철학자 야콥 타우베스(볼츠는 그의 조교였음)는 프랑스 후기구조주의의 독일적 수용을 이끈 지식인 그룹의 리더였다. 볼츠는 바로 그 밑에서 프랑스 후기구조주의와 독일의 니체, 칼 슈미트, 에른스트 윙거 등 보수적 사상가들의 근대성 비판에서 접점을 찾아, 앞서 말한 그의 교수자격논문을 완성했다.

그는 기존 비판이론과 대결하는 지렛대로 후기구조주의의 현대성 재해석, 주체 재해석을 수용했다. 이때 볼츠가 하버마스의 비판이론과 '커뮤니케이션적 행위이론'을 해체하기 위해 사용한 도구는 무엇보다 루만의 사회적 체계이론이다. 볼츠는 이미 「구텐베르크 은하계의 끝에서」(1993)에서 뉴미디어와 사회정치적으로 변화된 새로운 커뮤니케이션 상황이 기존 비판이론으로는 설명할 수 없다는 점을 주장한 바 있다(이 책의 한국어판 서문 참조).

여기 번역한 『세계를 만드는 커뮤니케이션』(2001)은 이미 일본어(도쿄대학 출판부)와 스페인어로도 번역된 책이다. 1989년의 상황 이후 그는 현대의 프로젝트와 그 추진엔진인 이성과 비판이 이제 그 종말에 이르렀다는 진단에서 시작한다. 그는 68 세대의 비타협주의가 오늘날 적어도 독일에서 주류로 자리 잡음으로써 '타협'으로 고착된 지 오래이고(1968년 이후 다름/일탈이 일상화된 주류이며 곧 타협이라는 것), "미디어가 메시지이다"라는 마셜 매클루언의 테제처럼 비판이론의 무기인 비판과 저항이라는 형식 자체가 하나의 미디어로서 그 이론의 중요한 메시지 자체였다고 주장한다. 그럼으로써 그는 "사회적 문제들이 사회적 운동들을 야기한다"(비판이론)가 아니라 "사회적 운동들이 사회적 문제들을 야기한다"(체계이론)는 정반대의 패러독스로 비판이론과 대결한다.

이 시점에서 최근 한국에서 활발하게 소개되고 있는데도 전통적인 사고방식과 너무 달라, 일반 독자가 이해하기 어렵게 보이는 루만의 사회적 체계이론에 대한 사전 지식을 소개하여 이 책을 이해하는 데에 도움이 되고자 한다.[1]

먼저 루만은 사회가 인간들로 이루어져 있지 않다고 본다. 그 때문에 사회를 인간 또는 주체의 의지나 행위로 설명하는 기존 철학과 사회학에 다른 입장이다. 그 대신에 루만은 사회를 커뮤니케이션의 체계로 규정하고, 커뮤니케이션의 자기생산을 인간 행위나 구조에 앞서는 사회의 작동과정으로 본다. 즉 사회는 인간이 아니라 커뮤니케이션이라는 것, 또 커뮤니케이션은 인간이나 의식이 하는 것이 아니라 오직 커뮤니케이션 자신이 한다는 것, 커뮤니케이션의 자기생산이라는 것이다("커뮤니케이션이 커뮤니케이션한다"라는 명제). 이에 따라 루만은 행위를 커뮤니케이션의 자기관찰, 즉 커뮤니케이션을 통지(Mitteilung) 행위로 관찰하여 인격(Person)에게 귀속시키는 것으로 보며, 사회적 체계의 구조를 행위에 대한 기대의 제약으로 본다.

둘째, 루만의 관찰 결과에 따르면 현대사회는 흔히 우리가 생각하듯 국가나 영토로 나누어져 있거나 계급이나 계층으로 나누어져 있지 않고, 이런 양태는 주된 분화가 아니다. 현대사회는 경제, 정치, 법, 학문, 예술 등 각자 고유한 코드와 프로그램이 있는 기능적 부분 체계들에 의해 분화되어 있다는 것이다. 모

---

1 루만을 더 자세히 이해하고자 하는 독자에게 게오르크 크네어 / 아민 낫세이, 『니클라스 루만으로의 초대』(정성훈 옮김, 갈무리, 2008)를 일독하기를 추천한다. 이후 루만 관련 서술과 번역 용어는 이 책을 참조했다.

든 종류의 사회적 경계는 커뮤니케이션의 자기 지시적 재생산에 의해 표시된다. 따라서 물리적 환경의 차이와 인격적 구별을 넘어선 매스미디어와 같은 확산매체의 발전이 낳은 사회구조의 변동은 이미 커뮤니케이션의 도달 범위를 영토나 인간 집단의 경계를 넘어설 수 있게 했다. 그래서 기능적으로 분화된 단위로서의 현대사회는 유일 세계사회일 수밖에 없다는 것이다. 세계사회는 흔히 세계화(글로벌화) 논의에서 말하는 초국적 기업이나 물류의 확산 같은 것만으로 형성되는 것이 아니라, 오히려 커뮤니케이션 체계의 자기진화에 따른 결과이고 인터넷은 그 정점에 있다고 볼츠 역시 주장한다.

셋째, 루만은 현대사회의 하위체계는 탈도덕적이라 보며, 사회(문제)를 다시 도덕에 근거를 두려는 것은 좋은 일이라 보지 않는다. 도덕적 커뮤니케이션과 도덕적 코드의 과잉이 오히려 화해할 수 없는 적대적 충돌과 파국을 낳는다고 본다. 따라서 루만은 도덕에 대해 사회학적 반성을 수행하고 윤리학을 도덕의 기초를 놓는 이론이 아니라 도덕에 대한 반성이론으로 간주한다. 그 때문에 사회비판을 위한 규범적 척도를 강조하는 하버마스의 비판이론과 충돌하는 것은 불가피했다.

이상과 같은 측면에서 볼 때 하버마스(비판이론)와 루만(체계이론)의 차이는 한마디로 하버마스가 사회를 계몽하려는 '뜨거운 실천가'이고, 루만은 사회에서 배우고 사회를 관찰하려는 '차가운 이론가'라는 점에서 부각된다. 루만 이전의 대부분의 근현대 철학은 '주체' 개념을 상정했다. 가령 하버마스는 근대적 주체의 '수정'에, 푸코는 주체의 '사망'에 초점을 맞추었던 반면, 루만은 아예 주체를 배제하고 체계를 관찰하기만 했다. 이 관찰하는 체계가 체계이론의 근본이다. 하버마스가 커뮤니케이션을 실행할 합리적인 주체를 설정했지만, 루만의 체계이론에서는 커뮤니케이션을 실행하는 것은 주체가 아니고 커뮤니케이션 그 자체이다. 루만은 사회로부터 그 주체라고 일컬어지는 인간을 추방함으로써 근대 철학의 유산과의 청산을 시도했을 뿐만 아니라, 그럼으로써 결국 인간을 구출하려 했다.

이 책에서 볼츠 교수는 루만의 연장선에서 근대적 주체를 배제하기 때문에 비판이론의 토대인 주체의 비판과 이성이라는 그 전제 자체를 의문시한다. 이 개념들로는 더 이상 주체와 무관하게 진행되는 커뮤니케이션과 그것이 구성하는 사회적 체계들과 세계사회를 설명할 수 없다는 것이다. 특히, 세계커뮤니케이션이라는 말은, 민족주의와 마르크스주의 등 거대담론의 종말 이후 경제의 세계화, 국민국가의 종말과 정치의 초국가화, 디지털 네트워킹 등 트렌드를 지칭하는 미디어이론적 개념이다. 그리고 이 세계란 이미 200년 전 현대의 시대정신으로부터 더 이상 생산(프로메테우스)이 아니라 전달(헤르메스)의 시대라는 것이다. 오늘날 이 세계커뮤니케이션 망은 월드와이드웹(www)이라는 형태로 촘촘히 구현되어 있다.

이 책에서 바탕으로 깔고 있는 루만의 체계이론은 ① 사회를 전적으로 커뮤니케이션 과정들로 구성된 것으로 파악하고(커뮤니케이션에서 행위와 주체의 배제), ② 커뮤니케이션에서는 인간을 배제하거나 인간을 '응고된 우연성'으로 기술한다(방법론적 반휴머니즘). ③ 사회는 커뮤니케이션 체계이고 커뮤니케이션의 자기생산이 구조나 행위에 앞선다. 즉 계속 연결되는 커뮤니케이션의 자기생산이 중요하다. ④ 공간이나 인간으로부터 독립 분화된 커뮤니케이션 체계의 진화에 따른 귀결이 모든 가능한 커뮤니케이션들의 전 지구적 전체로 이해되는 '세계 사회' 개념이고, 이 진화는 최근 인터넷을 통해 이루어진 전자미디어의 발전으로 이어진다.

2. '세계커뮤니케이션'의 주요 테마

이 책은 새로운 뉴미디어의 상황에서 이루어지는 세계커뮤니케이션의 모든 테마를 다루고 있다. 한국의 독자에게 특히 루만의 이론은 이해하기 힘들다. 볼츠는 루만의 글쓰기와 유사하게 특정 개념을 '패러독스(背理)' 속에서 설명하기 때문에 무척 어렵게 느껴진다. 그러나 일상의 구체적인 사례를 에세이적으로 서술했기 때문에 일상적인 현상에 대한 그의 날카로운 안목은 저널리즘적 글쓰기처럼 편하게 읽을 수 있다. 독자의 이해를 위해 이 책의 주요 테마를 간추렸다.

1) 국가, 법체계 그리고 정치 등 사회의 근간이 무너지는 시대에는 미디어가 사회에 대한 근본 신뢰를 창출한다. 안전과 신뢰는 점차 사라지고 그 대신 미디어와 미디어에 의한 지각, 커뮤니케이션이 세계를 구성한다. 세계사회는 집단주체도 지니고 있지 않으며 역사철학적 프로젝트도 없다. 우리는 사회를 가르칠 수 있는 것(계몽)이 아니며, 단지 사회로부터 배울 뿐(관찰)이다.

2) 사회를 가르칠 수 없는 또 다른 이유는 가치에는 그 어떤 위계도 존재하지 않기 때문이다. 가치에는 단지 선호도만 있을 뿐이다. 즉 현대적인 의미에서 특정의 가치를 위해서는 다른 가치를 포기해야 한다. 가치를 기반으로 하는 윤리적 사유는 가치 자체에 대한 반성을 봉쇄한다. 도덕을 강조하는 공론장에서는 합리적인 논쟁이 불가능하다(예, 유전공학 연구 등).

3) 디지털 자본주의는 새로운 테크놀로지로 날개를 단 판타지 없이는 생각할 수 없는 것이다. 주식이 과거 가문의 문장이나 신화처럼 기능하기 때문이다. 자본주의의 미디어는 바로 돈이며, 이 돈이라는 미디어들은 우리가 자기 확신을 가지고 복잡한 세계에 대한 불안을 흡수하게 만드는 기능을 담당한다.

즉 미디어(Medium)는 오늘날 불안에 대한 치료제(Re-medium)이자 도덕(모럴)이고, 또 복잡한 사회를 가장 압축적으로 표현하는 코드이기도 하다.

4) 매스미디어가 이룩한 고도의 중계 기술로 그 수용자의 육체적·정신적 수동성이 불가피해지는 한계가 있는데도, 모든 사람이 범세계적 / 동시간적으로 똑같이 체험하는 체제가 구축되었다. 이 점에서 종래의 '행위'나 '쌍방 행위'와 같은 카테고리로 설명하는 사회이론(대표적으로 비판이론)은 복잡한 커뮤니케이션과 그 커뮤니케이션으로 구성되는 사회를 설명할 수 없다.

5) 끊임없이 순환하는 테마의 고정 레퍼토리로서 매스미디어는 정치와 종교가 이미 오래전부터 수행할 수 없었던 기능을 대신 수행하고 있다. 매스미디어는 도덕을 끊임없이 주창하고 그 도덕적 전망의 사회적 조정을 장려하면서 사회를 끊임없이 일깨우고 유지하는 기능을 수행한다. 미디어와 커뮤니케이션은 오늘날 종교가 수행했던 역할을 보충하는 등가물이다. 아울러 벤야민의 지적처럼 오늘날 자본주의적 소비주의 역시 종교의 기능적 등가물이기도 하다.

6) 정치는 그 지도적 위치를 잃어버렸다. 국민국가의 공간은 해체되고, 국가 간의 경계는 더 이상 사회의 경계를 의미하지 않는다. 우리는 점점 더 미디어가 구성하는 '장소로부터 자유로운 사회'에 살고 있다. 세계사회는 더 이상 공간화될 수 없고, 오로지 중요한 것은 시간과 커뮤니케이션적 도달 가능성이다.

7) 세계의 범위(경계)를 규정하는 커뮤니케이션적 도달 가능성은 이제 육체적 현전에서 점점 더 풀려나와, 육체는 성가신 '웨트웨어(wetware)'로 거추장스럽게 된다. 핸드폰과 인터넷은 모든 문제를 시간의 문제로 만든다. 권력은 시간에 대한 권력이고, 결정적인 것은 정보와 트렌드를 다른 것보다 더 빠르게 회전시키는 것이다. 세계사회의 '의무사항'은 순간 포착적 / 커뮤니케이션적으로 통합하는 것이다. 우리는 끊임없이 시간의 압력 아래서 생활

할 것이다. 그리고 세계커뮤니케이션은 점점 더 언어를 필요하지 않게 될 것이다. 생산력이 된 커뮤니케이션이 음악, 유명 상표, 스포츠, 알고리즘 그리고 크레디트카드 등과 결합되어 있다. 언어적 한계뿐 아니라 영토적 한계도 세계커뮤니케이션에 장애물이 될 것이다.

8) 그러나 가장 중요한 것은 우리 세계가 미디어에 의해 설정된 테마의 레퍼토리를 통해 조정된다는 인식이다. 여기서 정보의 선택과 복잡성의 감축이 일어난다. 우리는 복잡성에 무기력하고 아무 보증 없이 내맡겨져 있기 때문에, 그 보상과 기능적 등가물로서 '의미'를 생산하려는 욕구가 그 어느 때보다 높다. 가령 미디어 테크놀로지로 획일화된 세계에 대해서는 포스트모던적 다양성이, 세계커뮤니케이션의 보편주의에 대항해서는 자아 정체성을 강조하는 담론의 유행이, 연출된 사이버 스페이스에 대해서는 리얼한 것(가령 리얼리티 TV나 육체)에 대한 숭배가, 전지구적으로 관철되는 글로벌화에 대해서는 새로운 형태의 부족주의로서 선택의 공동체(인터넷의 커뮤니티)가 세속화에 대항해서는 종교의 복귀가 이 경향을 표현한다.

9) 복잡한 세계에서는 "디자인이 방향성을 창조하고 그 자체가 방향이다". 더이상 언어적 상호 이해의 형식으로 이해되지 않는 곳, 바로 거기서는 적어도 겉 표면이 단순하고 이용자에게 편리해야 한다. 그래서 인터페이스 디자인이 중요한 것이다. 복잡한 것에 대한 비(非)이해를 우리는 디자인으로 고상하게 그 겉모습을 위장하는 것이다. 이것이 디자인의 본질이고, 육체에 대한 컬트로서의 화장술, 휘트니스와 같은 트렌드이다. 의미를 추구하는 '센스메이킹으로서의 디자인'은 곧 오늘날 다양성 속에서 의미를 상실하여, 의미를 추구하는 사회에서 과거 종교가 수행했던 기능을 대신하고 있다.

3. 네트워크의 사회적 영향[2]

오늘날 미디어의 현실은 근본적인 비동시성의 전시장이다. 오늘날 어떤 사람이 어떤 세대에 속하는가 하는 것은 그가 어떤 정보문화에서 성장해왔는가에 달려 있다. 더 이상 공통적인 미디어가 존재하지 않는다. 다양한 가치체계가 다양한 미디어로 규정된다. 인구학적, 정치적 그리고 문화적 단층선이 서로 다른 정보세계를 구분한다. 미디어 세대는 결코 동질적인 연령구조나 사회구조로 나눌 수 없다. '청소년기'가 여러 갈래로 나누어지는 것이 미디어 다원주의의 가장 중요한 결과 중 하나이다.

특히 컴퓨터에 의해 네트워킹된 새로운 미디어는 하나의 정신적인 계층형성을 촉진시키고 있다. 세계커뮤니케이션의 양지에는 정신노동자의 범세계적인 협동 작업을 우리는 관찰할 수 있다. 그리고 동시간적으로 매스미디어는 가난한 자와 우둔한 사람들에게 레이몬드 카텔(Raymond Cattell)이 '판타지 보상물(Phantasiekompensation)'이라고 불렀던 것, 가령 상파울로 빈민가에서 수신되는 텔레노벨라(Telenovella)와 같은 환상을 연출하는 단막 연속극물을 제공한다.

세계커뮤니케이션의 시대에 세계는 평평하고, 좁으며, 텅 비어 있고, 또 지반도 없다. 세계를 한눈에 꿰뚫어볼 수 없을 정도로 복잡하다고 생각하는 그런 사람에게는 이것이 무척 당혹스러울지도 모른다. 그리고 실제로 우리는 지난 수십 년 동안 과학자들이 카오스, 프랙털, 복잡성, 역동적 시스템, 불확정성, 불확실성 등과 같은 개념으로 세계를 기술한 것을 잘 알고 있다. 과학적 시각에서 볼 때 이런 개념들이 필요하지만, 우리의 일상은 그런 개념이 없어도

---

2 이 부분은 볼츠가 이 책 발간 이후 일반독자의 이해를 위해 쓴 기고문 "Weltkommunikation: Die Sozialen Auswirkungen der Vernetzung,"(in *thinktank* #4, 2008.10)과 미디어이론 입문서로 출판한 *Das ABC der Medien*(W-Fink, 2007)을 참조했다.

정상적으로 기능한다. 왜냐하면 우리가 체험하는 일상은 훨씬 더 단순하기 때문이다. 세계커뮤니케이션으로 체험하는 세계는 다음 몇 가지로 단순화된다.

1) 세계는 평평하다(flat)

이 테제는 두 가지 관찰로 요약된다. "세계는 평평하다"는 명쾌한 공식을 주창한 토머스 프리드먼(Thomas L. Friedman)은 이 공식으로 세계화의 효과를 기술하려 했다. 세계화는 다시 말해서 인터넷의 링크가 세계의 공간적 형태를 아무 관련이 없는 것으로 만든다는 점을 말한다. 가령 베를린에서 프랑크푸르트로 가는 비행기를 예약하는 콜센터는 인도 방갈로르에 있다. 그리고 둘째로 세계화는 디지털화, 모바일, 그리고 커뮤니케이션의 네트워킹을 의미한다. 커뮤니케이션의 세계는 하나의 거대한 유저 인터페이스이고, 그곳에서는 그 어떤 기술적으로 우월한 공간이 존재하지 않으며, 모든 위계서열이 평준화되어 있다는 것이다.

2) 세계는 좁다(small)

사회학자들은 이와 관련하여 '6단계 연결 가설' 혹은 '좁은 세상 현상'에 관해 말하고 있다. 스탠리 밀그램(Stanley Milgram)이 이미 1960년대 행한 유명한 실험에 의하면, 세계는 좁다. 무작위로 두 명을 선별하여 그들 각각의 개인적 인맥을 추적하다가 보면 평균적으로 다섯 내지 여섯 명의 사람들만 거치면 모두 연결된다는 것이다. 나와 이 지구상에 모르는 다른 사람 사이에는 최대 여섯 명의 단계만 거치면 다 통한다는 뜻이다. (이것은 일종의 네트워크 효과라는 것인데, 한국에서는 이 단계가 2.5명 정도라는 연구가 있다.)

3) 세계는 텅 비어 있다(empty)

우리의 생활세계는 무수히 많은 문제로 촘촘히 박혀 있지만, 그러나 그 문제는 단지 서로 느슨하게 연결되어 있다. 원칙적으로 물론 서로 영향을 미치는 수많은 변종이 존재하지만, 개별 구체적인 생활 상황에서 우리를 규정하는 변수는 파악 가능할 정도로 소수라는 것이다. 우리는 따라서 모든 가능한 연관관계 중에서 소수의 단편만 주목해도 현실에 대한 풍부하고 정확한 기술이 가능하다. 즉 전체 체계의 행태는 그 디테일과 관계하지 않더라도 관찰할 수 있으며, 부분체계의 (단기적) 행태는 그 전체체계 속에서의 상호작용과 관계하지 않더라도 기술할 수 있다는 것이다. 사이먼은 이것을 '텅 빈 세계 가설(empty world hypothesis)'이라고 불렀다.

4) 세계는 고정된 지반이 없다(bodenlos)

이것은 근세만큼이나 오래된 경험이다. 실체 개념을 기능(Funktion) 개념으로 대체한 이래로, 우리의 세계 경험에 토대가 되는 부동의 지반은 더 이상 존재하지 않는다. 그런데 이러한 흔들림의 경험이 위기적으로 첨예화된 것은 비로소 현대 물리학과 논리학의 성과에 의해서이다. 하이젠베르크(Werner K. Heisenberg)의 불확정성 원리뿐 아니라 조지 스펜서 브라운의 차이 논리학(Protologik)과 하인즈 폰 푀르스터의 소위 말하는 2차 등급의 사이버네틱이 우리에게 인정하도록 강요하는 것이 바로 세계는 지반이 없다는 것이다. 왜냐하면 세계는 관찰 즉 차이를 통해 생성되기 때문이다. 이러한 차이를 지칭하기 위해 오늘날 비트(bit)라는 단위가 있다. 우리의 지반 없는 세계는 정보로 구축되어 있다. 혹은 그것을 존 휠러(John A. Wheeler)의 전(前)소크라테스적인 뉘앙스의 용어로 표현하면 "비트로부터 유래한다(it from bit)"이다.

5) 세계는 더 이상 장소화될 수 없다(placeless)

세계화는 일단 경제학의 개념이다. 신경제는 더 이상 구체적으로 장소화될 수 없다. 현실 공간의 의미가 사라짐은 특히 커뮤니케이션의 망이 점점 더 교통의 망에서 분리되는 바로 그곳에서 나타난다. 유선전화나 우편번호와 같은 장소나 지역과 결부된 표시에서 핸드폰 번호나 이메일과 같은 주소에서는 장소를 알 수 없다. 장소와 관련되었던 주소가 장소에서 해방되고 있다. 핸드폰과 랩톱과 더불어 가장 진보된 커뮤니케이션 테크놀로지가 처음으로 고정된 장소에서 분리되었다. 사무실은 이제 모뎀으로 연결된 곳에서는 어디든지 도처에 있을 수 있다. 현대와 더불어 일과 가정이 분열되었다. 사무실은 지금까지는 생활과 노동, 서류형태의 분리를 의미했다. 전에는 사무실로 출근했으나, 현재는 업무용 네트워크에 로그인한다. 노동이 일터에서 해방되었다.

더 이상 장소화될 수 없는 세계사회에서 아직 중요한 것이 남아 있다면 그것은 시간이다. 그런데 시간은 점점 더 희소하다. 모든 문제는 속도라는 시간화를 통해 풀 수 있다. 신속성, 긴급, 속도와 기한 내 처리가 우리 시대의 중요한 테마이다. 모바일(이동성)은 그러나 또한 항상 대기(allways stand-by)라는 '호출 가능성(availability)'을 말한다. 그 때문에 우리는 시간 도둑에 대해 특히 예민하다. 우리를 기다리게 하는 부담을 주는 사람은 우리에게서 시간을 훔치는 사람이다. 대표적인 시간 도둑이 무조건 직접 찾아와 커뮤니케이션하려는 사람이다. 그 때문에 자동응답기가 기술적 보완장치로 발명된 것이 아닐까? 덕분에 "메시지를 남겨주십시오"라고 다른 사람에게 명령하면 되는 것이다. 그렇게 해서 시간을 활용할 수 있는 여지를 만들 수 있다. 자동응답기를 더 응용한 발명품이 이메일이나 문자메시지이다. 그것은 전화 대화만큼이나 유혹적이고 빨라서, 수신자에게 '커뮤니케이션 타이밍'을 결정할 여지를 남겨놓는다. 이메일은 시간을 버리지 않으며, 방해가 되지도 않는다.

6) 커뮤니케이션이 커뮤니케이션한다

비행기 안에서 랩톱이든 고속열차 안에서 핸드폰이든 간에, 그것은 즉석에서 1인 사무실(One Person Office)이 된다. 전화, 팩스, 컴퓨터, 무선 인터넷 연결 등은 사무실을 손 안에 가져온다. 새로운 미디어는 여기에서 사회적 상황에 대한 완벽한 무시를 통해 기술적 커뮤니케이션의 우위를 부각한다. 아무리 금지표시판을 설치해도 낭랑한 핸드폰 소리를 잠재울 수는 없다. 그리고 가령 강연을 하는 사람은 강연장에서 적어도 몇 번쯤은 핸드폰 벨소리를 고려해야 한다. 이것은 언제 어디서든 커뮤니케이션적으로 연결되어 있어야 하며, 모든 것을 그리고 세계 어디서든 행할 수 있고 발신할 수 있어야 한다는 사회적 이상에 일치하는 것이다.

언론을 통해 우리에게 익숙한 형태인 매스커뮤니케이션은 쌍방 행위를 배제한다. 그에 반해 인터넷은 쌍방적 세계커뮤니케이션의 인프라로서 형태를 갖추고 있다. 쌍방적 커뮤니케이션이 가능한 것은, 우리가 오늘날 커뮤니케이션적 도달 가능성을 통해 직접 대면이라는 현전성을 대체하고 익명성을 보장하기 때문이다. 그런데 자기 자신을 '**정보화사회**'라고 기술하는 그런 문화의 경우에는 하나의 거대한 문제점이 숨어 있다. 하나의 매체가 쌍방적이면 쌍방적일수록, 정보는 점점 더 주변적이기 때문이다. 메시지는 극단적인 경우에 '커뮤니케이션에 참여하고 있다'는 사실 자체이기 때문이다. 커뮤니케이션과 연결되는 '링크'가 중요하다. 링크가 사회적 잉여가치를 생산하는 것으로, 인간에게 커뮤니케이션에 참여하는 그 자체가 정보보다 더 중요하다는 것을 분명히 하고 있다. 정보가 주변부로 점점 밀려나고 있다. 정보와 지식이 중요한 것이 아니다. 커뮤니케이션 그 자체가 중요하다는 것이다.

4. 맺음말

옮긴이는 15년 전 볼츠 교수와 개인적인 만남이 있은 후 그의 저서를 한국말로 번역하는 작업을 해왔다. 이 책은 당초 2002년 월드컵을 마칠 즈음 번역했지만, 부족한 부분도 있고 차일피일 출판을 미뤘다. 더욱이 2003년 주독대사관 문화홍보관으로 발령받아 국내 출판이 더 더뎌졌다. 그런데 이 해 가을에 당시 베를린이 아닌 에센에서 교수생활을 할 것으로 생각하여 제대로 연락도 못했던 볼츠 교수를 우연히 베를린 거리에서 해후했다. 그 후 옮긴이는 매주 화요일 밤 그가 진행하는 콜로키움에 정기적으로 참석했고, 마침 사는 동네도 같아 계속 교류하면서 부족함을 달랬다.

가끔 볼츠 교수가 이 책이 한국말로 언제 나오는지 물을 때마다 상당히 부담스러웠다. 볼츠 교수는 한국에서 한때 비판이론이 배타적으로 수용되던 상황을 이미 알고 있고, 그 점에서 자신의 책이 소개되기를 희망했다. 그의 대부분의 저서가 일본어로는 이미 번역되어 있다. 다행히 도서출판 한울에서 어려운 여건에도 이 책의 출판을 결정한 것에 감사한다. 옮긴이가 번역한 볼츠 교수의 『구텐베르크 — 은하계의 끝에서』와 『컨트롤된 카오스』에 대한 반응도 좋았고, 나름대로 우리의 지적 풍토에 이바지한 바가 크다고 생각한다.

'문화 수입자'로서 옮긴이가 볼츠 교수에게 또 하나 신세 진 것을 밝히겠다. 1990년대 중반 독일 유학 시절 옮긴이는 체코 출신으로 브라질에서 활동했고 독일어로 집필하던, 당시까지 한국에 알려지지 않았던 다국적 미디어 철학자 빌렘 플루서(Vilém Flusser)의 유작들을 볼츠 교수의 소개로 알았다. 그 계기로 옮긴이는 볼츠 교수보다 먼저 플루서의 주요 저작을 한국에 처음 번역했다. 그 후 한국에서 플루서 선집이 이어서 나오고, 많은 미디어 연구학자와 대학원생, 예술가들이 플루서의 미디어이론을 읽고 관련 학위논문도 많이 나온

것으로 알고 있다. 그의 책을 처음 소개했던 '문화 수입자'로서 보람 있는 일이다. 아마 볼츠 교수가 옮긴이에게 빌렘 플루서를 소개하지 않았더라면 플루서의 한국 수용도 더 늦었거나, 전혀 소개되지 않은 인물이 되었을지도 모르겠다. 옮긴이가 수행했던 볼츠나 플루서의 저작물 번역이 우리의 지적 풍토와 미디어이론 논의에 큰 자양분이 되기를 바란다.

참고문헌

Aicher, Otl, Analog und digital, Berlin 1992

Ashby, W. Ross, „Principles of the Self-Organizing System", in: Heinz von Foerster/G. W. Zopf (Hrsg.), Principles of Self-Organization, New York 1962

Augstein, Rudolf, „Hitler und die Atombombe", in : Der Spiegel # 45, 1998

Bachelard, Gaston, La formation de l'esprit scientifique, Paris 1974

Baecker, Dirk, Die Form des Unternehmens, Frankfurt a. M. 1993

–, Wozu Kultur?, Berlin 2000

Barlow, John Perry, „The Economy of Ideas", in: Wired, März 1994

Bateson, Gregory, Steps to an Ecology of Mind, New York 1971

Bauman, Zygmunt, Postmodernity and its Discontents, Cambridge 1997

–, In Search of Politics, Cambridge 1999

Bell, Clive, Art, London 1914

Bell, Daniel, The Coming of Post-Industrial Society, New York 1999

Bense, Max, Aeshetica, Baden-Baden 1982

Blumenberg, Hans, Arbeit am Mythos, 5. Aufl., Frankfurt a. M. 1990

–, Die Legitimität der Neuzeit, Erneuerte Ausgabe, Frankfurt a. M. 1996

–, Die Verführbarkeit des Philosophen, Frankfurt a. M. 2000

–, Wirklichkeiten in denen wir leben, Stuttgart 1986

Bolz, Norbert, Am Ende der Gutenberg-Galaxis, München 1993

–, Auszug aus der entzauberten Welt, 2. Aufl., München 1991

–, „Das große stille Bild im Medienverbund", in: Das große stille Bild, hrsg.von N. Bolz und U. Rüffer, München 1996

–, Die Konformisten des Andersseins, München 1999

–, Eine kurze Geschichte des Scheins, 3. Aufl., München 1999

–, „Leiderfahrung als Wahrheitsbedingung", in: W. Oelmüller (Hrsg.), Leiden, Paderborn 1986

–, Die Sinngesellschaft, Düsseldorf 1997

–, Theorie der neuen Medien, München 1990

Boulding, Kenneth, „Expecting the Unexpected", in: Prospective Changes in Society by 1980, Colorado 1966

Bruner, Jerome S., Beyond the Information Given, New York 1973

–, On Knowing, 8. Aufl., Cambridge Mass./London 1997

Bude, Heinz, Die ironische Nation, Hamburg 1999

Cova, Bernard, „From Marketing to Societing", in: Rethinking Marketing, hrsg. von D.Brownlie, M.Saren, R.Wensley & R.Whittington, London 1999

Dahrendorf, Ralf, Pfade aus Utopia, 3. Aufl., München 1974

Deal, Terence/Allen Kennedy, Corporate Cultures, Reading Mass. 1982

DeLillo, Don, Underworld, New York 1998

Dewey, John, Art as Experience, New York 1958

Domizlaff, Hans, Die Gewinnung des öffentlichen Vertrauens, Hamburg 1992

Duncan, Hugh D., Communication and Social Order, New York 1968

Enzensberger, Hans Magnus, „Das digitale Evangelium", in: Der Spiegel, 10. Januar 2000

–, Einladung zu einem Poesie-Automaten, Frankfurt a. M. 2000

Evans, Philip/Thomas Wurster, Blown to Bits, Boston 2000

Forrester, Jay W., Urban Dynamics, Cambridge Mass. 1969

Franck, Georg, „Jenseits von Geld und Information", in: gdi-impuls #1, 1998

Freud, Sigmund, Totem und Tabu, Gesammelte Werke Bd. IX, 7. Aufl. 1986

–, Das Unbehagen in der Kultur, Gesammelte Werke Bd. XIV, 7. Aufl. 1991

Fry, Roger, Vision and Design, Coward-McCann 1924

Fukuyama, Francis, Trust, New York 1996

Gadamer, Hans-G., Wahrheit und Methode, 6. Aufl., Tübingen 1990

Gambetta, Diego (Hrsg.), Trust, Oxford 1988

Geertz, Clifford, The Interpretation of Cultures, New York 2000

Gehlen, Arnold, Einblicke, Gesamtausgabe Bd. 7, Frankfurt a. M. 1978

–, Urmensch und Spätkultur, 5. Aufl., Wiesbaden 1986

Giddens, Anthony, Beyond Left and Right, Cambridge 1994

Glanville, Ranulph, Objekte, Berlin 1988

Goffman, Erving, „On Cooling the Mark Out", in: Psychiatry # 15 (4), 1952

Goodman, Nelson, Fact, Fiction, and Forecast, 3. Aufl., London 1973

Günther, Gotthard, Beiträge zur Grundlegung einer operationsfähigen Dialektik Bd.I, Hamburg 1976

–, „Kritische Bemerkungen", in: Soziale Welt # 19, 1968

Gumbrecht, H. U./K. L. Pfeiffer (Hrsg.), Materialität der Kommunikation, Frankfurt a. M. 1988

Gustafsson, Lars, Utopien, Frankfurt/Berlin/Wien 1985

Habermas, Jürgen, Die Einbeziehung des Anderen, Frankfurt a. M. 1996

–, Faktizität und Geltung, Frankfurt a. M. 1992

–, Die Neue Unübersichtlichkeit, Frankfurt a. M. 1985

–, Der philosophische Diskurs der Moderne, 2. Aufl., Frankfurt a. M. 1989

–, Theorie des kommunikativen Handelns, Frankfurt a. M. 1981

Habermas, J./Luhmann, N., Theorie der Gesellschaft oder Sozialtechnologie, Frankfurt a. M. 1971

Halter, Hans, „Zweite Welt", in: Der Spiegel #36, 1999

Hayek, Friedrich von, Entnationalisierung des Geldes, Tübingen 1977

–, Recht, Gesetzgebung und Freiheit, Bd.I, 2. Aufl., Landsberg am Lech 1986

Hegel, G. W. F., Einleitung in die Geschichte der Philosophie, 3. Aufl., Hamburg 1959

–, Theorie-Werkausgabe, Frankfurt a. M. 1970

Heidegger, Martin, Sein und Zeit, 16. Aufl., Tübingen 1986

–, Unterwegs zur Sprache, 5. Aufl., Pfullingen 1975

–, Vier Seminare, Frankfurt a. M. 1977

–, „Die Zeit des Weltbildes", in: Holzwege, 7. Aufl., Frankfurt a. M. 1994

Heller, Joseph, Something Happened, London 1975

Hirschman, Albert O., Rival Views of Market Society, Cambridge Mass. 1992

Hobsbawm, Eric J./Terence Ranger (Hrsg.), The Invention of Tradition, Cambridge/New York 1983

Hörning, Karl H./Rainer Winter (Hrsg.), Widerspenstige Kulturen, Frankfurt a. M. 1999
Hofstadter, Douglas, Gödel Escher Bach: an Eternal Golden Braid, London 1980
Husserl, Edmund, Gesammelte Werke Bd. VII
Jaspers, Karl, Die geistige Situation der Zeit, 5. Aufl., Berlin 1932
Jean Paul, Vorschule der Ästhetik, 2. Aufl., München 1974
Jensen, Rolf, The Dream Society, New York 1999
Jonas, Hans, Technik, Medizin und Ethik, Frankfurt a. M. 1987
Kahoe, Louise, „E-business unlocked", in: Financial Times 12./13. Februar 2000
Kant, Immanuel, Theorie-Werkausgabe, Frankfurt a. M.
Kelly, Kevin, New Rules for the New Economy, New York 1998
Kierkegaard, Søren, Der Begriff Angst, 2. Aufl., Köln 1986
Kittler, Friedrich, Aufschreibesysteme 1800 · 1900, München 1985
–, Grammophon Film Typwriter, Berlin 1986
Knoke, William, Bold New World, Kodanska America 1996
Kojève, Alexandre, Introduction à la lecture de Hegel, 2. Aufl., Paris 1960
Koselleck, Reinhart, Kritik und Krise, Frankfurt a. M. 1973
–, Vergangene Zukunft, Frankfurt a. M. 1979
Lacan, Jacques, Écrits, Paris 1966
–, Schriften Bd. II, Olten 1975
Langer, Susanne K., Philosophy in a New Key, New York 1948
Leadbeater, Charles, Living on Thin Air, Penguin Books 2000
Leisner, Walter, „Rechtsstaat – ein Widerspruch in sich?", in: JZ 1977
Lem, Stanislaw, Dialoge, Frankfurt a. M. 1980
Lindblom, Charles E., „The Science of ‚Muddling Through'", in: Public Administration Review # 19, 1959
–, „Still Muddling, Not Yet Through", in: Public Administration Review, Nov./Dec. 1979
Lindblom, Ch. E./D. Cohen, Usable Knowledge, New Haven 1979
Lübbe, Hermann, „Netzverdichtung", in: ZphF, Bd. 50, S.133
–, Religion nach der Aufklärung, 2. Aufl., Graz 1990
–, Der Superstaat findet nicht statt, Lilienberg/Ermatingen 1996
–, Zeit-Erfahrungen, Stuttgart 1996
Luhmann, Niklas, Die Ausdifferenzierung des Rechts, Frankfurt a. M. 1981
–, „Die Ausdifferenzierung der Religion", in: Gesellschaftsstruktur und Semantik, Bd. 3, Frankfurt 1989
–, Beobachtungen der Moderne, Opladen 1992
–, Die Funktion der Religion, Frankfurt 1977
–, Die Gesellschaft der Gesellschaft, Frankfurt a. M. 1998
–, „Gibt es ein ‚System' der Intelligenz?", in: Martin Meyer (Hrsg.), Intellektuellendämmerung?, München 1992
–, Die Kunst der Gesellschaft, Frankfurt a. M. 1995
–, „Läßt unsere Gesellschaft Kommunikation mit Gott zu?", in: Soziologische Aufklärung, Bd. IV, Opladen 1987
–, Legitimation durch Verfahren, Neuwied 1969
–, Die neuzeitlichen Wissenschaften und die Phänomenologie, Wien 1996
–, Ökologische Kommunikation, 2. Aufl., Opladen 1988
–, Organisation und Entscheidung, Opladen 2000
–, Die Realität der Massenmedien, 2. Aufl., Opladen 1996

–, Das Recht der Gesellschaft, Frankfurt a. M. 1998
–, Rechtssoziologie, 3. Aufl., Opladen 1987
–, Soziologie des Risikos, Berlin/New York 1991
–, Soziologische Aufklärung, Bd.I bis VI, Opladen
–, „Sthenographie und Euryalistik", in: H. U. Gumbrecht/K. L. Pfeiffer (Hrsg.),
    Paradoxien, Dissonanzen, Zusammenbrüche, Frankfurt a. M. 1991
–, Universität als Milieu, Bielefeld 1992
–, Vertrauen, 3. Aufl., Stuttgart 1989
–, „Weltgesellschaft", in: Soziologische Aufklärung, Bd. 2, Opladen
–, Die Wissenschaft der Gesellschaft, Frankfurt a. M. 1990
Mann, Thomas, Doktor Faustus, Frankfurt a. M.
March, James G., The Pursuit of Organizational Intelligence, Malden, Mass.
    1999
Markl, Hubert, Evolution, Genetik und menschliches Verhalten, München/Zü-
    rich 1986
Marquard, Odo, Glück im Unglück, München 1995
–, Skepsis und Zustimmung, Stuttgart 1994
Maruyama, Magoroh, Mindscapes in Management, Cambridge 1994
Maturana, Humberto R., Erkennen: Die Organisation und Verkörperung von
    Wirklichkeit, 2. Aufl., Braunschweig/Wiesbaden 1985
–, Was ist Erkennen?, München 1994
McLuhan, Marshall, Understanding Media, New York 1965
Mead, George H., Geist, Identität, Gesellschaft, 9. Aufl., Frankfurt a. M. 1993
Mittelstraß, Jürgen, Leonardo-Welt, Frankfurt a. M. 1992
–, Neuzeit und Aufklärung, Berlin/New York 1970
Naisbitt, John, High Tech – High Touch, New York 1999
Niejahr, Elisabeth, „Wachstum durch langes Leben", in: Der Spiegel # 23, 1999
Nietzsche, Friedrich, Der Antichrist
–, Die fröhliche Wissenschaft
–, Sämtliche Werke. Kritische Studienausgabe (dtv)
–, Unzeitgemäße Betrachtungen (Kröners Taschenausgabe Bd. 71), 6. Aufl.
    Stuttgart 1976
Noack, Rosemarie, „Auf der Wohlfühlwelle", in: Die Zeit, 7. Oktober 1999
Norgaard, Richard, „The Coevolution of Economic and Environmental Systems
    and the Emergence of Unsustainability", in: Evolutionary Concepts in Econo-
    mics, hrsg. von Richard W. England, Ann Arbor Mich. 1994
Novalis, Fragmente, Bd. II, Heidelberg 1957
Nowotny, Helga, Eigenzeit, Frankfurt a. M. 1993
Park, Robert E., „The City", in: ders. (Hrsg.), The City, Chicago 1967
Parsons, Talcott, Political and Social Structures, New York/London
–, „Some Reflections on the Place of Force in Social Process", in: Internal War,
    hrsg. von H. Eckstein, New York 1964
Perrow, Charles, Complex Organizations, 3. Aufl., New York 1986
Peters, Tom, Brand You, New York 1999
–, Liberation Management, London 1992
Pirsig, Robert M., Lila, New York 1991
Platon, Politeia
Quine, Willard V., Die Wurzeln der Referenz, Frankfurt a. M. 1976

Rapoport, Anatol, „Reality-simulation: a feedback loop", in: R. F. Geyer/J. var der Zouwen (Hrsg.), Sociocybernetics, Bd. 2, Leiden 1978

Rasch, William, Niklas Luhmann's Modernity: The Paradoxes of Differentiation Stanford Cal. 2000

Safranski, Rüdiger, „Wille zum Tabu", in: Die Woche, 8. Oktober 1999

Schank, Roger C., Dynamic Memory Revisited, Cambridge 1999

Schlegel, Friedrich, Kritische Friedrich-Schlegel Ausgabe, Bd. XVIII: Philosophische Lehrjahre, Paderborn 1963

Schmitt, Carl, Glossarium, Berlin 1991

–, Der Nomos der Erde, 2. Aufl., Berlin 1974

Sen, Amartya K., „Rational Fools", in: Philosophy & Public Affairs # 1, Herbst 1976

Shackle, G. L. S., „Imagination, Formalism, and Choice", in: Mario J. Rizzo (Hrsg.), Time, Uncertainty and Disequilibrium, Lexington Mass. 1979

Simmel, Georg, Philosophie des Geldes, 6. Aufl., Berlin 1958

–, Soziologie, 6. Aufl., Berlin 1983

Simon, Herbert, Administrative Behaviour, 4. Aufl., New York 1997

–, Reason in Human Affairs, Oxford 1983

–, The Sciences of the Artificial, 3. Aufl., Cambridge Mass. 1996

Singer, Wolf, „Ironische Züge im Gesicht der Wissensgesellschaft", in: FAZ, 6. Oktober 1999

Spencer Brown, George, Laws of Form, London 1969

Sperry, Roger, Science and Moral Priority, Oxford 1983

Taubes, Jacob, Vom Kult zur Kultur, München 1996

Thorngate, W., „„In general' vs. ,it depends'", in: Personality and Social Psychology Bulletin # 2, 1976

Thurow, Lester, Creating Wealth, London 1999

Tiger, Lionel, The Pursuit of Pleasure

Turkle, Sherry, Life on the Screen, New York 1995

Veblen, Thorstein, Theorie der feinen Leute, München 1981

Waters, Richard, „Personal Services", in: Financial Times, 19. Juli 2000

Watzlawick, Paul/J. H. Weakland/R. Fisch, Lösungen, 5. Aufl., Bern 1992

Weber, Max, Wirtschaft und Gesellschaft, 5. rev. Aufl., Tübingen 1972

Weick, Karl, „Educational Organizations as Loosely Coupled Systems", in: Administrative Science Quarterly, März 1976

–, „Re-Punctuating the Problem", in: P. S. Goodman/J. M. Pennings (Hrsg.), New Perspectives on Organizational Effectiveness, San Francisco 1977

–, Sensemaking in Organizations, Thousand Oaks, CA 1995

–, The Social Psychology of Organizing, 2. Aufl., New York 1972

Weingart, Peter, „Der moderne Menschenpark", in: Die Woche, 8. Oktober 1999

Wildavsky, Aaron, Searching for Safety, New Brunswick 1988

Williams, Raymond, The Long Revolution, London 1961

Wilson, Edward O., Sociobiology, (Twenty-Fifth Anniversary Edition), Cambridge Mass./London 2000

Wittgenstein, Ludwig, Philosophische Untersuchungen, in: ders., Schriften Bd. I, 4. Aufl., Frankfurt a. M. 1980

Worringer, Wilhelm, Abstraktion und Einfühlung, München 1976

–, Künstlerische Zeitfragen, München 1921

찾아보기_ 인명

지은이 **노르베르트 볼츠(Norbert Bolz, 1953~)**

독일학계에서 68세대 이후의 인문학을 대표하는 소장학자로, 특히 '트렌드 분석의 왕'이자 '미디어이론의 댄디'로 평가받고 있다. 독일 괴테인스티튜트가 선정한 '독일의 대표적 싱크탱크'에 철학자로서는 하버마스, 슬로터다이크 등과 나란히 선정되기도 했다.

베를린 자유대학 철학과와 에센대학 디자인학과 교수를 거쳐 2002년 가을학기부터 베를린 공과대학 미디어학과 교수로 재직하고 있으며, 또한 독일 공영방송 ZDF의 〈철학 4중주〉 고정 출연자이기도 하다.

그동안 『탈마법화된 세계로부터의 탈주』·『뉴미디어이론』·『가상의 역사』·『의미를 추구하는 사회』·『다름의 타협주의자들』·『소비주의자 선언』·『가족의 영웅』·『미디어이론 강의』·『종교의 지식』·『인간 불평등에 대한 담론』 등 20여 권의 저서를 발표했으며, 『구텐베르크-은하계의 끝에서』·『컨트롤된 카오스』·『발터 벤야민』·『컬트-마케팅』·『보이지 않는 것의 경제』는 우리말로도 번역되어 있다.

옮긴이 **윤종석(1966~)**

서울대학교와 베를린 자유대학(FU), 공과대학(TU)에서 독문학과 미학, 미디어학과 정치학을 공부했다.

그동안 『포스트모던의 도전』·『구텐베르크 ─ 은하계의 끝에서』·『컨트롤된 카오스』·『디지털시대의 글쓰기』·『사진의 철학을 위하여』·『국가 이미지 전쟁』·『위험사회와 새로운 자본주의』·『흔들리는 세계의 축─ 포스트 아메리칸 월드』·『글로벌 트렌드 2025』·『대화─ 하버마스 對 라칭거 추기경』 등을 번역했으며, 철학이론과 문화비평, 글로벌 체제의 변환과정에 대한 에세이들을 발표했다. 주독 한국대사관 문화홍보관을 거쳐 현재 문화체육관광부 홍보콘텐츠기획과장을 맡고 있다.

한울아카데미 1184

세계를 만드는 커뮤니케이션

세계사회와 네트워크의 사회적 영향

ⓒ 윤종석, 2009

지은이 • 노르베르트 볼츠
옮긴이 • 윤종석
펴낸이 • 김종수
펴낸곳 • 도서출판 한울
편집책임 • 김경아

초판 1쇄 인쇄 • 2009년 9월 21일
초판 1쇄 발행 • 2009년 10월 5일

주소 • 413-832 파주시 교하읍 문발리 507-2(본사)
　　　 121-801 서울시 마포구 공덕동 105-90 서울빌딩 3층(서울 사무소)
전화 • 영업 02-326-0095, 편집 02-336-6183
팩스 • 02-333-7543
홈페이지 • www.hanulbooks.co.kr
등록 • 1980년 3월 13일, 제406-2003-051호

Printed in Korea.
ISBN　978-89-460-5184-3　93330(양장)
ISBN　978-89-460-4171-4　93330(학생판)

* 책값은 겉표지에 표시되어 있습니다.
* 이 책은 강의를 위한 학생판 교재를 따로 준비하였습니다.
　 강의 교재로 사용하실 때에는 본사로 연락해주십시오.